政治经济学报

第29卷

孟 捷 龚 刚 主编

重庆出版集团 重庆出版社

图书在版编目(CIP)数据

政治经济学报.第29卷 / 孟捷,龚刚主编.—重庆:重庆出版社,2024.6
ISBN 978-7-229-18728-6

Ⅰ.①政… Ⅱ.①孟… ②龚… Ⅲ.①政治经济学—文集 Ⅳ.①F0-53

中国国家版本馆CIP数据核字(2024)第100034号

政治经济学报(第29卷)
ZHENGZHI JINGJI XUEBAO(DI 29 JUAN)
孟 捷 龚 刚 主编

责任编辑:曾海龙 荣思博
责任校对:何建云
装帧设计:刘沂鑫

重庆出版集团
重 庆 出 版 社 出版

重庆市南岸区南滨路162号1幢 邮编:400061 http://www.cqph.com
重庆出版社艺术设计有限公司制版
重庆市鹏程印务有限公司印刷
重庆出版集团图书发行有限公司发行
E-MAIL:fxchu@cqph.com 邮购电话:023-61520678
全国新华书店经销

开本:787mm×1092mm 1/16 印张:13.5 字数:276千
2024年6月第1版 2024年6月第1次印刷
ISBN 978-7-229-18728-6
定价:53.00元

如有印装质量问题,请向本集团图书发行有限公司调换:023-61520678

目录

CONTENTS

特　稿

构建中国经济学自主知识体系的两条路径和两种后果

——在中国教育科学研究院“学习季风汇”的主旨演讲

荣兆梓*

尊敬的李永智院长，尊敬的教科院的各位领导，各位专家，大家下午好！

我今天报告原定的题目是：“谁是主流：西方经济学还是政治经济学——高校经济学教学本末倒置现象亟待改变。”这个题目与我们那篇研究报告的题目是完全一样的。但是，今天我想讲的内容应该与研究报告的内容有所区别，报告用很大篇幅讨论了高校经济学的现状。现在想想，高校经济专业的现状是一个众所周知的事实，可能不需要花太多的篇幅。今天在这里和这么多专家在一起讨论，我觉得就直接把重点放到后面一个问题，就是如何评价这个事实。

很显然，对于这个众所周知的事实，大家的评价是有分歧的。一种观点认为，这是现代经济学在中国经济学领域成为主流，这事好得很；但是也有少数人有另外一个声音，说这事糟透了。我们的观点是：高校讲西方经济学这门课程是可以的，而且是必要的，但与此同时，马克思主义政治经济学在高校被边缘化的处境始终没有真正改变，这个本末倒置现象必须尽快改变。

下面讨论的重点是怎么评价这一事实，核心的问题是：如何正确评价西方经济学，如何建立起马克思主义政治经济学主导的经济学自主知识体系，以及这件事对道路自信、理论自信、制度自信、文化自信的深远影响。

下面分三个部分讨论，第一，从总体上比较政治经济学和西方经济学；第二，为什么说西方经济学主导弊大于利；第三，关于积极务实地改变现状的一些建议。

一、政治经济学与西方经济学

西方经济学的理论硬核具有强烈的意识形态色彩，但它对于市场价格现象的大量研究还是有合理成分的。所以马克思主义政治经济学在指导改革开放实践中，部分借

* 荣兆梓，安徽大学经济学院教授，研究方向为经济学所有制理论、企业理论。

鉴了西方经济学。但是，中国特色社会主义的经济实践与西方经济学的理论教条存在着根本的区别：西方经济学是彻头彻尾的以私有制为基础的资本主义经济学，它构建了一个理想化的资本主义模型作为对所有经济问题分析的“参照系”，因此在底层逻辑上与中国特色社会主义不相容。这是这一节的基本观点。

首先要讨论一下西方经济学这个概念，我们不能从字面上说从西方来的经济学就叫西方经济学。这里讲的西方经济学，按照经济学界的约定俗成，指的就是西方的主流经济学，即所谓新古典经济学。19世纪70年代以后，因为资产阶级经济学面对马克思《资本论》的强大逻辑，急于想要抛弃古典政治经济学，抛弃以亚当·斯密和李嘉图为代表的古典政治经济学的劳动价值论。在这样的情况下，1871年，英国的杰文斯和奥地利的门格尔不约而同地提出了边际效用概念。然后，1874年瓦尔拉斯写了《纯粹政治经济学要义》。这三个人的论著被称作边际革命，即以边际这一个经济学范畴为标志的一场经济学革命。边际革命之后，新古典经济学的体系逐步形成，到1895年，马歇尔完成《经济学原理》，一般认为到那个时候，新古典的经济学已经成型；经济学终于用均衡价格论“彻底消灭”了劳动价值论。当然，它还没有最终完成，其中如瓦尔拉斯的一般均衡理论，一开始没有得到科学的证明，一直到20世纪50年代，阿罗-德布鲁模型才从学理上证明了一般均衡的存在。更重要的是，新古典经济学讲均衡，但是它跟现实之间的矛盾是非常明显的，特别是20世纪30年代的大萧条，因此就有了凯恩斯革命。1935年凯恩斯《通论》发表，对新古典的均衡模型提出了挑战：你的理论与现实之间脱离太远啊。我们把这叫作凯恩斯革命。但是凯恩斯的理论和新古典理论并不是直接冲突的，因为它们的底层逻辑有一些相同的东西。凯恩斯理论讲三大心理规律，用三大心理规律来解释宏观经济学的有效需求不足，这和新古典理论硬核中的个体主体、心理主义方法论是一致的。所以到20世纪50年代以后，就出现了由汉森和萨缪尔森等人搞的所谓新古典综合经济学，提出了IS-LM模型，即一个产品市场和货币市场同时达到均衡的模型，将凯恩斯理论重新拉回到均衡分析的框架里面。到这个时候，一个包含了微观经济学和宏观经济学在内的新古典经济学基本形成，一般称作新古典综合经济学。这就是大多数人所说的西方经济学。以下讨论也以这个概念为限。

西方经济学和马克思主义经济学有什么区别？它的特点是什么？我们说，这是两种经济学范式，它们的理论硬核截然不同。新古典经济学的理论硬核，可以用4个关键词来概括：个体主义、理性经济人、均衡分析和实证主义。每一个都和马克思主义政治经济学的基本原理和基本方法是对立的。

个体主义是新古典经济学的社会历史观，认为个体行为决定社会制度。那么个体行为是什么决定的？个体行为是由个人的心理规律决定的，心理规律由什么决定？是人性决定的。是人性决定了社会制度的样貌。从这个意义上讲，它是历史唯心主义，是唯心主义的历史观。它和马克思的历史唯物主义的基本原理和方法论是对立的。在马克思看来，是社会存在决定社会意识，而社会存在就是一个由生产方式决定的社会制度，就是由生产力和生产关系、经济基础和上层建筑的基本矛盾决定的社会体系，一个整体的社会制度环境。在这个制度中生活的人因为特定的社会环境而形成他的思维方式和行为特征，是整体决定个体，这是与个体主义截然相反的理论。

第二个关键词是理性经济人。从个体主义出发，认为人的个体行为是一种理性选择行为，每个人都从自己的效用最大化目标出发，通过对成本和收益的计算选择自己的行为，这种选择就叫理性选择。每一个个体的行为都是理性的，但是各人的效用函数不一样，而且个人的效用函数是相互独立、互不相干的。这其实是精致个人主义的一种理论表述，是一种披着科学外衣的精致的个人主义。

然后是均衡分析。把以上两个前提拿过来，通过均衡分析法就可以推导出一个社会制度。两个理性经济人到一起就要交易，大家都想着要通过交易提高自己的效用，这个交换的结果一定是在双方的边际效用等于0的地方达到均衡。边际效用为零，这意味着在这个点上谁的效用都不能再改变了，不能再提高了，那就达到均衡了，实现“帕累托最优”了。这个就是马歇尔所说的局部均衡。而瓦尔拉斯把这样一个局部均衡推广到整个市场环境，因此就导出了一般均衡。这是一种均衡分析的方法，最后达到均衡状态，一种理论的“终极状态”，理论分析的目的也就达到了。新古典经济学全部理论的基础就是确定这个均衡点，这跟马克思主义的矛盾分析法是直接对立的。对马克思主义来说，一个社会系统的真正的问题是什么？是生产力和生产关系的矛盾，上层建筑与经济基础的矛盾，这个矛盾的展开不断推动着社会进步。历史终结状态是不存在的。所以说，这个均衡分析法与矛盾分析法是完全对立的。

个体主义、理性经济人，加上均衡分析法三个东西形成一个闭环。塑造了新古典经济学的一般均衡模型，这是表达新古典经济学理论硬核的最重要模型，是建立在单一私有制基础上的完全竞争的市场经济，一个经过“美颜”的理想化的资本主义。到这里，这个理论硬核似乎已经完成，后面怎么还要加上一个实证主义？因为新古典经济学将马克思主义政治经济学视为对手，要打倒马克思主义政治经济学，光有一个均衡模型还不够，它还要证明这个均衡状态才是理论的终极状态，并证明均衡背后的本质的东西是不可能的，市场均衡价格背后的劳动价值论和剩余价值理论是不可能的。

为此不得不从哲学中找依据。实证主义或者逻辑实证主义的哲学否认经验背后的本质，否定抽象方法的必要性，认为规律就是现象间的不变的、重复的、稳定的东西，搜集和梳理现象是理论唯一能做的事情，现象背后的本质是不可知的，甚至是不存在的。这个实证主义很厉害，它一下就把透过现象去把握事物本质的任务从科学中清除了。马克思在《资本论》中一再强调的科学抽象法被完全否定。事物的本质是"形而上"，是不可知的。根据这个方法，萨缪尔森后来提出一个著名观点，说劳动价值论这个东西没有用，我用均衡分析已经推导出了均衡价格，要你那个劳动价值论有什么用？那是理论上多余的东西，是可以用"奥卡姆剃刀"剃掉的东西。这样，新古典经济学就"彻底"清除了劳动价值论。

整个所谓新古典经济学，它的硬核就是这4个关键词，这个理论硬核是整个西方经济学的公理性前提，它不需要证明（而且因为效用概念最终被发现不能自圆其说，这个理论硬核事实上也不可能被证明）。不仅如此，它甚至也被西方社会科学当中的许多学科视为是公理性的存在。比如说西方的法学、管理学，甚至道德哲学。在座的很多专家一定读过罗尔斯的《正义论》，我们看到，《正义论》的论证逻辑也要借用新古典经济学的这个硬核。

总之，新古典经济学的理论硬核与马克思主义政治经济学的立场、观点、方法根本对立。国内有一些学者希望融合马克思主义基本原理与"现代经济学理性选择方法本体"，这种愿望是不可能实现的。

当然，西方经济学也并非只是一个孤零零的硬核，它还有一个在百余年时间里，经过成千上万的经济学精英反复锻造的一个厚厚的保护层，其中多数是对市场现象的归纳和总结，这些理论并不是一无是处。我们要讲两点论。新古典经济学的合理成分和有效范围可以这么去理解：首先，它是在资本主义市场经济中产生的经济理论，它是有实践根据的，是市场现象的经验归纳。其次，其理论硬核中关于个人行为的假设也并非完全没有根据，理性经济人假设与市场中多数行为主体的特征是一致的，个人效用函数相互独立也与市场主体"相互间作为外人看待"的事实相符合。它错就错在把这些东西当作是从人性中发展出来的永恒的东西了，它是从历史唯心主义的立场去看这些东西的。但是，这些东西在市场经济中是基本事实，由此导出的"保护带"理论自然会有一些合理的东西。再者，新古典经济学将边际分析法引入经济学分析，为现代数学工具在经济学中的应用开辟了道路，形成了用数理方法研究经济学的先占优势。在这一点上，它还是跑在其他经济学流派前面的。总的来说，新古典经济学在近百年的保护带建设中，形成了一系列有关市场现象、市场运动规律的有益成果。

我们要把西方经济学的理论硬核与其保护带区别开来，一方面要承认二者间的联系，另一方面也要看到它们的区别。西方经济学研究市场现象的一部分理论成果，是可以为马克思主义政治经济学批判吸收、借鉴利用的。但是它的作用有限度，在关于资本主义市场经济和社会主义市场经济的全局性长期性问题上，它的局限性非常明显。比如说关于资本主义积累的一般规律，以及它的历史趋势。读《资本论》第一卷我们知道，马克思认为资本主义积累的一般规律是两极分化，它必然导致周期性的经济危机，它的历史趋势是资本主义必然为新的社会制度所替代。这些是西方经济学得不出来的结论，2008年全球金融危机之后，英国女王对经济学家的质疑便是有力的证据。再比如说社会主义条件下发展市场经济，这个现象西方经济学就没法解释；关于公有制为主体、多种所有制经济共同发展，关于按劳分配为主体、多种分配方式并存，这些都是中国经验，但是这些东西都不可能靠西方经济学来解释。又比如我们现在讲五大发展理念，讲中国式现代化，讲"一带一路"、人类命运共同体，这些东西能不能用西方经济学去解释？没办法解释。西方经济学在所有这些重大问题上都不可能有所作为。中国特色社会主义经济发展进程是由中国化时代化的马克思主义经济学，即中国特色社会主义政治经济学引领的。

我们队伍当中有一些人认为，马克思主义政治经济学只是思政教育，没有实用价值；还有一些人甚至认为中国改革和发展是因为引进了、应用了西方经济学才取得成功的。这些观点是根本错误的。

我们不禁要问这些同志，你们从哪一本西方经济学的教科书里面读到过集体所有制前提下的农村家庭联产承包责任制，读到过农地三权分置这样的中国特色的东西，又在哪一本西方经济学的教科书里头见到过价格双轨制下的渐进式改革，以及社会主义市场经济体制！新古典经济学和新自由主义经济学，倡导一步跨越深沟的"华盛顿共识"，这种转型理论的终极目标指向私有制为主体的市场经济，与通过渐进式改革实现社会主义市场经济的中国经验南辕北辙。

说国企改革是西方经济学的成功，可是西方经济学的微观理论何曾讨论过市场经济下探索公有制有效实现形式，又何曾讨论过国有控股公司中党的领导与依法治企相结合的治理结构。公有资本是纯粹的政治经济学范畴，社会主义市场经济下多种资本形态并存，也只有在政治经济学的语境中才能展开讨论。

新古典综合的宏观经济学强调财政手段和货币手段，对我们可能有点用处，但诸如供给侧结构性改革，以及用中长期规划指导社会经济发展的中国特色的宏观治理体系，这些难道也是新古典综合经济学的成就？中国式的共同富裕道路，发挥社会主义的制度优势，运用共产党的组织力量和公有制经济的物质条件，以及精准扶贫等一系列中国式的减贫手段，这些又怎么能记到西方经济学的功劳簿上呢！

社会主义条件下发展市场经济是中国共产党的创举。中国特色社会主义政治经济学在40余年改革开放的实践中发挥了无可替代的领导作用。习近平新时代中国特色社会主义经济思想来源于马克思主义政治经济学，将市场经济与社会主义历史地结合到一起，融合为一体，是马克思主义政治经济学的理论创新，不是任何一个别的什么经济学的范畴。西方经济学至今仍然对这一具有人类历史意义的伟大创举集体噤声，因为在其理论逻辑的深处，市场化改革的终极目标只能是私有制为主体的资本主义。用西方经济学教条对照中国经济，总是发现改革偏离了这个终极目标，以为中国经济好景不长，随时有可能崩溃。这就是一部分国外学者一次又一次预言中国经济崩溃，而一次又一次失败的理论根源。

既然如此，人们凭什么说马克思主义政治经济学没有实用价值，又何来底气说中国经济发展成就应该归功于西方经济学！

二、西方经济学主导弊大于利

西方经济学主导高校的经济学教学弊大于利。虽然说西方经济学应该一分为二，但是矛盾的主要方面是不能搞错的。高校经济学科的建设必须坚持以马克思主义为主导，以政治经济学为主体，本末倒置有极大的危害性。

高校的经济学专业讲西方经济学有其合理性，不仅可以讲，而且必须讲。我认为主要是两点理由。第一点是马克思主义兼收并蓄的需要。马克思主义批判吸收人类文明的全部成果形成并且发展自己的理论。马克思政治经济学的分析以供求平衡为起点，直接进入关于商品价值与剩余价值的更加本质的层次。马克思不是不承认供求矛盾，不承认价格波动，而是以此为分析问题的出发点：供求平衡状态下商品价值与价格是一致的，那么，这个时候的价值又是由什么决定的呢？这才是马克思提出问题的起点，所以它并不太注意供求平衡的形成和价格波动的过程。西方经济学对市场现象，特别是市场供求与价格波动的研究，比政治经济学更加深入细致。经过近百年的理论建设，在这方面已经形成了一系列有益的成果，是搞市场经济管理所需要的，也是中国特色社会主义政治经济学在研究社会主义市场经济运行的时候应当借鉴的，这是第一个理由。

还有一个理由是对外交流的需要。改革开放需要加强对外交流，不管是经济实践部门还是理论界都要对外交流。新古典经济学经过近百年的发展，已经在全球多数国家占据主流地位，占领高校讲坛，渗透到各国政界以及各种各样的国际机构，几乎成了全世界经济学家的共同语言。中国经济学人在改革开放大潮中要与世界交流，要与各国同行对话，要学习先进国家的经济管理经验，就必须掌握这种主流经济学的理论话语。就像我们出国交流需要学英语一样，没有共同语言不好交流。

但是在高校经济讲台上大量讲授西方经济学，让它成为主导力量，是有负面作用的。这个负面作用可以从三个层次去讲。

第一，从理论层面上讲，因为新古典理论的硬核和马克思主义理论直接对立，所以，我们的青年学生一旦接受了新古典主义或者新自由主义经济学的理论教条，对马克思《资本论》的理论体系就会产生天然的怀疑和拒斥。

第二，从现实层次上来看，新古典经济学是理想化资本主义的经济学，其底层逻辑是证明私有制完全竞争市场的唯一有效性，对于公有制经济的效率，进而对公有制为主体的社会主义基本经济制度持根本否定态度。一个信奉新古典经济学的专业人才走到哪里，就会把这个理论底色带到哪里，这背后的风险不能不察。

第三，从价值层面讲，作为资产阶级意识形态的核心内容，新古典主义与新自由主义经济学范式的硬核，是一种打着科学旗号的极端个人主义和极端自由主义，甚至其拥趸也不否认，“剥离伦理”是西方经济学的一个缺点。但正是这种不讲道德的经济学，给极端个人主义和极端自由主义穿上了科学的马甲：我只讲科学，无论道德。这对崇尚科学的广大知识分子的价值观有很强的渗透力，对“四个自信”具有潜移默化的破坏性。

高校经济学教学已经在20余年的时间里，培养了成千上万的西方经济学人才，他们已经源源不断地涌入国民经济各个部门，我们的同志对这个方面的负面影响的长期积累，不应该掉以轻心。

最近看到有一篇文章，题目是“我们需要建立自己的经济学吗?”文章没有直接给出结论，但明确指出：“主流经济学作为一种逻辑自洽的科学方法体系，目前还没有任何经济学体系可以取代它。”而中国经济学，应当是“在西方经济学成熟的方法的基础上加入中国的伦理学”。之前我还讲过另一个案例，一位颇有建树的中青年学者在获得“孙冶方经济学奖”时说：“现代经济学（即‘西方主流经济学’——引者注）的思维模式和科学方法已经成为各个年龄段经济学家的共同语言和主要研究手段。在不到20年的时间内完成学术语言的转型，这是全体中国经济学家值得自豪的成就。”

这些人把中国经济学的话语权拱手让给西方经济学，还感到十分自豪。所以我说这是令人担忧的。我们的高等学府年复一年地培养西方经济学人才，他们只会用美国人提供的经济学理论语言讲述中国故事，只能用西方输入的经济学理论芯片去处理中国的数据，把经济学自主知识体系理解为西方经济学与中国实际的结合，还美其名曰“与现代经济学接轨”。这哪里还有什么理论自信和文化自信！这些人不承认中国特色社会主义的经济成就是在马克思主义政治经济学指导下完成的，不理解中国经济学的创新发展只能在马克思主义政治经济学的逻辑框架内才有正确的方向，并形成令世界瞩目的成就。缺乏这样的信念和抱负，我们用什么来建设中国经济学自主知识体系，又能用什么来回答“强国建设，教育何为”？

结论是，西方经济学在高校经济学科处于主流地位弊大于利。虽然我们不能说现在高校经济学的现状糟透了，但也绝非好得很。颠倒了的主辅关系应当尽快颠倒过来。我们要在吸收和借鉴西方经济学的有益成果的同时，对其理论硬核的破坏作用有充分认识，对其在中国经济研究中的局限性有足够了解。西方经济学不应成为中国高校经济学专业的主流，更不应当主导中国经济学发展方向。中国化时代化的马克思主义政治经济学应当成为中国经济的主流。西方经济学可以与政治经济学在高校经济学教学中并存，但不应当喧宾夺主；马克思主义政治经济学的主导地位不应动摇，被边缘化的局面要尽快改变。

有人质疑我们的观点，说：都是研究中国问题，大家是自已人，有必要分得那么清楚吗？

这话只说对了一半。高校经济学科的广大教师共同奋斗，在科研与教育一线，用自己的学识为中国经济的繁荣发展贡献力量，我们当然是自己人。但是，理论方法不同，谁的武器更加精良，还是有区别的。两种经济学在高校教学中要分清主次，因为两者在基本原理和基本方法上存在重大分歧。20世纪90年代以来，随着西方经济学在高校经济学教学当中逐渐成为主流，马克思主义政治经济学的生存空间就被压缩了，并且直到今天也未见明显改观。事实表明，在西方经济学主导下两种经济学共同发展的局面是不可能形成的。

关于中国经济学自主知识体系，两种经济学理论有完全不同的理解。一种认为，中国经济学自主知识体系是西方经济学与中国实际和中国传统的结合；另一种则认为，中国经济学自主知识体系是马克思主义政治经济学与中国实际和中国优秀传统文化结合。所以，虽然研究对象是一样的，但是所要构建的经济学知识体系却完全不同。最近《经济研究》发表了一组关于“两个结合”的文章，其中一些文章直接将“两个结合”的主语由马克思主义置换成了西方经济学。这说明两种经济学在这个问题上存在严重分歧。

有专家提出“以马克思主义的基本原理为指导，基于中国的问题和实践，运用现代经济学的方法构建经济学自主知识体系”。但他所主张的“现代经济学”却是包含“个体主义方法论”“理性选择”“均衡分析”这些核心内容的新古典经济学。有趣的是，这些学者在讲马克思主义原理与现代经济学相融合的时候，闭口不谈马克思主义政治经济学的基本原理和基本方法，不提马克思在《资本论》创作中所强调的科学的抽象分析法，以及劳动价值论、剩余价值理论等核心内容。他们对“马克思主义基本原理”的理解只是停留在“物质第一性”这个唯物主义的一般原理上。我个人认为这些朋友所主张建立的中国经济学自主知识体系，与强国建设所要求的学科体系、学术体系、话语体系并不是一回事。

以谁为主导的问题不仅仅是一个主次问题，对于马克思主义经济学来说，它还是个生死存亡问题。新古典经济学在其底层逻辑上不可能容纳马克思主义政治经济学，在西方经济学主导下，高校政治经济学的生存空间只会越来越小。我们相信只有在与中国特色社会主义经济实践高度契合的马克思主义政治经济学的主导下，高校经济学科才能真正实现不同理论范式的共存和中国经济学自主知识体系的繁荣发展。中国经济学必须以马克思主义政治经济学为底色。

三、积极务实改变现状的建议

由于教师队伍的沉淀和教学管理的惯性，要想改变现状不可能一蹴而就。但是，严峻的形势又不允许我们急事缓行，所以我们主张采取积极务实的态度去做一些改变。

我先讲两点原则性意见。第一个原则，教育与国际接轨应当区分文科理科，实行分类指导，在哲学社会科学领域加强马克思主义的主导地位。与国际接轨是改革开放大背景下的必然选择，方向肯定是正确的，而且成绩也是显著的。问题是不同的学科在与国际接轨的时候应该分类指导，如果缺少了这种分类指导的自觉性，那就会出问题。自然科学类学科与国际接轨，其成功经验是不是能够全盘照搬到社会科学？我认为不能。哲学社会科学具有意识形态分歧和更加明显的国别差异，美国的哲学社会科学教学模式不能照搬到中国，中国的哲学社会科学教育也不能像自然科学那样与西方全面接轨，包括课程的引进、教材的引进、学术规范的引进，以及人才的引进和使用，都应当有一个适当的度。总的原则就是国际接轨不仅不能削弱，而且还要增强中国化时代化的马克思主义在社会科学中的主导地位。所谓构建中国特色哲学社会科学，构建中国自主的知识体系，一定要以马克思主义为底色，以中国化时代化的马克思主义为引领，这是由中国特色社会主义实践运动的性质决定的，是由马克思主义在中国实践中的特殊作用决定的。经济学是如此，其他社会科学也是如此。某种意义上来说，它适用于全部新文科。

第二个原则，在坚持马克思主义主导权的同时，我们一定要讲百家争鸣，一定要坚持“双百方针”。马克思主义主导并不是要罢黜百家，独尊一家。中国化时代化的马克思主义政治经济学要批判地吸收不同理论范式的有益成果，在兼容并蓄中来发展，在对内和对外的两个争鸣中来提高自己。这里所说的对外的争鸣就是与不同的理论范式之间的争鸣，要让人家讲话，要让人家发表文章、出版著作，这对马克思主义政治经济学的发展是有益的，因为我们只有在争论当中才能提高自我。马克思主义政治经济学要发展得好，还要更多强调对内的争鸣，我们学科内部、马克思主义学术团体内部，要更多通过讨论争论来弄清问题，来加快我们的发展。

我还想简单谈谈马克思主义政治经济学主导的高校经济学专业的课程体系。你老是讲马克思主义主导，你到底打算构建什么样的经济学课程体系？首先要区分基础课程与应用类课程，要按照马克思主义的立场观念方法，结合中国实践与中华优秀传统文化去创新本学科的基础理论，要构建有马克思主义鲜明底色的中国经济学的基础理论。在此前提下再逐步将这些基本理论渗透到应用经济学课程的方方面面，这后面的任务可能更加艰巨。

关于理论经济学（包括本科的经济学专业）课程可以设置为三个层次。第一层次是专业基础课，采取“3+2+2”模式，共计25个学分左右。首先要开足马克思主义政治经济学系统课程，包括“政治经济学原理”（或“《资本论》导读”）、“当代资本主义政治经济学”和“中国特色社会主义政治经济学”，至少要开设这三门主课才能保证学生全面了解马克思主义政治经济学的体系化、学理化知识。然后开设微观经济学和宏观经济学两门西方经济学课程，再加上数理经济学和计量经济学。第二层次是专业必修课程，基础课程都应该是必修课，在此前提下再加5到6门专业必修课，共计18个学分左右，包括中国经济史、统计学、会计学、金融学、财政学和国际经济学等。第三个层次是专业选修课和其他选修课，共计20个学分左右，包括当代经济学流派、中国经济思想史、欧洲近代经济史、《资本论》选读、调查研究与案例分析方法，以及1—2门学生自选的跨学科课程。

这些课程中，一部分是经济学理论课，一部分是经济分析的工具性课程，如数理经济学、计量经济学、统计学、调查研究和案例分析方法。经济史方面的课程也不仅是让学生了解一般史实，而且要结合经济学理论学习历史，让学生了解经济学的历史分析方法。经济学流派和经济思想史课程是经济学理论学习不可或缺的方面，我们的学生只有在了解经济思想发展的历史过程以及比较不同经济学流派的前提下，才有可能逐步掌握理论经济学的批判思维和研究方法，而这是其参与经济学自主知识体系建设必须具备的能力。学习西方经济学不仅要学新古典经济学，还应当了解古典政治经济学，以及凯恩斯主义和后凯恩斯主义经济学，制度经济学和演化经济学，还有未能进入新古典主体框架的增长理论和发展经济学等。核心的问题是，我们应当教会我们的学生用马克思主义政治经济学的基本观点和基本方法去观察和研究问题，去批判地吸收其他流派的经济学成果。我们的学生要有开阔的眼界，有完整的知识体系，这样才能够打牢马克思主义政治经济学家的理论功底，才能在马克思主义经济学中国化、时代化的创新事业中有所作为。

当然，改变现状不可能一蹴而就。我们在当前阶段的具体建议是：第一，提高经济类本科专业政治经济学教学的系统性，使课程调整与教材建设相互促进，加快改革进度。教育行政管理部门要尽快修改经济学《教学质量国家标准》，明确规定经济学本科专业基础课至少应包括政治经济学原理、当代资本主义政治经济学（建议将此纳入后续的中国经济学教材建设工程）、中国特色社会主义政治经济学三门课程，以提高政治经济学教学的系统性。这件事不需要等待新教材的正式出版，可以利用既有教材立即启动，再在实践中逐步完善；不能将中国经济学教材建设的困难当作拖延改变的借口，而应当通过课程调整来刺激教材建设加快进度和提高质量。

第二，以端正理论经济学学科培养方向为突破口，明确马克思主义理论人才的培养目标，统一开设马克思主义政治经济学课程。应当在教学质量文件中明确规定，理论经济学一级学科中所有二级学科（包括西方经济学）要统一开设系统的中、高级政治经济学课程。所有二级学科的硕士研究生要开设中级政治经济学、中级当代资本主义政治经济学和中级中国特色社会主义政治经济学；所有理论经济学的博士研究生也都要研修高级政治经济学课程，包括《资本论》研读、当代资本主义政治经济学前沿理论和中国特色社会主义政治经济学的高级教程。经济学专业研究生培养应当以马克思主义经济学人才为目标，开设的课程应当以马克思主义政治经济学为主体。相应地，理论经济学各专业的研究生入学考试也应当规定政治经济学为必考科目，以保证入学后的教学进度和教学质量。在我们看来，以拔尖人才培养为目标的经济学“101”计划也应当按此推进。

第三，建议理论经济学教学指导委员会人员构成按照需求侧、任务端导向进行调整，确保坚持马克思主义政治经济学立场的专家在委员会中占多数。目前以高校单方面组织专家委员会的方法有可能强化一些专业“自我复制的人才陷阱”，许多事情依赖目前西方经济学占优势的、结构失衡的专家队伍是很难做成的。

第四，正视高校马克思主义政治经济学师资凋零的现实，采取措施解决政治经济学师资短缺和教学质量粗糙问题。一方面，要抓好教师的学习和培训。一是引导讲授政治经济学课程的教师重读《资本论》，自觉提升业务能力，可以提供相应的线上教学来帮助这部分老师的学习，并定期组织考核；二是提倡开办或由教育部直接组织各种形式的马克思主义政治经济学和中国特色社会主义政治经济学教师培训班或研习班。可仿照20世纪80年代至90年代的经济学“福特班”，组织一年期的博士集训班。目前各高校政治经济学教师水平参差不齐，要根据实际情况组织各种形式的短训班，以结业证书对教师考核提出要求。另一方面，要在学术评价标准上做文章。对政治经济学教师学术能力的评价标准，也应根据当前实际情况作出调整：一是提高马克思主义政治经济学学术期刊的评级；二是要求马克思主义理论专业期刊增加政治经济学发稿比重；三是分开计算理论经济学与应用经济学引用频次并分别排序等。

以上是今天报告的全部内容。感谢聆听，谢谢！

政治经济学研究

李斯特与地缘政治经济学的诞生

刘小枫*

摘　要　拿破仑战争结束之后，随着维也纳体系的形成和美国独立建国后的扩张，19世纪20年代的欧洲和美国都爆发了"自由贸易"与"保护性贸易"之争。在这样的历史语境中，关切德意志邦联命运的弗里德里希·李斯特针对当时流行的亚当·斯密-萨伊的经济学说提出了一套民族国家经济体系论，成为地缘政治经济学的真正鼻祖，尽管他没有使用这个术语。人们甚至有理由说，德意志地缘政治学的形成也直接受到李斯特经济思想的启发。在今天的国际政治大变局的语境中重审李斯特的经济学说，不是因为迄今不断有人强调，他的贸易保护主张对后发现代化国家的成长具有积极意义。毋宁说，今天的我们若要更好地认识眼下正在发生的百年未有之大变局，实有必要回顾地缘政治经济学的历史起源。毕竟，保护性贸易如今也成了霸权大国抵御新兴大国的护身符。

关键词　地缘政治经济学　弗里德里希·李斯特　自由贸易　保护性贸易　大西洋革命

"地缘政治经济"（Geopolitical economy）作为术语出现得相当晚。据英文维基百科词条介绍，1991年，研究区域发展的英国地缘政治学家斯图亚特·科布里奇（Stuart E. Corbridge，1957—　）在与人合写的一篇文章中首次使用这个术语。在此之前一年，研究大国战略的美国军事智库学人爱德华·鲁特沃克（Edward N. Luttwak，1942—　）提出，应从地缘政治学中划出"地缘经济学"（Geoeconomics）的地盘，而这个概念实际上相当于地缘政治经济学。①

2013年，年轻的印度政治经济学家拉迪卡·德赛（Radhika Desai）出版了《地缘政治经济学：在美国霸权、全球化和帝国之后》，被视为首部以"地缘政治经济学"为

---

*　刘小枫，中国人民大学文学院一级教授，古典文明研究中心主任。

①　Stuart Corbridge / John Agnew, "The US Trade and Budget Deficits in Global Perspective: An Essay in Geopolitical-Economy", in *Environment and Planning D: Society and Space*, 9 (1), 1991, p. 88; Edward N. Luttwak, "From Geopolitics to Geo-Economics: Logic of Conflict, Grammar of Commerce", in *The National Interest*, 20, 1990, pp. 17-23.

题的专著。作者尝试通过研究美元霸权的形成及其日益面临的危机来证明作为一种“研究方法”的地缘政治经济学，因此她声称，这个语词的含义要到全书“结束才充分表达了它的意思”。尽管如此，作者在一开始仍然试图为地缘政治经济学下定义。据说，由于“着眼于世界”，地缘政治经济学不同于已有的“比较政治经济学”；又由于它“将竞争置于其核心地位”，从而“不同于单边特权统治的世界体系或者霸权稳定论”。地缘政治经济学的起源可以“回溯到（19世纪的）古典政治经济学”，从那时起一直到“新古典经济学”，民族国家的经济作用都占据着显著地位，因此，地缘政治经济学“不同于国际政治经济学”。尽管作者致力于“重新恢复经典马克思主义”的经济学立场，但由于强调民族国家“在造成不平衡和推动关联式发展方面”发挥着重要的经济作用，她仍然宣称，地缘政治经济学并不是一种“新马克思主义国际关系理论”。[①]

由此看来，地缘政治经济学的核心关切是民族国家在经济行为方面的冲突、竞争乃至战争。就此而言，地缘政治经济的确是地缘政治学的重要方面。[②]德意志哲人约翰·费希特（1762—1814）在1800年献给普鲁士王国财政与贸易大臣的《锁闭的商业国》，就堪称一部地缘政治经济学的标志性著作，虽然其副标题是“一篇作为法学附录的哲学草稿和一种将来需要提出的政治学的试样”。从拿破仑战争（1803—1815）爆发之前的欧洲政治状况出发，费希特认为，“像欧洲与世界其他各国之间存在的不以法权和公正为基础的关系，决不可能持久”。他激烈抨击在他看来“不合乎理性的欧洲贸易体制”，提出现代的法理国家应该建立自己的贸易体制，即“锁闭国外贸易，并从此形成一个与外国隔离的贸易机体”，就像必须“形成一个与外国隔离的法律和政治机体一样”。为此，民族国家必须采取的重要手段之一是“取消世界货币和采用本国货币”。[③]

拿破仑战争结束后，德意志邦联开始崛起，弗里德里希·李斯特（Friedrich List，1789—1846）进一步推进了费希特的理论。这位德意志的著名实业家、政治家以“生产力理论”的奠立者、德意志关税同盟的推动者、德意志铁路建设的倡导者等称号留名青史，事实上，他还堪当地缘政治经济学的真正鼻祖，尽管他从没有使用过这个术语。不过，若要说李斯特是“最早的地缘政治学理论家”（the earliest theorist of

---

① 拉迪卡·德赛：《地缘政治经济学：在美国霸权、全球化和帝国之后》，童珊译，重庆出版社2022年版，第6、17页。

② 多尔帕伦：《地缘政治学的世界：行动中的地缘政治学》，方旭、张培均译，华东师范大学出版社2021年版，第233—281页。

③ 梁志学主编：《费希特著作选集》第4卷，商务印书馆2000年版，第6—7、88页。

geopolitics），也言过其实。①毕竟，他的主要关切是新兴民族国家之间的经济竞争，而地缘政治学并非主要以经济为基础，与地缘政治经济学不是一回事。人们至多有理由说，德意志地缘政治学的形成直接受到过李斯特思想的启发。

德赛承认李斯特“对地缘政治经济作出过贡献”，还提到已经有人甚至把李斯特的经济理论置于“长达5个世纪的经济学经典的中心位置”，但她并没有给予李斯特应有的关注。②当然，德赛的论题不是地缘政治经济学的起源，而是美元霸权的兴衰。尽管如此，我们有理由说，如果没有对地缘政治经济学在19世纪的诞生有切近的认识，人们就很难在当今语境中建立作为一种“研究方法”的地缘政治经济学。

李斯特的经济理论出现在前两次百年大变局之间的历史时期，即以“七年战争”（1756—1763）和拿破仑战争为标志的百年大变局与以20世纪的三十年战争（1914—1945）为标志的百年大变局之间。今天的我们若要更好地认识眼下正在发生的百年未有之大变局，就有必要回顾地缘政治经济学的历史起源。有鉴于此，本文将从政治史学而非经济思想史的角度考察李斯特政治经济思想的诞生语境，毕竟，描述这一语境的任务属于前者而非后者。

一、李斯特与美国的机缘

李斯特出生在德意志南部的帝国城市罗伊特林根（Reutlingen）的一个皮革工场主家庭，当他在拉丁语学校上学时，遇上了1803年的德意志神圣罗马帝国政区改制，他所在的自由城市被并入符腾堡王国。中学毕业后，李斯特并未如其父亲所愿进入皮革工场学艺，为接手家业作准备。据说他虽然还很年轻，却已经嗅到了工业革命的气息：英国人发明的机器将很快取代传统手工业。时值拿破仑战争期间，符腾堡王国因政区改制获得一倍多领土而迅速扩大，急需“官署吏员”之类的管理人才。李斯特希望成为王国官吏，为了通过公务员考试，他花了三年时间在图宾根大学旁听经济学和法学课程。通过招聘考试后，李斯特被聘为符腾堡王国财政部的高级审计员（Oberrevisor）。维也纳会议结束后的第二年（1816），李斯特升任新成立的政府［改革］委员会的“佐

① Martin Sicker, *Geography and Politics Among Nations: An Introduction to Geopolitics*, Bloomington: iUniverse, Inc., 2010, p. 47; Juan F. Palacio, “Was Geopolitics Born 60 Years Before Mahan and Mackinder? The Forgotten Contribution of Friedrich List”, in *L' Espace Politique* ［En ligne］, 21 (3), 2013.

② 拉迪卡·德赛：《地缘政治经济学：在美国霸权、全球化和帝国之后》，童珊译，重庆出版社2022年版，第39—40、287—288页；比较Erik Reinert / Arno Daastol, “The Other Canon”, in Erik Reinert (ed.), *Globalization, Economic Development and Inequality*, Cheltenham: Edward Elgar, 2004, pp. 29-32。

理”，年仅27岁。[①]

封建王国通过考试招聘官员，这会让今天的人们感到惊讶。我们多半会想当然地以为，专制君主必定思想保守，而历史的情形并非如此，得因人而定。符腾堡国王威廉一世（1781—1864）虽然是专制君主，却钦慕自由主义政制。1819年6月，他发布诏令推行政制改革，通过选举产生等级代表大会，为君主立宪作准备。

李斯特以高票当选议员，因尚未年满出任议员所需的30周岁，当选无效（1819年7月）。次年李斯特再次参选，成功当选议员（1820年12月），随即成为议会中最为活跃的成员。仅仅三个星期后（圣诞节前夕），罗伊特林根的行政长官邀请李斯特参与一场聚会，并委托他将市民关心的问题转达给符腾堡王国的政府部门。没过多久，一份名为《罗伊特林根请愿书》（*Reutlingen Petition*）的匿名小册子开始在符腾堡首府斯图加特（Stuttgart）街头流传。

请愿书以激进自由主义者的笔调抨击王国政府，斥责官员们“端坐于高高在上的官府，对公民的需求和处境麻木不仁”——随后提出了42项建言。国王未必不认同这些具体的改革诉求，但请愿书的前言措辞激烈，这很可能是因为一年多前（1817年6月），国王自己曾在议会上慷慨陈词，坚决“扫除官场弊政”。然而，改革是自上而下或自下而上，是截然不同的两回事。斯图加特警方随即查封传单，追查匿名作者。印刷所职员“揭发”请愿书出自李斯特手笔，但他并未遭到逮捕，而是随即被革除议员。这个封建专制王国颇为讲究程序正义，案件审理历时足有一年多。1822年4月，李斯特因“污蔑符腾堡政府、司法行政当局和国家公仆”获罪，被判处十个月监禁，“外加监内相应劳役”。这时他已开办一家硫酸厂和一所煤矿，成了今天所谓的“下海”企业家。所幸封建王国的司法管制远不像今天那样严格，判决下达两天后，李斯特趁夜色如“小偷般”溜出斯图加特，雇船渡过莱茵河，逃往斯特拉斯堡“躲避判决结果的执行”（《李斯特传》，第52—59页）。[②]

李斯特在斯特拉斯堡被当作“受迫害的自由主义分子”受到市民优待，但他却认为自己与国王是一条心，即“依照君主立宪精神”改革王国的司法、立法和行政体制，并不是什么“激进分子”。事实上，罗伊特林根作为自由城市并入符腾堡王国后，留下了种种后遗症，请愿书事件的确不过是“去封建化”政治进程中的偶发事件。历史上阴差阳错的事情不胜枚举，由于符腾堡司法机关向邻国发出通缉令，李斯特不得不离

① 欧根·文得乐：《弗里德里希·李斯特传》，梅俊杰译，商务印书馆2019年版，第12—24页（以下简称《李斯特传》，随文注页码）。

② 梅俊杰：《李斯特与赶超发展》，上海人民出版社2022年版，第25—26、28页。

开斯特拉斯堡前往瑞士避难，在那里也待不下去后，又辗转巴黎和伦敦，以寻求“迁居北美”的可能性。而在此之前，李斯特曾作为符腾堡王国官吏亲自负责处理移民问题，想方设法抑制臣民移居美国的趋向。1825年6月，在法国大革命名人拉法耶特将军（1757—1834）的帮助下，李斯特举家移居美国，时年36岁（《李斯特传》，第72、112—113、120—122页）。

李斯特到达纽约后，拉法耶特将军邀他一同考察“美国人口最稠密、经济最发达的地区，从偏北的纽约州沿大西洋岸一直往南，到了马里兰州和弗吉尼亚州”，历时三个月。拉法耶特将军是应美国政府邀请回访当年的征战之地，李斯特借此机会结识了“美国的所有头面人物”，包括刚就任总统的约翰·昆西·亚当斯（1767—1848）。如他后来所说，“从法国和英国之行，特别是从美国之行中”，他“学到了有关国民经济和政治生活的知识，这些知识将能报效祖国”（《李斯特传》，第123、138页）。

李斯特抵达美国时，詹姆斯·门罗总统（1758—1831）的国情咨文（史称“门罗宣言”）发布仅一年多。他在美国做起了农场主，同时凭靠天赋的经济头脑从事实业。当时，美国舆论界就美国应该施行自由贸易抑或保护性贸易政策正展开激烈论战。不少美国政界人士信奉亚当·斯密（1723—1790）的“看不见的手”理论，主张施行无限制的自由贸易政策，这与拿破仑战争之后法国共和革命家让·巴蒂斯特·萨伊（1767—1832）的经济观在欧洲取得支配性影响有关。

李斯特在图宾根大学旁听时，曾深受教授们传播的孟德斯鸠、卢梭、亚当·斯密等启蒙思想者的熏陶，在政治上是个坚定的自由主义者。但他凭靠自己的实践智慧认识到，美国要真正立国，必须建立自己的保护性关税体系，以抵制英国工业产品对美国市场的占有——正如他认为，德意志邦联必须建立统一关税，以抵制英国强大的工业生产力对刚刚起步的德意志工业的压力，否则，德意志不可能成为政治上统一的民族国家（Nation）。

1827年7月，李斯特在费城《国民时报》上以公开信形式连续发表了12篇文章，同年结集为《美国政治经济学大纲（美国体系）》出版——李斯特在其中写下了自己来到美国后的观感：

> 美国的条件是任何其他国家不能相比的。以前，人们根本就不曾见过这样的政府和这样的社会结构；也不曾见过如此普遍而公平的财产、教育、工业、权力和财富的分配；也不曾见过大自然如此慷慨的恩赐：赋予这个民族以丰富的自然资源、南北温带有利的气候条件、漫长的海岸线、待开发的广袤土地、年轻国度的朝气和自由的活

力。现在没有哪个民族、过去也不曾有过哪个民族像美国一样，人口每25年增加一倍，州的个数15年内就增加了一倍，工业、技术和国力都达到相当高的水平，在几年之内创建起一支海军，在短时间内完成公共设施的改善，仅仅这些成绩就足以使一个国家流芳百世。[①]

显而易见，美国辽阔的地理环境和蓬勃的社会生机给李斯特留下了深刻印象。不过，李斯特虽然提到气候条件、海岸线以及土地广袤等地理要素，但他没有提到美国这样的新生国家是在怎样的国际地缘政治处境中诞生的，以及它的地理环境与欧洲的一系列战争有怎样的关系。14年后，李斯特出版了让他留名青史的《政治经济学的国民体系》（1841），他在其中写道，“近一个世纪的历史”表明，欧洲“大陆各国之间每每自相残杀爆发战争的时候”，都一定会使得不列颠王国这个岛国有机会在“工业、财富、海运和殖民地占领等方面获得增长”。[②]也许由于当时的美国在综合国力方面还无法与英国相比，李斯特并没有这样说美国。毕竟，美利坚建国才仅仅半个世纪。差不多一百年后（20世纪20年代），一位美国的政治史学家说，“欧洲的灾难就是美国的机会”。[③]这话在今天成了名言，尽管它是就第一次世界大战而言的，但显然既适用于拿破仑战争，也适用于20世纪的第二次世界大战。

《政治经济学的国民体系》不过是《美国政治经济学大纲（美国体系）》中的基本观点的系统化表达，而且两者都是论战性作品，其攻击矛头直指当时占支配地位的世界主义经济学——亚当·斯密及其拥趸萨伊的政治经济学。据说，“在贸易保护主义者圈子内”，《政治经济学的国民体系》的地位“犹如《国富论》”，尽管“李斯特的研究基本上立足于历史判断而非经济分析”。[④]

18世纪后期至19世纪初期，政治经济学正在成为新兴学科或新的政治知识，黑格尔称之为“现代世界所产生的可作为现代世界之基础的科学之一”，因为“它替一大堆偶然性找出了规律”。[⑤]李斯特的政治经济观诞生于维也纳体系形成之时，它虽然不如

① 弗里德里希·李斯特：《美国政治经济学大纲（美国体系）》，见弗里德里希·李斯特：《政治经济学的自然体系》，杨春学译、王进邦校，商务印书馆1997年版，第211—212页。

② 弗里德里希·李斯特：《政治经济学的国民体系》，邱伟立译，华夏出版社2009年版，第307页。

③ 转引自孔华润主编：《剑桥美国对外关系史》（上），王琛译，新华出版社2004年版，第94页；比较S. F. 比米斯：《美国外交史》（第一分册），叶笃义译，商务印书馆1985年版，第220页。

④ 道格拉斯·欧文：《国富策：自由贸易还是保护主义》，梅俊杰译，华东师范大学出版社2013年版，第166—167页。

⑤ 黑格尔：《法哲学原理》，邓安庆译，人民出版社2017年版，第336页。据熊彼特说，“政治经济学”这个语词最早出现在1890年。详见约瑟夫·熊彼特：《经济分析史》第1卷，朱泱、孙鸿敞等译，商务印书馆2009年版，第44—45页。

同时代具有世界革命精神的政治经济理论大气磅礴，对后世的世界性影响也不如后者广泛，但仍然在20世纪20年代就被引入了中国。[①]直到今天，李斯特的政治经济学还给各色经济学人带来种种有益启发，尤其我们中国的经济学者如此认为。毕竟，李斯特提出的经典问题是，“在一个发展差距日益拉大的世界经济中”，后发现代化国家“如何才能实现后发展”。[②]尽管如此，人们往往忽略了李斯特经济学思想中的地缘政治学要素。为了搞清这一要素，我们还得先从经济角度简扼回顾大西洋革命的历史。

二、大西洋革命与国际贸易

亚当·斯密的《国民财富的性质和原因的研究》（中译本称《国富论》）出版那年，碰巧与英属美洲殖民地十三州的第二届大陆会议签署脱离宗主国的《独立宣言》同时（1776），这虽属偶然却又并不尽然。因为，《国富论》的写作与英属美洲殖民地的经济危机有关，而这场经济危机是英裔美洲殖民者闹独立的直接导因。《独立宣言》对宗主国的指控包含如下两条罪状：“割断我们同世界各地的贸易”和“未经我们同意便向我们征税”。[③]

七年战争结束（1763）后，亚当·斯密很快就敏锐地意识到，大英政府对北美殖民地“施加的帝国主义法律和条令”将会损害殖民地的经济活动。亚当·斯密希望自己的自由经济理论有助于英政府改变对北美殖民地的经济政策，结束旧殖民体系“所引发的以暴制暴的循环”。因此，《国富论》出版之后，随即有人把它看作是一部针对英国政府与其北美殖民地关系的著作，而亚当·斯密自己后来也承认，他“最为猛烈地抨击”了大英帝国的整个商业体系。法国爆发革命后的最初几年（至18世纪90年代中期），作为苏格兰启蒙的代表人物，亚当·斯密在英格兰“被当作一名颠覆分子和法国（启蒙）哲学界的朋友”，也就不奇怪了。路易十六的贸易总监、重农学派的经济学

---

① 贾根良等：《新李斯特经济学在中国》，中国人民大学出版社2015年版，第77—94页；比较Roman Szporluk，*Communism and Nationalism*：*Karl Marx versus Friedrich List*，Oxford：Oxford University Press，1988。

② 迪特·森哈斯：《欧洲发展的历史经验》，梅俊杰译，商务印书馆2015年版，第14页；罗特·吉尔平：《全球政治经济学：解读国际经济秩序》，上海人民出版社2006年版，第182—183页；梅俊杰：《自由贸易的神话：英美富强之道考辨》，上海三联书店2008年版，第363—381页；张登德、刘倩：《理论与现实：近代中国学界论亚当·斯密与李斯特》，《鲁东大学学报》（哲学社会科学版）2021年第1期。

③ 世界知识出版社编译：《资产阶级政治家关于人权、自由、平等、博爱言论选录》，世界知识出版社1963年版，第303页。比较弗雷德·安德森：《七年战争：大英帝国在北美的命运（1754—1766）》，冬初阳译，九州出版社2022年版，第491—536页；古德温编：《新编剑桥世界近代史·第八卷：美国革命与法国革命（1763—1793）》，中国社会科学院世界历史研究所组译，中国社会科学出版社1999年版，第617、669、691—692页。

家皮埃尔·杜邦（Pierre S. du Pont，1739—1817）可以作证。据他说，《国富论》极大地加速了“有用的革命”，这场革命将为法国带来“好宪政”，“让大不列颠和美利坚合众国所拥护的学说”进一步发扬光大。①

皮埃尔·杜邦虽是法兰西的王室大臣，内心里信奉的却是自由主义，大革命来临之际曾被推选为国民议会主席。拿破仑执政后，因与拿破仑的政策不合，他带着自己的一家移民美国（1799）。在英国政府与北美反叛者的巴黎谈判期间（1782—1783），由于杜邦作为外交官曾偏帮美利坚人，他及其家人抵达美国后没有被当作难民，而他携带的大量金银财富则让他的后人在美国成就了非常著名的大企业集团。②

七年战争给法兰西王国带来的严重经济危机可以说是巴黎爆发大动乱的直接起因，而当三级会议中的“第三等级”脱离会议成立国民议会后，拉法耶特侯爵就把北美分离主义的《独立宣言》精神带给了国民议会。1789年7月9日，国民议会在巴黎街头的动乱状态下改名为制宪议会，两天后，拉法耶特在议会发表了模仿费城宣言的《欧洲人权与公民权宣言》，据说他为此“已经准备了十年之久”。7月14日，受会议进程影响的巴黎民众占领巴士底狱，在“杀害了几名官员后”夺取市政厅宣布成立新的市政府，拉法耶特就在这一天当选国民议会副议长。次日，在占领市政厅的巴黎民众所选出的代表要求下，国民议会任命拉法耶特为巴黎城防司令。

巴黎动乱的消息很快“传遍欧洲”，并“跨越大西洋来到美国和欧洲国家的美洲殖民地，同时形成了振奋人心的影响”。巴黎事件本身“不过是骚乱、兵变和暴民统治的惊人爆发”，但在自由主义政治史学的海量文献中，它“被广泛解读为象征了一些其他东西，并且被赋予了极为重要的意义”。③

拉法耶特获得巴黎暴乱者的信任，与他当年投身美洲殖民地的叛乱有关。北美叛乱者在费城签署《独立宣言》之后，这位法国贵族子弟还“没有深入了解”事情是怎么回事，便与“法国境内的北美反叛者代理人秘密会谈”，并签署了一份支援北美叛乱的协议。当时法国政府尚未公开支持北美叛乱，拉法耶特的行动纯属受启蒙文学影响的个人行为，他“希望找到名为‘自由’的睡美人”并唤醒她，但他并“不知道自己的理想正在将他引向何方，也不知道正在苏醒的这位‘自由’美人是否会对自己和他

① 伊安·罗斯：《亚当·斯密传》，张亚萍译，浙江大学出版社2013年版，第399、566页；艾玛·罗斯柴尔德：《经济情操论：亚当·斯密、孔多塞与启蒙运动》，赵劲松、别曼译，社会科学文献出版社2013年版，第53页。

② Robert F. Haggard, "The Politics of Friendship: Du Pont, Jefferson, Madison, and the Physiocratic Dream for the New World", in *Proceedings of the America Philosophical Society*, Vol. 153, No. 4 (2009), pp. 419-440.

③ 亚当·查莫斯基：《幻影恐惧：政治妄想与现代国家的创建：1789—1848》，袁野译，社会科学文献出版社2018年版，第9页。

的人民及其国家有益”。[①]拉法耶特从华盛顿那里获得了大陆军少将军衔，成了后者的副官。

三、理解“双元革命”

今天的人们对这些历史常识都耳熟能详。但是，人们往往不太重视基于个人权利的美利坚独立革命与工业革命的关系，以及两者在法国大革命时代的交汇，即便政治史学家霍布斯鲍姆用“双元革命”来称呼这一历史事件的说法颇为著名。据说，在18世纪的最后十年，“每一个商人的雄心”都是成为“金融拿破仑”或“工业拿破仑”。从政治史学的角度看，如果这场“双元革命”可被视为“欧洲（及其海外势力、白人殖民者社会）”对整个世界实施“政治、军事绝对统治”的开端的话，那么，其中必然隐含着自由主义与帝国主义何以交织在一起的内在逻辑。[②]直到今天，历史社会学家仍在力图为霍布斯鲍姆的观点增添新的史学例证：据说，工业革命之所以首先出现在英国，乃因为“北海地区保持、继承和发展了”中世纪欧洲的部分制度传统——尤其是重新拟定国家和公民之间关系的“民主传统”。[③]

除非具有地缘政治的史学眼光，人们很难避免陷入自由主义政治史学的信念逻辑——共和革命家邦雅曼·贡斯当（1767—1830）就是显著例证。

贡斯当出生于瑞士洛桑，祖上是来自法国的胡格诺派教徒，与卢梭一样，他的政治舞台在法国。由于被视为以撒亚·伯林（1909—1997）的“消极自由论”的先驱，贡斯当的声誉在“后冷战”时代迎来了第二春，甚至在我国公共知识界也声名显赫。尽管如此，人们很少注意到他的政治自由观与亚当·斯密的自由经济论的关系。[④]作为亚当·斯密自由经济原理的拥趸，贡斯当相信，以工商业为基础的生活方式将取代以土地的收益和战争为基础的贵族制文明，进而创造出一个全新的自由社会——因为孕

① 路易·马德林：《法国大革命人物传》，冬初阳译，时代文艺出版社2016年版，第7、10、15—16页；比较古德温编：《新编剑桥世界近代史·第八卷：美国革命与法国革命（1763—1793）》，中国社会科学院世界历史研究所组译，中国社会科学出版社1999年版，第866—871页；Charlemagne Tower，*The Marquis de La Fayette in the American Revolution*：*With Some Account of the Attitude of France Toward the War of Independence*，Vol. Ⅱ，Philadelphia：J. B. Lippincott Company，1894 / 1901（第二版），pp. 106-137。

② 艾瑞克·霍布斯鲍姆：《革命的年代：1789—1850》，王章辉译，江苏人民出版社1999年版，第30、100页。

③ 扬·卢滕·范赞登：《通往工业革命的漫长道路：全球视野下的欧洲经济（1000—1800年）》，隋福民译，浙江大学出版社2016年版，第241—275页。

④ 韩伟华：《从激进共和到君主立宪：邦雅曼·贡斯当政治思想研究》，上海三联书店2015年版，第171—173页；比较圭多·德·拉吉罗：《欧洲自由主义史》，杨军译，吉林人民出版社2008年版，第150—154、157—159页。

育国家财富的将不再是土地而是工业：

工业所有制改善了整个社会，人们可称其为人类的立法者和庇护者。政府之所以受益于学校，是因为工业本质上需要安全与保障。整个欧洲之所以从工业中得到好处，是因为商业精神取代了征服精神，把仇恨变成竞争心，把对立变成竞争。①

萨伊是贡斯当的好友，他出生于法国南部城市里昂的一个富商家庭，年轻时在英格兰读过书，恰好遇上机器工业取代手工工场的工业革命和美利坚殖民地商人脱离宗主国的独立革命。法国大革命爆发时，萨伊与贡斯当同属一个政治小团体，亚当·斯密和孔多塞是这个团体的精神导师，中心人物则是著名共和革命家埃马纽尔·西哀士神父（Emmanuel Abbe Sieyes，1748—1836），他们经常在爱尔维修夫人（Madame Helvétius，1722—1800）的沙龙聚会。早在30年前的启蒙年代，这个沙龙就颇有名气——甚至可能是最有名的启蒙知识人沙龙，因为她的丈夫克劳德·爱尔维修（Claude A. Helvétius，1715—1771）以主张"无神论的享乐主义"闻名，在巴黎创办了共济会"九姐妹会所"。美利坚立国者之一富兰克林一度是这个沙龙的常客，他"与爱尔维修夫人可不止是打情骂俏"，而是不止一次"充满激情地"向她求过婚。②

青年拿破仑也与这个小团体有交往，而且认同其政治理想。因此，拿破仑发动雾月政变时，这群启蒙志士"几乎自愿地接受了雾月的刀剑"，满心希望"金字塔的征服者"能成为"法国的华盛顿"。西哀士神父深度介入这场政变，萨伊和贡斯当在政变后则进入了执政府的重要立法机构——设在卢浮宫北面巴黎皇家宫殿的法案评议委员会，还忝列保民院成员。仅仅两年后（1802年元月），萨伊和贡斯当就成了拿破仑整治国家秩序的绊脚石，他们看不惯拿破仑的新做派，而拿破仑也看不惯他们。借保民院换届之际，拿破仑免除了"最有独立思想的二十位委员"——萨伊和"手段高明的钻营者"

① 转引自米歇尔·维诺克：《自由的声音：大革命后的法国知识分子》，吕一民、沈衡、顾杭译，文汇出版社2019年版，第70页。

② 沃尔特·艾萨克森：《富兰克林传》，孙豫宁译，中信出版社2016年版，第422—426页；Stacy Schiff, *A Great Improvisation: Franklin, France, and the Birth of America*, New York: Henry Holt & Co., 2006, pp. 229-232。比较Antoine Guillois, *Le salon de madame Helvétius: Cabanis et les idéologues*, New York, 1971。关于爱尔维修的政治思想，参见沃格林：《政治观念史稿·卷八：危机和人的启示》，刘景联译、张培均校，华东师范大学出版社2019年版，第36—87页。

贡斯当就在其中。[①]

四、萨伊与拿破仑

被迫退出政治活动后，萨伊致力于把自己基于工业革命的政治理想转化为一种政治经济理论，用一年多时间完成了一部大著——《政治经济学概论：财富的分配和消费》，时年不到40岁。在此之前，萨伊已经花费13年时间研读《国富论》。在他看来，《国富论》包含“最正确的政治经济学原理”，即不受国家约束的自由经济原理。遗憾的是，这一原理与“一大堆”富有启发性的例证和有益的统计学天才研究“杂乱地放在一起”，不成条贯。萨伊立志要让亚当·斯密的理论更为明晰、更成系统，这需要进一步用“自然权利这个原则”为自由经济辩护——他的名言是：国家干涉经济活动“本身就是坏事，纵使有其利益”。[②]

在今天的学术体制中，经济学属于社会科学中的子学科，不仅技术性很强，而且与政治学相分离。但在18世纪的“双元革命”时代，经济学被看作是“以改善社会为目的”的立法学，从而实质上是新式的政治学。用今天的话说，政治经济学是古典政治哲学的替代品，因为它力图通过新的经济制度设计来实现完美的政治社会。萨伊相信，一旦自由的制度让人有“完全的自由支配和应用自己的资本和劳动”，劳动和资本就可普遍地有益于人类社会。既然唯有凭靠自由竞争才能扩大国民财富，自由的经济生活方式就是促进人类进步和幸福的唯一途径。[③]

1806年11月21日，拿破仑颁布敕令，法国将没收所有英国货物和商船，并禁止欧洲大陆各国与英国有贸易往来——史称“大陆封锁令”（Continental blockade）。拿破仑的这一敕令与萨伊的自由经济原则相违，却符合新生的法国企业家的心声。[④]

经济封锁并不是拿破仑的发明，而是欧洲形成民族国家时国际间冲突的自然产物。威斯特伐利亚和约尘埃落定那年（1648），法兰西王国趁英国内战之机，禁止英国毛织

---

① 让-皮埃尔·里乌、让-弗朗索瓦·西里内利主编：《法国文化史Ⅲ，启蒙与自由：十八世纪和十九世纪》，朱静、许光华译，华东师范大学出版社2012年版，第159页；米歇尔·维诺克：《自由的声音：大革命后的法国知识分子》，吕一民、沈衡、顾杭译，文汇出版社2019年版，第19—21页；斯塔尔夫人：《法国大革命史》下册，李筱希译，吉林出版集团2014年版，第396—397页。

② 萨伊：《政治经济学概论》，陈福生、陈振骅译，商务印书馆1998年版，第16、213、215页；比较伊安·罗斯：《亚当·斯密传》，张亚萍译，浙江大学出版社2013年版，第567页。

③ Richard Whatmore，*Republicanism and the French Revolution：An Intellectual History of Jean-Baptiste Say's Political Economy*，New York：Oxford University Press，2000，pp. 6-16.

④ 雷吉娜·佩尔努：《法国资产阶级史：近代》下册，康新文等译，上海译文出版社1991年版，第188—189页。

品和丝织品进入法国市场，英国随即还以颜色，禁止法国葡萄酒、羊毛和丝制品进入英国市场。两国之间由此爆发“关税战争”，随后双方“未经宣战就互相采取了军事行动”。经济封锁或如今所谓的“贸易战”虽然自古就有，但随着欧洲现代式领土国家形成新的地缘政治格局和工业化的出现，经济封锁有了新的表现形式。由于英国先后击败西班牙和法国海军，取得了全球制海权，在公海上强行“临检所有商船”，英国动用“贸易战”这一战略手段最多。法国爆发大革命的3年前（1786年9月），英法两国终于签订通商条约，结束了长达一个世纪的贸易战。英国凭借先行一步的工业革命制造出的大量物美价廉的商品随即涌入法国市场，刚刚起步的法国工商业遭遇沉重打击，法国的新生企业家们叫苦不迭，纷纷要求对英国货实施禁运。[①]

随着第一次反法同盟战争（1792—1797）爆发，英法两国的贸易战再次打响：开战当天（1793年2月1日），吉伦特派（Girondins）的革命政府即颁布法令，废除与英国的通商条约。吉伦特派本来主张自由经济，反对政府控制贸易和物价，反对国家间的贸易战，但其领导人雅克·布里索（Jacques P. Brissot，1754—1793）认识到，法国陆军难以攻击英国本土，若要打击英国，最好莫过于对其关闭商品市场。雅各宾派与吉伦特派虽然是政敌，但在维护国家利益方面完全一致。从吉伦特派手中夺取政权后（1793年6月2日），雅各宾派的救国委员会在三个月内连续发布三项法令，禁止中立国货船进入法国港口，并对所有英国商品实施禁运。英国随即还以颜色，派舰队直接封锁法国海岸，“禁止军需品及食品输向法国”。[②]

英国商品仍然能通过中立国转道进入法国市场，经济封锁效果不佳，除非对英国关闭整个欧洲大陆市场。督政府执政后，随即将针对英国货物的禁令扩展到中立国：只要运载的是英国货或曾停靠过英国港口，任何中立国货船均可被合法没收。拿破仑的经济封锁敕令不过是延续以前历届革命政府的做法，他在普鲁士王国首府柏林颁布这一敕令，更多是为了显示一种政治姿态：禁令将延伸到法兰西帝国军事势力所及的范围——法国将与意大利、荷兰、瑞士和莱茵同盟乃至葡萄牙、西班牙形成一个统一的贸易保护区。

萨伊和他的战友贡斯当坚持自由主义政治理想，始终反对经济封锁政策。作为孟德斯鸠和杜尔哥的信徒，贡斯当把商业看作是“文明的谋算”，而战争则是人类出现商

① 刘军大、刘湘予：《拿破仑与大陆封锁：从拿破仑的经济政策看拿破仑帝国的覆灭》，华夏出版社2001年版，第31—32页。

② 刘军大、刘湘予：《拿破仑与大陆封锁：从拿破仑的经济政策看拿破仑帝国的覆灭》，华夏出版社2001年版，第35—37页。

业活动之前的"原始冲动"。他相信，随着工业与商业日益繁荣，战争会越来越少。因为，现代国家的"唯一目标就是安宁，安宁带来舒适，舒适的源头则是工业"；随着工业的发展，商业化倾向必定会越来越占上风，发生国家间战争的倾向也就"必然会越来越弱"。[①]

这样的观念在今天看来的确过于理想化，而萨伊的启蒙信念同样让他以为，16世纪以来的欧洲战争"从掠夺与破坏富源"变成了"独占富源"，不是为了"殖民统治"就是为了"商业独占"——战争不再是"饥饿的野蛮人和他们的富裕、勤奋邻人的斗争，而是文明国家与文明国家之间的斗争"。但是，随着国民智识的提高，公务人员会越来越"依靠生产阶级"，"今后国家的命运将不再依赖于可能朝夕瓦解的政治优势"。国民智识的提高尽管进程缓慢，却不可抗拒，这必然会影响一个国家的对外政治关系，进而"将大大节省旨在进行战争的费用"。随着普遍启蒙的实现，世界上的"所有民族"都会懂得，"相互战争对他们实际上没有利益，他们必然要遭受战败所带来的灾难，而战胜的好处全是空中楼阁"：

基于海陆统治权的国家力量，绝无持久的可能，因为它与人类利益和情感相对立，必定遭到一致反抗。以后任何国家绝不可能享有像罗马人所享的那么广泛与长久的国外统治权，因为知识已经有了如此之大的进展，人类已经晓得的反抗手段那么清楚，而国与国之间的来往也已经发展得如此普遍和如此自由。[②]

在两百多年后的今天看来，萨伊的说法会让人觉得他实在过于幼稚，但在拿破仑战争时期，却是让人激动的启蒙理想。若要更好地理解这种政治理想的性质，人们就得了解孔多塞在雅各宾专政来临时完成的《人类精神进步史表纲要》。

五、孔多塞与美利坚革命理想

孔多塞（1743—1794）是个数学家，他能成为爱尔维修夫人沙龙团体的精神导师，首先因为他是杜尔哥思想的忠实传人。他相信"美国革命很快便会蔓延到欧洲"，而法兰西民族"对美国人的事业的兴趣比（任何）其他地方"都要大，对美国革命原则的

① 邦雅曼·贡斯当：《征服与政权》，汪涛译，吉林出版集团2017年版，第41—44、144页。

② 萨伊：《政治经济学概论》，陈福生、陈振骅译，商务印书馆1998年版，第253页，比较第422—423、532页。

传播也更多。因为，法兰西“既是最启蒙了的国度，又是最不自由的国度”，那里的“哲学家们有着最真实的知识，而政府却有着最蛮横而又最深厚的愚昧无知”。正因为如此，法兰西民族“注定了要发起人道之友们满怀着无比的希望与焦灼在期待着的那场革命的最初行动”。孔多塞甚至充满激情地认为，天命会让“法国革命比美国革命更为完整”，从而也会使得这场革命“更不平静”。毕竟，美国人并没有必须得革除的“邪恶的课税体系”，也没有需要摧毁的“封建暴政、世袭等级和有钱有势的特权团体以及宗教不宽容的体制”，只需建立新的权力以取代宗主国所行使的权力——“新的创制”也不会触及民众已经习惯的“种种关系”。法国的情形恰好相反，革命不得不“囊括社会的全部经济，改变所有的社会关系”，直至“深入到政治链条的最后一环”。[①]这无异于说，法兰西必须经历一场天翻地覆的大革命，才能赶上美利坚的革命。

孔多塞与亚当·斯密是好友，他同样相信自由贸易是推动世界历史进步的原动力。工业革命虽然带来了贸易贪婪，但启蒙后的欧洲人会通过自由贸易把“欧洲的自由、光明、理性的原则和先例”传播给亚洲和非洲的人民。最终，欧洲的理性进步和自由贸易将让亚洲的文明人和非洲的土著人都成为欧洲人的弟兄和朋友，当然，前提是他们首先成为欧洲人的学生。从历史上看，“好客和商业”在各民族的关系中虽然经常受到“抢劫和战争”干扰，毕竟“要比掠夺的嗜好和复仇的渴望更加有力”。基督教的教士们“无法阻止自由精神和探索精神悄悄地进步”，即便宗教信仰的冲突“不止一次点燃了流血的战争”，这些精神仍秘密地在繁衍和传播。印刷术的发明使得自由精神能够通过普及教育把人民“从一切政治的和宗教的枷锁之下解放出来”，即便是“在那种总是重新出现而且往往是残酷的战争之中”，理性也会最终“战胜暴力和欺诈”。自由哲学家作为世界公民会超越自己的国家进行思考，他们心中只有“整个人道的利益，不分国度、种族或教派”，即便“思辨见解不同”也能“形成一支联合一致的坚强大军”，与“形形色色的暴政”作斗争，在“普遍慈爱心的情操”激发下向不正义开战，“哪怕对其他民族负有罪责的正是自己的祖国”——孔多塞称这些自由哲学家为“人道之友”（《史表纲要》，第26、91、104—105、145、180页）。

临近结尾时，《人类精神进步史表纲要》有一段话堪称世界主义精神的典型表达，直到今天还让有“普遍慈爱心”的读书人或“人道之友”们激动不已：

启蒙了的人民在恢复自己有处置自己的生命和财富的权利时，就一点点地学会了

① 孔多塞：《人类精神进步史表纲要》，何兆武、何冰译，生活·读书·新知三联书店1998年版，第149—150页（以下简称《史表纲要》，随文注页码）。

把战争看成是最致命的灾难，是最大的罪行。人们将看到，首先消失的是国家主权的篡权者为着自封的世袭权利而驱使人民去参加的那些战争。各族人民将会懂得，他们不可能变成为征服者而不丧失自己的自由；他们将会懂得，永久的联盟乃是维护自己独立的唯一办法，而且他们应该追求的乃是安全而不是强力。商业的偏见将会一点点地消失；一种虚假的商业利益将会输光足以使大地血流成河并使他们在发财致富的借口之下可以毁灭各个国家的那种可怕力量。随着各族人民在政治和道德原则中终将互相接近，随着各族人民为了其自身的好处终将号召外国人更加平等地分享他们得之于自然界或得之于自己的勤劳的财富，所有那些产生、毒化和延长民族仇恨的原因都会一点点地消逝；它们将不会再向好战的狂热提供任何养料或借口。（《史表纲要》，第197页）

孔多塞的文明进步史观以“生命和财富的（自然）权利”为基础，形塑了一种启蒙式的“普通意见”（opinion générale），即今天人们所说的“普世价值”。由于孔多塞宣称，工商业文明带来的进步将消除民族之间的不平等，人们很难意识到，他所谓的民族间的平等不是指处于文明进程不同阶段的各民族相互尊重和平等对待，而是指把落后民族提升到进步的文明民族的水平——英裔美利坚人和革命的法兰西人是新人类的标杆，因为：

人类未来状态的希望可以归结为这样的三个重要之点：即废除各个国家之间的不平等、同一个民族内部平等的进步以及最后是人类真正的完善化。会不会有这么一天，所有民族都趋近于最启蒙、最自由、最摆脱了偏见的民族已达到的那种文明状态，就像法兰西人和英裔美国人那样？把这些民族与屈服于国王之下的民族的奴役状态、非洲部落的野蛮状态以及野蛮人的愚昧状态分隔开来的那种广阔距离会不会消失？地球上难道真的应该有这样的国家，其居民受自然惩罚而永不能享受自由、永不能运用自己的理性？（《史表纲要》，第177页）

思想史家沃格林从这些言辞中敏锐地听出了“西方极权主义”的声调：孔多塞的启蒙计划“要彻底打碎所有人类文明，无论高等文明还是分化程度较低的土著文明，要把地球表面变成一种标准化人类的居住地”，而这种标准化的生活方式不过是“一小撮自大狂式知识分子的意识形态构造”。沃格林甚至认为，孔多塞的狂想“听起来就像纳粹的国民启蒙宣传部长发给下属的一份指令”，因为人们在这种“极权主义进步论者与他的纳粹后继者之间，几乎看不到任何差别”：“把落后人种提升到英裔美国人-法兰西人水平的做法”与纳粹的“一体化”方案具有内在同质性。[①]

这样的论断显得简单粗糙，难免让今天的人们觉得十分奇怪。毕竟，追求理性进步和自由贸易早已是一般知识人普遍认可的普世价值。尽管如此，沃格林的辨识仍然为我们理解李斯特的经济思想提供了关键性线索。这里的要害在于，既然工业文明将彻底更新所有历史文明，美国革命和法国革命提供的自然权利模式将在此基础上规范整个人类，那么，发端于欧洲的工业文明为何会与自由帝国主义历史地关联在一起，也就不难理解了。

六、成长中的美国体系与英国霸权

萨伊的著作因主张自由经济与拿破仑的“大陆封锁”禁令相违，出版后遭到查禁。维也纳会议之后，主张自由放任的政治经济学也获得了解放。《政治经济学概论》连续重版（1817、1819、1826），每次都有所增补，篇幅越来越厚，一时成为欧洲大学普遍采用的教材（1821年出版英译本）。拿破仑被流放到南大西洋上的英属殖民地圣赫勒拿岛（Saint Helena）之后，也开始研读《国富论》，甚至开始研究东印度公司之类的垄断组织，进而改变观念转而“支持自由贸易”。他现在认识到，自由贸易“激发了所有的想象，震惊了所有的民族”，其历史作用不亚于平等理念。[②]

1827年，萨伊的《政治经济学概论》在美国出版，他给美洲英文版的编者写信说，世界上没有任何地方能比美国更能证明“自由主义的价值”，“欧洲的古老国家已经因偏见和恶习而一天一天烂下去”，只有美国能够让欧洲人懂得如何“不付太大的代价而得到最大的繁荣”。[③]

这一说法并不符合实情。此时，美国政界的“关税大论战”正愈演愈烈，萨伊这样说不过是要为美国的自由贸易派打气。法国大革命爆发的第二年（1791），美国首任财政部长亚历山大·汉密尔顿（1755—1804）就向国会提交了《关于制造业的报告》，明确主张美国应该采取保护性贸易政策。[④]当时的美国还谈不上有像样的工业需要保

① 埃里克·沃格林：《政治观念史稿·卷八：危机和人的启示》，刘景联译、张培均校，华东师范大学出版社2019年版，第156、162页。

② 艾玛·罗斯柴尔德：《经济情操论：亚当·斯密、孔多塞与启蒙运动》，赵劲松、别曼译，社会科学文献出版社2013年版，第28—29页。

③ 萨伊：《政治经济学概论》，陈福生、陈振骅译，商务印书馆1998年版，第8—9页。

④ 道格拉斯·欧文：《国富策：自由贸易还是保护主义》，梅俊杰译，华东师范大学出版社2013年版，第163—164页。

护，汉密尔顿的主张自然不会受到重视，反倒是富兰克林的自由贸易主张占了上风。1759年前往苏格兰旅行时，富兰克林就结识了亚当·斯密。七年战争结束（1763）后，英国国会通过决议，禁止北美殖民地发展制造业，“坚持将殖民地限制为原材料产地和产品市场”。亚当·斯密反对这一政策，而富兰克林与他的立场不谋而合，两人成了好友。1771年富兰克林再次前往苏格兰时，亚当·斯密向他展示了“正在撰写的《国富论》的前几章”。[①]

拿破仑在柏林颁布“大陆封锁”敕令（1806）后，美国国会紧跟着就通过了《禁运法案》（1807）。5年后（1812），第二次美英战争爆发，美国的对外贸易几乎彻底中断，大贸易商被迫把资金投向本国工业，美国的工业因此获得了发展生机。拿破仑战争结束后，“英国的贸易战略家试图劝诱其他国家通过出售它们的原材料来换取英国的制成品”，美国也不例外。随着结束美英战争的《根特条约》生效（1815年2月），美英贸易恢复正常，大量廉价英国工业品涌入新大陆，美国经济随即面临巨大压力。国会虽然迅速通过了一项保护性《关税法案》（1816），但仍然没有能够阻止“美国经济的停滞”——经济危机接踵而至（1819—1820），关税争议跟着就“上升为全国性话题”。[②]

李斯特来自正在寻求政治统一的德意志邦联，尽管他也是自由主义者，德意志的政治经济现实让他对亚当·斯密-萨伊的经济观不以为然。宾夕法尼亚制造业和工艺促进会副主席查尔斯·英格索尔（Charles Ingersoll，1782—1862）鼓励李斯特公开发表自己的见解，于是就有了李斯特在费城《国民时报》上连续刊载的十二封公开信。同年出版单行本时，英格索尔亲自撰写序言，李斯特一时成为美国政界“关税大论战”中最为耀眼的人物。

《美国政治经济学大纲》一开始就把攻击矛头对准“亚当·斯密及其同伙（萨伊）”，旗帜鲜明地支持以“美国（经济）体系向斯密体系宣战”。与其他论战者大多纠缠于具体经济问题不同，李斯特径直挑明亚当·斯密-萨伊理论的政治性质：他们的自由经济论“与善良的圣皮埃尔神父的永久和平之梦如出一辙”，不过是一种无视实际政治的“幻想”。就实际政治而言，战争无非是“国与国之间的一种决斗，对自由贸易的限制就是不同国家工业力量之间的战争”。基于实际政治常识，李斯特问道：如果美国国防部长相信孔多塞的说教，“以地球上没有战争人类会更幸福为由，拒绝修筑要

① 沃尔特·艾萨克森：《富兰克林传》，孙豫宁译，中信出版社2016年版，第226、302、173页。

② 迈克尔·赫德森：《保护主义：美国经济崛起的秘诀（1815—1914）》，贾根良等译，中国人民大学出版社2010年版，第23、33、51、75、318页；关于1827年的“关税大论战”，参见第65—73页。

塞、创办陆军军官学校”，这位国防部长算得上明智吗？[①]

这话让今天的我们应该意识到，如果仅仅从经济思想史的角度来看待李斯特的政治经济学，视野就难免狭窄了。显而易见，李斯特的经济观首先是一种务实主义政治论。他在第二封公开信中进一步明确指出，亚当·斯密及其信徒的自由经济论从“虚构的人类事态”出发，“既没有考察和平和战争的不同情况，也没有考察不同国家和不同民族的具体情况”，“无视人类分裂为许多国家这一事实”。他们“竟然荒谬到如此地步”，让人们“相信政治经济学与政治无关”，却又把自己的理论称为“政治经济学”。既然亚当·斯密的理论“根本就不包括政治学”，它就不能称为“政治经济学”，只能称为“经济学”，而且是一种基于普世理想的“世界主义经济学”（Cosmopolitical Economy）。为了反对这种非政治化的经济学，李斯特提出了“民族（国家）经济学”（Nationalökonomie）这一概念，以“民族国家”政治对抗“世界主义”政治：

> 为完善政治经济学，我们必须加上（民族）国家的经济原理。（民族）国家的经济思想产生于（民族）国家概念。（民族）国家介于个人和人类之间，是由这样一些个人组成的一个单独的社会：这些人拥有共同的政府、共同的法律、共同的权利、共同的制度、共同的利益、共同的历史、共同的荣誉、共同的防御和保护他们的权利、财富、生命的共同制度，他们组成一个自由和独立的实体。在与其他独立的国家的交往中，这个实体只遵照（民族）国家利益的律令行事，而且有权调控个人利益，以便在自己的疆土上尽可能创造出最大的共同福利，形成最强大的、抵御其他（民族）国家的力量。（《自然体系》，第208—209页，译文略有改动）

用今天的话来说，李斯特的主张是一种“（民族）国家主义”——人们同时也不能忘记，李斯特是一个自由主义者：自由主义与（民族）国家主义并非不相容。在他看来，世界主义经济学仅仅强调个人和整个人类的财富增长，却没有看到，“如果（民族）国家没有力量保护”自由的经济个体，“他们总有一天不仅会丧失若干代人积聚起来的财富，还会丧失权利、自由与独立”。因此，（民族）国家经济学所致力的目标不仅仅是国家财富，而且是国家的“强大与财富并举”，两者相辅相成：国家的财富丰裕“会增进和保障国家的强大”，而国家的强大则会保护自由的经济个体的财富（《自然体系》，第209页）。李斯特提醒美国人，若非美国拥有“不屈从于英国海军优势”的实

① 弗里德里希·李斯特：《美国政治经济学大纲》，见弗里德里希·李斯特：《政治经济学的自然体系》，杨春学译、王进邦校，商务印书馆1997年版，第202—203、205—206页（以下简称《自然体系》，随文注页码）。

力，“可以昂起头颅直视英国优势”，美国断乎不可能形成目前的可观工业实力。何况，英国政府的经济行为从来没有按亚当·斯密的自由贸易原则行事，而是施行强权国家的经济霸道，其目的是让“英国称霸世界”。在这种国际政治的处境下，“美国的国家经济所谋求的只能是政治经济的独立”（《自然体系》，前揭，第211—212页）。

在接下来的第三封公开信中，李斯特谈到了美利坚自独立革命以来的具体历史处境：美利坚作为“一个新民族”的崛起，伴随着“英国海上霸权”的压制，法国旧制度的复辟和反法神圣同盟的形成以及南美诸共和国的诞生。作为“一种新的政府形式”，美利坚合众国固然“对普遍福利和自由有着新的理解”，但它必须首先“谋求富强”，跻身“世界强国之列”，否则，它的政治理想无论多美好，也只会是空中楼阁。即便美利坚“不以促进人类福利为己任，只是打算通过自身的努力使本国的财富和国力发展到最高程度”，人们也“不能指责它自私自利”。毕竟，欧洲大国的霸权之争并没有消停。拿破仑“很想以统一全球为己任，给人类带来普遍自由交往的幸福”，英国人却不会接受这种“以拿破仑的强大为基础的普遍幸福前景”——同样，美国人也不会接受以英国的强大为基础的普遍幸福前景：

> 因此，把全球自由贸易这样的世界主义制度付诸实践的时机看来尚未成熟。首先必须确定世界上哪种社会制度会成功，是拿破仑实行的社会制度，还是英国实行的社会制度，抑或是美国实行的社会制度。可能还需几个世纪才能确定这一点。（《自然体系》，第219—220页）

李斯特在这里所说的“还需几个世纪才能确定”的制度优势，指基于工业制造能力的大国优势。毕竟，活跃的工业是政治实力和国家独立不可或缺的因素。这话让人们看到，李斯特并非不认同世界主义经济论背后的启蒙理想。事实上，他心目中的世界历史演进“图式——狩猎，农业，农业加制造业，农业和制造业加商业”与杜尔哥-孔多塞的历史进步论如出一辙。[①]只不过在他看来，这一理想的实现必须基于一个前提，即参与自由贸易的所有国家在经济、道德、社会、政治方面均已达到了同等发展水平。在现实政治中，欠发达的国家必须通过保护性关税逐渐赶上领先工业国的发展水平，才可能实现相互间的自由贸易。大西洋革命后，法国的政制理想与英国——更不用说美国——的政制理想并无实质性差异，即都“对普遍福利和自由有着新的理

① 约瑟夫·熊彼特：《经济分析史》第2卷，杨敬年译、朱泱校，商务印书馆2009年版，第102—105页。

解”，即便拿破仑施行独裁或称帝，也不过是为了更好地实现美利坚的革命理想。由此可以理解，李斯特给美国人的政治经济建议是：全力发展制造业，使国家实力在“航运吨位数、对外贸易和海军数量”等方面“发展到与英国并驾齐驱”的水平，为此必须施行保护性关税（《自然体系》，第264—265页）。

用今天的政治史学术语来说，李斯特敏锐地预感到自由帝国主义式的大国竞争即将来临——随后一个多世纪的历史证明了李斯特的看法。经济史学家认为，19世纪中期的克里米亚战争（1853—1856）才让欧洲政治家普遍意识到军事工业的重要。俄国军务大臣密尔尤金伯爵（Count Milyutin，1816—1912）的醒悟是著名例子，他在战后感叹道：俄国绝不能再“满足于从国外购买物资来装备自己的军队”，“必须建立起自己的工厂，为我们制造武器”。[①]无需等到工业化武器出现在克里米亚战争的战场，李斯特就已经认识到工业与国家军事实力的关系。由此可见，他的经济学思想不过是其务实主义地缘政治观的推导。

七、欧洲商业文明成长的历史教训

李斯特的观点得到不少美国政治人的认同，他自己也成了美国政治人，在美国办起了一份德文报纸。1828年，因强占西属佛罗里达而名气大涨的安德鲁·杰克逊少将（1767—1845）竞选总统，李斯特用自己的报纸为这位拓展美利坚生存空间的“英雄”积极提供舆论支持。杰克逊当选总统后（1829），作为回报，李斯特获得了美国籍（1830）。由于心系故土，李斯特希望自己能作为美国外交官返回德意志。经杰克逊提名，李斯特被任命为美国驻萨克森王国领事，并获得参议院通过。

李斯特作为美国领事回到德意志后不久（1834），德意志邦联的统一关税同盟在普鲁士王国推动下正式建立（一些德意志小邦和奥地利被排除在外）。有史学家说“李斯特重返德国，把美国的经济哲学和学说移植过去，并率先宣扬德国关税同盟”，为后来德意志的统一铺平了道路——这一说法并不符合史实。[②]前往美国之前，李斯特已经致力于建立德意志关税同盟。何况，为实现这一构想而努力的德意志政治人不在少数，他不过是1819年德意志邦联派往维也纳递交建立关税同盟请愿书的代表团成员之一，

① 哈巴库克、波斯坦主编：《剑桥欧洲经济史（第6卷）：工业革命及其以后的经济发展（收入、人口及技术变迁）》，王春法、张伟、赵海波译，经济科学出版社2002年版，第734—735页。

② 迈克尔·赫德森：《保护主义：美国经济崛起的秘诀（1815—1914）》，贾根良等译，中国人民大学出版社2010年版，第75页。

还受到帝国皇帝弗朗茨一世的两次接见。[①]

由于地处中欧腹地，更由于碎片化的封建政治状态，德意志地区“从来都不是欧洲经济发展的真正中心”。当英国、法国甚至荷兰从海外殖民扩张中得到巨大利益时，“没有一个德意志港口能挫败殖民大国”的贸易垄断，也没有哪一个港口“曾承担过大量的直接对外贸易”。即便在德意志的沿海地区，商贸也不发达，农业仍居支配地位。眼巴巴看着自己的西部邻居在全球敛财，对德意志政治人来说无疑是很大刺激。[②]拿破仑打造的莱茵邦联让德意志地区有了政治统一的雏形，维也纳会议后，在此基础上形成的德意志邦联的统一意愿更为强烈，几个主要王国的工业化进程也明显加快。1835，巴伐利亚国王下令建造从纽伦堡至菲尔特的“巴伐利亚路德维希铁路”（Bayerische Ludwigsbahn），但仅有6公里，算不上真正的第一条德意志铁路。[③]

1836年3月，莱比锡至德累斯顿的萨克森铁路（全长115公里）正式开工（1839年4月竣工），这件大事的确有李斯特的功绩。作为美国领事刚到萨克森任职不久（1833），他就设计了一幅德意志铁路网蓝图，萨克森铁路是其中的核心路段。在此基础上李斯特还“设想了一个欧洲铁路网，从西班牙南部的加的斯一直通到莫斯科”，萨克森铁路同样是“大致居中”的一段。李斯特发出呼吁说，“铁路实乃上苍给予欧洲国家的真正礼物”，而“铁路系统将对德意志的统一产生巨大影响”。有了这第一条铁路，“许多条铁路定会接踵而至”，未来的“钢铁网络将把所有（欧洲）国家连接起来，而物质上的统一必然带来思想上的统一”。[④]由此可见，李斯特心里不仅有统一德意志之梦，还有统一欧洲的梦想。就此而言，人们必须承认，李斯特在美国的经历“启发了”他对德意志成为统一的民族国家的未来想象。[⑤]毕竟，生机勃勃的美国由13个独立的殖民单位联合而成，而且时间并不长。

李斯特的欧洲铁路网构想会让人们联想到俄国的政治改革家谢尔盖·维特（1849—1915），虽然他比李斯特晚足足半个世纪。1892年，刚升任交通大臣的维特就

---

① 梅俊杰：《李斯特与赶超发展》，上海人民出版社2022年版，第15—19页。

② 卡洛·奇波拉主编：《欧洲经济史（第四卷）：工业社会的兴起》上册，王铁生等译，商务印书馆1989年版，第68页。

③ 比较哈巴库克、波斯坦主编：《剑桥欧洲经济史（第6卷）：工业革命及其以后的经济发展（收入、人口及技术变迁）》，王春法、张伟、赵海波译，经济科学出版社2002年版，第223—224页。

④ 欧根·文得乐：《弗里德里希·李斯特传》，梅俊杰译，商务印书馆2019年版，第152、178页；详见Friedrich List，*Über ein sächsisches Eisenbahn-System als Grundlage eines allgemeinen deutschen Eisenbahn-Systems und insbesondere über die Anlegung einer Eisenbahn von Leipzig nach Dresden*，Leipzig，1833；比较梅俊杰：《李斯特与赶超发展》，上海人民出版社2022年版，第108—114页。

⑤ 迈克尔·赫德森：《保护主义：美国经济崛起的秘诀（1815—1914）》，贾根良等译，中国人民大学出版社2010年版，第76页。

提出，为了“控制太平洋水域的一切国际商业活动”，应该让尚在设计中的西伯利亚铁路包括“一条通往黄海的支线”，以便连通中国辽东半岛的海港城市旅顺，让俄国东部获得一个不冻港。当然，与法国启蒙文人（伏尔泰、狄德罗）私交颇好的叶卡捷琳娜大帝（1729—1796）就说过，西伯利亚是俄罗斯帝国的“印度、墨西哥或秘鲁”。但这在当时不过是因艳羡大英帝国而说的梦话，毕竟，西伯利亚不是海路可以通达之地。工业化的铁路出现后，这一梦想才有了成为现实的可能。维特甚至赞同一位皈依俄罗斯东正教的蒙古政治人的建议：从西伯利亚铁路延伸出“一条漫长的支线”通往中国西部兰州，以便俄国向南扩张。①

德意志铁路网的建设，首先为德意志军队的现代化机动性提供了基础。19世纪60年代初，普鲁士王国总参谋长老毛奇为提升军队的动员和机动能力，从“地理考量”出发改革军队建制，“将先前以要塞为轴心的兵力配备体系改造成以铁路为轴心，甚至逐步将私营铁路公司纳入军事管控范围”。在1864年的丹麦战争和1866年的普奥战争中，德意志铁路网的作用非常显著——北德意志邦联“军队的战术机动几乎与柏林总部的命令同时展开”。②

李斯特回到德意志时，欧洲知识界同样面临着自由贸易与保护性贸易的政治选择。毕竟，拿破仑战争进入尾声时，英国就“已经逐渐成为世界上最强大的工业国家”，战后欧洲大陆的经济复苏所承受的压力是显而易见的。③1836年底（12月），隶属巴黎科学和艺术院的“道德与政治科学研究院”发起有奖征文赛，给出的题目是：“如果一国要实行自由贸易或者修改关税政策，应当考虑哪些因素才能公平地协调本国生产者与消费大众之间的经济利益？”李斯特赶在截稿日期（1837年12月31日）前寄出征文，题为“国民经济学的自然体系”。也许由于不便在自由贸易抑或保护性贸易之争中选边站，研究院的评委们没有从收到的27篇征文中决出获奖者，仅评选出前三名。李斯特的法文表达虽然不够规范，他的论文仍名列其中，而且得到“既爱国又充满人道主义”

① 西德尼·哈凯夫：《维特伯爵：俄国现代化之父》，梅俊杰译，上海远东出版社2013年版；第48—50页；鲍里斯·罗曼诺夫：《俄国在满洲（1892—1906）》，陶文钊译，商务印书馆1980年版，第8、12—13、57—58页。比较罗伯特·迈锡：《通往权力之路：叶卡捷琳娜大帝》，徐海幈译，北京时代华文书局2014年版，第319—330页；安德鲁·马洛泽莫夫：《俄国的远东政策：1881—1902》，商务印书馆翻译组译，商务印书馆1977年版，第29—30页。

② 杰弗里·瓦夫罗：《普法战争：1870—1871年德国对法国的征服》，林国荣译，社会科学文献出版社2020年版，第72—73页。

③ 查尔斯·布鲁尼格、马修·莱温格：《现代欧洲史·卷四：革命的年代（1789—1850）》，王皓、冯勇译，中信出版社2016年版，第185页。

和“值得注意”之类的评语。[①]

李斯特的应征文不过重述了十年前他在《美国政治经济学大纲》中以书信文体所表达的基本观点，不同的是，他现在面对的是欧洲的政治经济状况，而且是对欧洲知识人表达自己的政治见解。因此，应征文在一开始就充分肯定拿破仑的大陆封锁体系，因为它曾给欧洲大陆带来显而易见的经济繁荣。拿破仑战败之后，大陆封锁体系瓦解，欧洲市场全面开放，英国的廉价商品大量涌入欧陆市场，导致欧洲大陆经济全面衰退。李斯特有理由说，英国的经济政策无异于霸权贸易，即对外鼓吹自由贸易，对本国市场则采取保护性关税政策：

> 英国所谓的自由贸易，是英国有权在全世界自由地销售其制成品及其殖民地的产品，同时又壁垒高筑，以阻止外国产品进入本国市场与自己的产品竞争。公正地说，英国对付世界其他国家的方式，与其他国家对付无力报复的弱小邻国的方式没有什么不同。[②]

李斯特因此认为，自由贸易是强国欺凌弱国的托辞，它掩盖的是弱肉强食的自然状态。欧洲人被这个语词欺骗，不过是因为“自由”一词具有让常人难以觉察的政治欺骗性。亚当·斯密和萨伊的经济理论把自由经济原则上升到政制原则高度，似乎经济自由与政治自由相辅相成，而“一般大众并不懂得高层政治的全部含义或贸易自由、政治自由和社会自由之间的差异”（《自然体系》，第23页）。实际上，与政治自由不同，经济自由是一个相对化的概念。即便是商业文明论的开宗大师孟德斯鸠也说过，自由贸易并非仅仅属于自由国家：贸易在专制国家所受到的限制，从来不比在自由国家所受到的限制多，而自由国家对贸易的限制也从来不比专制国家少。如果国家限制商人的行为，那也是为了商业的全局利益，而任何个体经济活动都与国家状态相关（《自然体系》，第24页）。

李斯特再次强调，亚当·斯密和萨伊的经济学基于“世界共和国”的启蒙理想，企望“以所有民族（国家）的联盟”取代“各国之间的冲突”，以武力或其他方式推行全球“普遍适用的法律”（《自然体系》，第27页）。李斯特愿意承认，自由贸易论者怀

① 弗里德里希·李斯特：《政治经济学的自然体系》，杨春学译、王进邦校，商务印书馆1997年版，第4—5页；欧根·文得乐：《弗里德里希·李斯特传》，梅俊杰译，商务印书馆2019年版，第203—210页。

② 弗里德里希·李斯特：《政治经济学的自然体系》，杨春学译、王进邦校，商务印书馆1997年版，第22页（译文略有改动）。

有“崇高的（政治）理想”，他们的理论贡献也不会因为“没能认识到生产力理论的意义而泯灭”。问题在于，世界主义经济学并没有指明各国为实现这一崇高理想所应该“遵循的正确道路”（《自然体系》，第38页）。这样的说法足以让人们认识到，和汉密尔顿一样，李斯特并没有“把保护主义（贸易）当作一种理念”。毋宁说，自由贸易抑或保护性贸易都不过是服务于大国成长的“过渡性政策”。[①]用熊彼特的话来说，“从李斯特保护贸易的论点可以得出自由贸易的论点”，因为，

> 李斯特看到的是一个国家正在最近的悲惨过去所强加的桎梏中挣扎，但是他也看到了这个国家在经济上的全部可能性。因此，国家的将来乃是他的思想的真正目标，现在只不过是一种过渡状态罢了。[②]

李斯特的应征文没有获奖，这让他的自尊心大受打击。性格倔强的李斯特随即写下《政治经济学的国民体系》，在斯图加特和图宾根两地同时出版（1841年5月）。[③]就基本观点而言，此书与用英语写成的《美国政治经济学大纲》和用法语写成的应征文并无二致，不外乎以基于民族国家竞争的政治经济学抵制当时占支配地位的世界主义经济学。尽管如此，这部更为系统化的著作还是让人们能够看到值得今天的政治史学关注的东西。

全书分四个部分（共36章），依次题为“历史”（含10章）、“理论”（含17章）、“体系”（含5章）、“政策”（含4章）。起头和结尾两个部分撑起了一个框架，展示出一种基于欧洲政治史的地缘政治经济学视野。

题为“历史”的第一部分以意大利的经济繁荣起头，以后来居上的美国收尾，通过描述九个政治体的商业活动，李斯特简扼勾勒出欧洲现代商业文明形成的地缘政治史图景。英国获得的篇幅最多，其次是德意志，若加上汉萨同盟（Hanseatic League），涉及德意志的篇幅会超过英国。但人们很难这样看，因为汉萨同盟由德意志的殖民商

---

① 迈克尔·赫德森：《保护主义：美国经济崛起的秘诀（1815—1914）》，贾根良等译，中国人民大学出版社2010年版，第43—44页。

② 约瑟夫·熊彼特：《经济分析史》第2册，杨敬年译、朱泱校，商务印书馆2009年版，第204页。

③ 书名原文为*Das nationale System der politischen Ökonomie*，两个中译本均译作“政治经济学的国民体系”，未必恰切，因为李斯特强调的是“民族国家”，而非“国民”。为方便读者，笔者仍沿用现有中译本的书名。

人同盟转化而来（1358），在相当长的历史时期内，它都游离于神圣罗马帝国之外。[①]作为一个政治体，汉萨同盟“不是被边境互相隔开的领土群落，而是由陆地与海上贸易通道所连接的城市与港口群落”，称它为“一个跨越帝国历史边界的北欧新经济区”更为恰当，尽管它算得上是第一个德意志的拥有海外殖民地的政治单位。1815年，三个主要的汉萨同盟城市进入德意志邦联后，仍然拥有独立主权。德意志第二帝国皇帝威廉二世在1897年曾说，由于缺乏“皇帝的保护”，汉萨同盟才“最终走向衰落”。[②]从政治史的角度看，这话不无道理。

直到今天，仍不断有人津津乐道近代商业文明兴于16世纪意大利的城邦政体，似乎分散的政治体状态有利于商业文明的发展。而在李斯特看来，恰恰是由于缺乏“国家的统一以及由此迸发的力量”，意大利经济才最终“与各种繁荣擦肩而过”，始终“无法达到当今英国的水平”。[③]相反，英国成为强势的君主制王国后，凭靠海军实力推行《航海法》，采取贸易保护政策压制北海沿岸荷兰和汉萨同盟的商业活动，最终获得了工业化制造业优势（《国民体系》，第20页）。换言之，统一的国家形态而且是有相当体量的大国政体，才是商业更不用说工业发展的根本保障。[④]

法国曾与英国争夺大国优势，随着拿破仑战败，法兰西帝国的欧洲体系解体，英国的经济势力“再次踏上了欧洲大陆和美洲大陆”。与此同时，英国人开始“谴责贸易保护，赞颂亚当·斯密的自由贸易学说，而在此之前，那些务实的（不列颠）岛民认为，这一学说只适合乌托邦式的完美的理想国家”。只要诉诸政治常识，谁都能看出英国人的自由贸易论并不是出于“慈善性的感情动机”，而是为了让英国占有欧洲和美洲两个大陆的商品市场。显而易见的事实是，“英国的自由贸易严重摧残了在大陆封锁制度下曾一度繁荣壮大的法国工业”（《国民体系》，第55—56页）。

德意志经济成长的根本障碍在于德意志的政治统一步履艰难：为了保住自己的世袭权力，德意志封建诸侯无不千方百计阻挠神圣罗马帝国走向中央集权化。一些自由

① Philippe Dollinger, *The German Hansa*, trans. By D. S. Ault / S. H. Steinberg, Stanford University Press, 1970, pp. 19-82; Justyna Wubs-Mrozewicz / Stuart Jenks（ed.）, *The Hanse in Medieval and Early Modern Europe*, Leiden: Brill, 2013, pp. 1-25; Jürgen Sarnowsky, “The ‘Golden Age’ of the Hanseatic League”, in Donald J. Harreld（eds）, *A Companion to the Hanseatic League*, Leiden: Brill, 2015, pp. 64-100; Istvan Szepesi, “Reflecting the Nation: The Historiography of Hanseatic Institutions”, in *Waterloo Historical Review*, 7（2015）.

② 杰弗里·帕克：《城邦：从古希腊到当代》，石衡潭译，山东画报出版社2007年版，第120—127、174页；比较Paolo Giordani, *The German Colonial Empire: Its Beginning and Ending*, London: G. Bell and Sons, 1916, pp. 1-8。

③ 弗里德里希·李斯特：《政治经济学的国民体系》，邱伟立译，华夏出版社2009年版，第4页（以下简称《国民体系》，随文注页码，译文据德文版略有改动，不一一注明）。

④ 比较Paul Bairoch, *Economics and World History: Myths and Paradoxes*, University of Chicago Press, 1995, Chapter 4。

城市联盟“借助自由精神曾经一度强大”，但由于缺乏稳定的内部秩序和共同体原则，诸城市各自为政，联盟成员很少能摆脱自身的狭隘利益。在李斯特看来，神圣罗马帝国皇权在1273年转移到哈布斯堡家族，对整个德意志地区来说是一场历史灾难。这个家族软弱无能，当意识到自己无力掌控偌大的疆域时，它在东南部边陲通过“征服其他种族”建立起自己的世袭领地。勃兰登堡的侯爵们效仿这一方略，在帝国东北边陲建起自己的世袭领地。于是，在德意志帝国东南和东北角分别出现了两个“以统治异族为主体的世袭制领地”。随后，帝国西南部和西北部又“出现了两个共和国，它们与祖国越来越疏远”。这一切的结果是，帝国中心区域日益“解体、衰败”，“分裂活动愈演愈烈”。英格兰和法兰西走向强势君主国之时，德意志帝国却因宗教分裂而陷入灾难性的30年宗教战争。但是，人们不能把神圣罗马帝国的瓦解完全怪罪于宗教分裂——李斯特以惋惜的语调说：

> 假如在这场革命之前，各个城市和王室权力更加巩固，假如一个只属于日耳曼民族的国王完全控制着宗教改革，能够从统一、权力和自由的利益出发进行改革，那么，德意志的农业、工业和贸易的发展状况将有天壤之别。（《国民体系》，第60页）

李斯特感叹德意志自近代以来没有出现“一个只属于日耳曼民族的国王”，不是没有道理。毕竟，英格兰和法兰西都经历过宗教分裂带来的政治分裂乃至内战，由于国王及其辅佐强而有力的政治才干，这两个王国最终都没有陷入分裂。

李斯特的历史描述给人这样的印象：商业文明的成功发展取决于领土性王权国家的形成。倘若如此，他在总结“历史的教训”（第10章）时的说法就显得颇为奇怪，人们在这里看到的几乎通篇是孔多塞-亚当·斯密式的启蒙进步论修辞：自由的个体经济活动取决于自由的制度，诸如“市民自由、公共制度和法律、邦国行政和对外政策”，因为，“个人的勤奋与节俭、创造与进取”是财富增长的成因。当然，李斯特没有忘记提到，最终起决定性作用的尤其是“民族国家的统一和权力”（die Einheit und Macht der Nation）：

> 历史无处不向我们展示着社会与个人力量及条件之间相互作用的强劲过程。在意大利与汉萨城市、荷兰与英国、法国与美国，我们所看到的是个人的生产力量，因此也就是个人财富，随着人们所享受到的自由以及政治与社会制度的完善程度同比增长。但是，自由与政治社会制度，反过来又从个人的物质财富与生产力量方面汲取了不断

进步所需的物质条件与动力。英国工业的崛起与力量的增强，是从英国真正奠定了国家自由基础的时候才真正开始的；而威尼斯、汉萨城市、西班牙和葡萄牙的工业与力量的崩溃，是与自由的丧失同时发生的。公民个人方面无论怎样勤奋、节约、富于创造能力和智慧，也不能弥补自由制度的缺失所造成的损失。（《国民体系》，第80页）

李斯特似乎还没有想清楚，政治体的商业繁荣乃至工业化崛起，究竟取决于自由的制度还是“民族国家的统一和权力”。这倒不奇怪，毕竟，政治自由与商业繁荣的关系，直到今天也还是极具争议的问题。[①]从政治史的角度看，要确认两者的因果关系的确很难。在描述历史时，李斯特说，普鲁士能够“在欧洲大国圈子中”占有一席之地，“主要不是靠征服，而是得益于它所采取的促进工业、农业和商业利益的英明政策，得益于在文学和科学方面取得的进步”，似乎普鲁士的崛起是政治自由的启蒙结果。但他紧接着又说，普鲁士的崛起是普鲁士国王的“杰作”，而这位“伟大天才”的成就并不是凭靠“自由制度的活力”（die Energie freier Institutionen），而是靠“井然有序并非常实用”的行政制度，即便它受到僵化的等级官僚体系的束缚也罢（《国民体系》，第63页）。

由于孔多塞-亚当·斯密的世界主义文明论在当时的欧洲知识界占支配地位，李斯特在总结“历史的教训”时才不得不采用启蒙进步论的修辞吗？未必如此。在应征文中，李斯特曾毫不含糊地警告，如今欧洲的经济学家和政治家不要再犯五十年前的错误：那个时候，由于“得到启蒙哲学家及其信徒的支持”，“每一个希望真正跟上时势的经济学家或政治家，都不得不信奉自由贸易是包治人类所有疾病的灵丹妙药”（《自然体系》，第148页）。

可以再次确认，就信奉商业文明的历史进步论而言，李斯特与孔多塞-亚当·斯密-萨伊拥有相同的基本信念。正如《美国政治经济学大纲》已经表明的那样，李斯特与世界主义经济学的根本分歧仅仅在于，后者无视现实政治，没有注意到不同的政治体若要实现世界大同的崇高理想，必须首先实现“民族国家的统一和权力”，即便由此而来的结果是民族国家间的冲突不可避免地愈演愈烈。基于英国的政治成长，亚当·斯密相信新的经济生活秩序即“商业社会”或“市民社会”已经形成，它并不是“属于未来的图景”。李斯特基于德意志的政治现实却认为，“市民社会”的形成还“属于不可预测的未来”，不能以英国式的形态为楷模。生产力始终是属于一个民族国家的社

① 阿马蒂亚·森：《以自由看待发展》，任赜、于真译，中国人民大学出版社2002年版，第148—158页。

会力量，而国家自身的安全和统一是否得到保障，乃是自由的经济活动的基本前提。但这并不意味着拒绝亚当·斯密式的“市民社会”理想本身，李斯特强调的仅仅是，这一理想的实现离不了国与国之间生死攸关的斗争。[①]

“历史的教训”一章临近结尾时，李斯特明确告诫，历史一再表明，“由于各国在追求独立与优势方面的争夺”，各国不可避免地会采取贸易保护政策，这是国与国之间基于各自利益“不断你争我夺和战争的自然结果”。只要“国家利益冲突还没有停止”，只要“所有国家还没有完全统一在同一个法律体系之下”，就不可能抛弃贸易保护政策（《国民体系》，第85页）。

李斯特关于欧洲商业文明进程历史教训的观点，基于当时的英国凭靠地缘政治优势而拥有全球经济霸权的政治现实。差不多一百年后，美国逐渐取代英国的全球优势地位。第一次世界大战之后，英国和法国耗竭了体力，只得承认美国的金融领导地位和所掌握的资源不仅是“战后世界经济稳定的前提”，也是欧洲的“政治稳定和军事稳定的前提”。1933年6月，为了应对英国所主导的全球秩序日益严重的经济危机，66个国家的经济学家和政治家齐聚英国伦敦的地质博物馆，商讨解决方案，史称“伦敦经济会议”（London Economic Conference），而纳粹党碰巧也在这年的早些时候获得政权。由于刚出任美国总统的富兰克林·罗斯福（1882—1945）出尔反尔，这次世界经济会议的努力归于失败——曾亲临会议的著名政治作家赫伯特·威尔斯（1866—1946）写道，它证明了“议会民主的最后破产”，世界性的政治-经济灾难即将来临。[②]果然，在“贸易崩溃、信贷紧缩、国际资本流动停止以及汇率混乱的情况下”，欧洲各国纷纷采取各种保护性经济措施（贸易禁令、双边结算协议以及金融限制等等不一而足），最终走向“关税战和货币战互相残杀”。[③]

一般认为，一战后英法两国“提出的带有强烈报复色彩的德国赔款”是纳粹上台的原因。其实，英法两国不放弃赔款要求的根本原因在于，美国坚持要求两国偿还“欠下的战争债务”。即便美国贷款给德国帮助其恢复经济能力，也不过是为了让德国有能力偿还战争赔款。“美国故意把令人难以容忍也难以承受的负担加诸盟国，又通过盟国加诸德国”，没有什么比这一行为“更能进一步诱发第二次世界大战”——这一说

① 大河内一男：《过渡时期的经济思想：亚当·斯密与弗·李斯特》，胡企林、沈佩林译，中国人民大学出版社2000年版，第282—284页。

② Herbert G. Wells，*The Shape of Things to Come*：*The Ultimate Revolution*，London：Hutchinson & Co.，1933/1935，pp. 99-107；比较中译本威尔斯：《未来世界》，顾毅音、刘葆译，博文书店1939年版，第186—201页。

③ 迈克尔·赫德森：《全球分裂：美国统治世界的经济战略》，中央编译出版社2010年版，第3—4页。

法虽然有夸大其词之嫌，却也未必一点儿道理没有。[①]

八、德意志的成长与美利坚的未来

从20世纪的视野来看，李斯特的眼力的确具有前瞻性，因为他在《国民体系》第一部分给予美国的篇幅远多于荷兰、法国和俄国，与给予德意志的篇幅相当。这显然是因为他曾在美国亲眼目睹其经济实力的快速增长：

> 我们几乎是眼睁睁地看着这个民族由原来完全依赖祖国、分散为多个彼此之间没有任何政治联盟的殖民地，发展成为了一个统一、有组织、自由、强大、勤奋、富裕和独立的国家，到我们的孙子那一代时，这个国家可能上升为世界上一流的海军和商业强国。(《国民体系》，第71页)

果然如李斯特所料，“1870年以后，美国作为当时世界先进经济体的地位日趋巩固”。但美国经济的“成功之路”显然绝不仅仅是“源源不断开发能够提高劳动者生产效率的新技术”，或者“北美大陆土地广袤、各类自然资源丰富，谋生和赚钱的环境较为理想”，“各种各样能够有效减少雇工量的新发明、新技术先后应运而生”，等等。[②]普鲁士的崛起也并非如李斯特所说，“主要不是靠征服，而是得益于它所采取的促进工业、农业和商业利益的英明政策”。19世纪40年代初，美利坚已经从大西洋沿岸扩张到濒临太平洋的北美大陆西南部。李斯特对美利坚的地缘扩张颇为艳羡，人们不易觉察这一点，仅仅因为他的描述带有欧洲文明进步论色彩：

> 大西洋沿岸一带是欧洲移民和欧洲文明首先站稳脚跟的地方。在这里，人口稠密、富裕和文明之州首先得以建立；这里是海上渔业、沿岸贸易与海军的摇篮和所在地；在这里，美国赢得了独立并实现了统一。这个国家的对外贸易通过沿大西洋各州得以进行；通过这些州，这个国家同文明世界联系了起来；通过它们，国家获得了欧洲的剩余人口、材料、资本和精神力量；整个国家未来的文明、力量、财富和独立以及欠

---

① 拉迪卡·德赛：《地缘政治经济学：在美国霸权、全球化和帝国之后》，童珊译，重庆出版社2022年版，第95页。

② 罗伯特·艾伦：《近代英国工业革命揭秘：放眼全球的深度透视》，毛立坤译，浙江大学出版社2012年版，第205页。

> 文明地区的影响，所依赖的就是这些沿海各州的文明、力量和财富。（《国民体系》，第77页）

这些言辞在今天看来已经是老生常谈，与诸多普世文明论者的说法别无二致。但人们必须意识到，李斯特写下这段话的时间是1840年，而且他心里多半想到的是：即便德意志人已经有了德意志邦联，德意志民族仍然没有成为统一而又独立的民族国家，反倒是不断有德意志人移居美国。

任何民族中的个人都有德性品质上的差异，李斯特艳羡美利坚，也获得了美国籍，但他并不眷念美国。自拿破仑战争后期以来，受自由民主精神影响，德意志人——尤其西南部新教地区的德意志人就开始移居美国。李斯特被迫移居美国时，德意志移民在美利坚的数量已经蔚然可观。有德裔美国人甚至相信，若德意志移民坚持说德语，久而久之就会形成一个"完整的德语州"。[①]李斯特却认为，"这纯粹是痴心妄想"。因为，任何国家"都有同化语言、文学、行政与立法的倾向"，美国也不例外。李斯特相信，无论有多少德意志人移居美国，他们的子孙后代没谁"更愿意讲德语而不喜欢讲英语"。毕竟，英语是"这个国家受过教育的人、文学、行政、立法、司法、贸易和商业的通用语言"（《国民体系》，第314页）。

由此可以理解，在《国民体系》结尾部分的第二章（第34章），李斯特一开始就说：

> 最近二十年，德意志才认识到，自己现在已经成为了一个大国，却没一个强有力的商业政策，也认识到了采取强有力的商业政策会变成什么样。（《国民体系》，第283页）

这里的"德意志"（Deutschland）显然指德意志邦联，但它已经是一个"大国"吗？李斯特当然知道，事实上并非如此。毋宁说，他认识到德意志应该成为"大国"。《国民体系》结尾时的核心论题是德意志邦联何以才能成为"大国"，这一部分以"德意志关税同盟的商业政策"（第36章）收尾，足以证明这一点。

结尾部分的标题Politik既可译作"政策"，也可译作"政治"，这一部分的第一章

① 欧根·文得乐：《弗里德里希·李斯特传》，梅俊杰译，商务印书馆2019年版，第226页；比较Michael Rehs, *Wurzeln in fremder Erde. Zur Geschichte der südwest-deutschen Auswanderung nach Amerika*, Stuttgart: DRW-Verlag, 1984。

（第33章）题为“英国的海岛优势与大陆强国——美国和法国”。在李斯特看来，德意志邦联若要崛起为大国，必须首先看清自己面临着怎样的地缘政治处境。无论“海岛优势”（die Insularsuprematie）还是“大陆强国”（die Kontinentalmächte），都属于典型的地缘政治语汇，尽管这门学科在当时还没有诞生。

按德文版计算，“大国/强国”（Macht）这个语词在书中出现了38次，一半以上见于结尾部分（共20次），十分显眼。其次主要散见于描述商业文明发展史的第一部分，包含“海上大国”（Seemächte）、“陆上大国”（Landmächte）、“商业大国”（Handelsmächte）、“制造业大国”（Manufakturmächte）之类的复合词，以及“欧洲大国”（europäische Mächte）和“文明大国”（zivilisierte Mächte）等带形容词的用法。

1833年，德意志的政治史学家兰克（1795—1886）在他主编的《史学-政治学杂志》上发表了题为“诸大国”（Die Größen Mächte）的长文。这篇文章在当时很有名，很难设想李斯特没有读过，但相比之下，李斯特的视野远比兰克具有前瞻性。兰克仅比李斯特小6岁，两人都企望德意志在世界舞台获得大国地位，或者说都有强烈的德意志“民族国家意识”（Nationalbewußtsein），尽管兰克的帝国主义思想在19世纪70年代以后才显现出来。[①]在论述到普鲁士王国的时候，兰克对“大国”下过这样的定义：“一种自立、无需结盟、全然凭靠自己的力量”“拧成一股绳，能够顶得住所有其他大国”的压力。[②]

作为政治经济学家，李斯特的言辞更为实际。他径直呼吁德意志人应该而且必须坚信，“国家的统一是构筑自己的福祉、荣誉、力量乃至目前的安全和生存以及伟大前途这一高楼大厦的牢固基石”——北部沿海小邦若想要脱离德意志邦联，邦联政府“必须不惜任何代价予以打击”（《国民体系》，第294页）。

作为史学家，兰克的文章致力于理解16世纪以来的“欧洲自由”（die Freiheit von Europa）运动，法兰西的兴衰是其重点。毕竟，法兰西凭靠自己的强大军事力量和“内在实力”曾拥有“最高治权”和“政治优势”（das politische Übergewicht）。与此不同，李斯特更看重英国的政治优势。在《国民体系》第一部分，李斯特已经给予英国相当多的篇幅，到了结尾部分，他再次首先重点论述英国。在他眼里，英国是第一个真正现代意义上的帝国，它“企图把整个国家变成一个巨大的制造业、商业和海运业城市，使自己同地球上的其他国家和王国的关系如同一个大城市同其周边地区的关系

① Ludwig Dehio，Deutschland und die Weltpolitik im 20. Jahrhundert，München 1955，S. 59.

② 参见列奥波德·冯·兰克：《世界历史的秘密：关于历史艺术与历史科学的著作选》，文斯（Rogers Wines）编，易兰译，复旦大学出版社2012年版，第184页。

那样”——“这样一个优势强国，有史以来还从未曾出现过”（《国民体系》，第267页）。[1]

在描述具有“海岛优势”的英国时，李斯特进一步分析了英国与法国和美国这两个大陆强国的贸易纷争，由此展示出他眼中的大国竞争格局。基于自己的观察，李斯特认为，目前法国只有与德意志“建立大陆联盟”才能抗衡英国的优势地位。但从长远来看，英国人“必然会取得对欧洲联盟的领导权”（Hegemonie），因为，英国只有“在欧洲联盟中寻求保护、安全”，才能“对抗美国的优势地位”（《国民体系》，第308—309页）。由于李斯特准确地把握到德意志利益的“未来方向”，并充分考虑到德意志与英国和美国乃至与俄国和荷兰的关系，在纳粹党执政时期，李斯特的学说再度“复兴”，甚至成为第三帝国“对外政策的基调”也就不难理解了——这“绝不单纯是来自学说史的兴趣”。[2]

李斯特没有料到，德意志成为帝国后必然会谋求对欧洲联盟的领导权，进而对抗美国的优势地位，以至于英国不得不与美国结盟。即便在第二次世界大战之后，英国的地缘战略家也承认，“不列颠对美国援助的依赖”从根本上讲并不是“英德问题”，而是“德美问题”。[3]即便如此，李斯特毕竟已经看到，美国必将超越英国成为首屈一指的世界大国，他的依据是：

> 美国的人口将大幅增长，达到数亿；其人口、制度、文明以及精神将遍及整个中美和南美，就像已经传播到邻近的墨西哥地区一样。这个联邦将由所有这些地区组成，数以亿计的人民将开发这个大陆上的资源，这个大陆在面积上和自然财富上都远远超过了整个欧洲大陆。这个西方世界的海军力量将超过英国，就像其海岸线之长、河流之多，都大大超过了英国那样。（《国民体系》，第308页）

李斯特像一个政治地理学家在说话，相比之下，兰克对美国的政治感觉差得太远。在《诸大国》中，他仅在谈到法国大革命时几乎一带而过地提到美国。[4]之所以如此，并非因为兰克是史学家，毋宁说，他不是启蒙进步论者。反过来看，正因为李斯特的

① 比较埃里克·霍布斯鲍姆：《工业与帝国：英国的现代化历程》，梅俊杰译，中央编译出版社2016年版。

② 大河内一男：《过渡时期的经济思想：亚当·斯密与弗·李斯特》，胡企林、沈佩林译，中国人民大学出版社2000年版，第297、299、303页。

③ 英国皇家国际事务研究所：《德意志问题》，林国荣译，北京大学出版社2015年版，第7页。

④ 列奥波德·冯·兰克：《世界历史的秘密：关于历史艺术与历史科学的著作选》，文斯（Rogers Wines）编，易兰译，复旦大学出版社2012年版，第190—192页。

德意志“民族国家意识”背后有自由主义文明进步论，他的“大国”观才更早具有帝国主义性质。在他看来，亚洲虽然有古老的文明，但在商业文明这一“欧洲的新鲜空气”面前已然显得陈腐，并会“立刻化为乌有”。欧洲迟早会发现，有必要“把整个亚洲置于自己的监护之下，就像英国早已把印度照顾起来”。随着欧洲商业文明的殖民化扩张，“所有亚洲国家的瓦解看来在所难免”，只有凭靠欧洲现代文明注入活力，亚洲才能“重获新生”，这意味着必须“普遍引进基督教、欧洲的道德准则与秩序、欧洲移民、采用欧洲式的政体”。出于经济学家和商人的直觉，李斯特还提醒自己的读者，“东方大多数国家天然资源丰富，可以向欧洲制造业国家提供大量原材料和各种必需品”，同时也“为欧洲的制造商开辟了无限的市场”：

> 上苍似乎指出，这样的新生如同教化那些野蛮民族的进程，必须走农产品同制成品自由交换的道路才能实现。出于这个原因，欧洲各国首先必须牢固坚持这样的原则：任何一个欧洲国家在亚洲的任何地方都不能保留任何商业特权，任何一个国家的待遇一点儿也不能高于其他国家。如果东方的主要商业中心由自由城市和欧洲人组成，那么，那些欧洲人每年都要向当地统治者缴税，作为回报，他们可享有自治权，那么，这对扩大这种贸易非常有利。但是，欧洲国家还应当任命自己的使者，派往当地与其统治者一同执政，就像英国在印度的政策那样，当地统治者必须听从欧洲官员关于促进公共安全、秩序与文明的建议。（《国民体系》，第305—306页）

李斯特因此建议，德意志人应该移居远东、土耳其、多瑙河下游各国，“最好是普鲁士现在就开始行动，采用统一的德国商业旗帜，为将来建立德国舰队打下基础”，并尝试在澳洲、新西兰或大洋洲其他岛屿建立德国殖民地。他的主张直接启发了普鲁士“对东南亚一带的强烈兴趣”：德意志的工业力量遭到殖民帝国英国的排挤，必须顽强地“伺机侵入它的间隙”。[①]美国政府在1898年底发出外交照会，要求诸大国不可独占远东利益，中国的“门户”必须保持“开放”，可以看作是李斯特的这一殖民政策建议的落实。无论如何，今天的我们不应该忽略李斯特政治经济学思想中的自由帝国主义要素——尤其重要的是，这一要素实际上受到美利坚政治成长的激发。

按照一般说法，李斯特给美国带去了贸易保护主义思想，相反的观点则认为，李斯特政治经济学的形成其实“受惠于美国（贸易）保护主义思想”，并把它带回到自己

① 大河内一男：《过渡时期的经济思想：亚当·斯密与弗·李斯特》，胡企林、沈佩林译，中国人民大学出版社2000年版，第302页。

的母邦。[①]这两种说法其实都有道理。毕竟，自17世纪以来，几乎“所有伟大的战争都是欧洲战争，美国独立战争也正好发生在这个时期内”，它仍应被视为“发生在欧洲的一场重大的国际盛事”。[②]从下面这段话中可以看出，美国的诞生及政治成长，激发李斯特产生出怎样的政治想象：

> 如果德意志能够把自己的领土同它所有的沿海地区、荷兰、比利时和瑞士整合起来，形成一个强大的商业和政治统一体——如果这个强大的国体能够把代议制政体与现行的王室、君主与贵族利益融为一体，只要它们之间能够相容——那么，德意志就可以使欧洲大陆的和平长期得到保障，与此同时，便可使自己成为一个持久的大陆联盟的中心。（《国民体系》，第302页）

不幸的是，与美利坚的生存空间不同，德意志的生存空间有年逾千祀的封建制传统。即便有了德意志邦联，各邦仍然“各自为政，没有一个代表它们共同利益的立法机构”。从德意志的历史传统出发，李斯特把德意志实现政治统一的希望寄托于某个邦国出现有抱负的国王。李斯特前往美国那年（1825），巴伐利亚国王路德维希一世（1786—1868）即位，李斯特期盼他“不久将会克服”德意志邦联的松散状态，因为他具有“明智的见识、坚强的意志和对德意志整体利益的开明态度”（《自然体系》，第215页）。李斯特的期盼落空了，在1830年的那场共和革命中，路德维希一世并没有站出来担当德意志民族统一的大任。

普鲁士国王威廉一世的心态可以解释，为何德意志邦国的国王对整个德意志的政治统一缺乏热忱。尽管他“认真看待了其前任已经展开的‘将普鲁士提升为大国’方案，并采取行动使之得以实现”，但在前往凡尔赛宫接受德意志皇帝帝位的前一天，他“流着眼泪”说道：“明天是我一生当中最不快乐的一天。”威廉一世心里清楚，德意志帝国的诞生同时意味着普鲁士王国的消失，自己作为国王的独立性乃至自己的身份将“不可避免地逐渐丧失”。[③]

---

① 迈克尔·赫德森：《保护主义：美国经济崛起的秘诀（1815—1914）》，贾根良等译，中国人民大学出版社2010年版，第20、74—75页。

② 埃米尔·赖希：《现代欧洲的基础》，汪瑛译，华夏出版社2022年版，第6、8页。

③ 塞巴斯提安·哈夫纳：《不含传说的普鲁士》，周全译，北京大学出版社2016年版，第114、194页。

九、余绪

《政治经济学的国民体系》中还有一个值得注意的语词：除Zeitraum（时间空间）之类的一般用法（共4次）外，“空间”一词出现了15次。如果说“给予忍耐精神以空间”（dem Geist der Duldung Raum zu geben）之类属于修辞性用法，那么，“赢取空间”（Raum zu gewinnen）、“必需的空间”（nötigen Raum）、“局促的空间”（engen Raume）、“足够的空间”（Raum genug）——尤其是“作为一个民族国家的空间”（als *eine* Nation Raum）之类的用法，就带有政治地理学意味了。[①]

德意志帝国建立后，据说“德国所有大学都在学习李斯特的《政治经济学的国民体系》，而且此书还是俾斯麦的案头书”，尽管他早在1846年就因不堪精神疾病的折磨饮弹自尽，年仅57岁。[②]俾斯麦统一德意志后，帝国土壤的性质并没有实质性改变，“生存空间”这个语词却开始在政治话语中流行起来。这首先应该归功于李斯特，因为他相信，“整个欧洲只有德意志最有潜力模仿美国的崛起”，即便它眼下还处于碎片化的政治状态，经济发展迟缓，更谈不上有海军传统。[③]

李斯特移居美国期间（1825—1832），与美国辉格党创始人亨利·克莱（Henry Clay，1777—1852）成了好友。此人属于美国政界的鹰派人物，曾与小亚当斯一起代表美利坚在根特和约上签字。门罗咨文发表后的次年（1824），亨利·克莱提出不依赖英国经济体系的“美利坚（经济）体系”，积极推动美利坚从农业经济向工业经济转型。[④]据卡普兰说，小亚当斯胜选总统后（1825），亨利·克莱被任命为国务卿，他“从门罗主义中汲取灵感，用‘生存空间’来形容主权既定的广阔地理区域”，为美国的地缘扩张提供支撑。李斯特接过这个概念，把它带回到德意志的土壤。卡普兰还说，在亨利·克莱那里，“生存空间”的语义是中性的，但它到了德意志人手里——尤其是在拉采尔手里——变成“有机的、生物学意义上的地理概念”后，语义就变得邪恶起

---

① 依据英译本移译的中译本仅译出7次，比较弗里德里希·李斯特：《政治经济学的国民体系》，邱伟立译，华夏出版社2009年版，第24、140、167、194、233、246页（商务版的中译本一次也没有译出）。在德文版的长篇“序言”中，“空间”一词出现了4次，而在英译本中，这篇序言仅为“节译”。

② 弗里德里希·李斯特，《政治经济学的自然体系》，杨春学译、王进邦校，商务印书馆1997年版，第2页。

③ Gregor Thum，“Seapower and Frontier Settlement：Friedrich List's American Vision for Germany”，in：Janne Lahti（ed.），*German and United States Colonialism in a Connected World*：*Entangled Empires*，London：Palgrave Macmillan，2021，p. 18.

④ 迈克尔·赫德森：《保护主义：美国经济崛起的秘诀（1815—1914）》，贾根良等译，中国人民大学出版社2010年版，第23—25、123—125页；比较Maurice Baxter，*Henry Clay and the American System*，University Press of Kentucky，1995。

来了。[①]

人们有理由怀疑，门罗主义所包含的“生存空间”概念是中性的。不过，卡普兰的说法倒是提供了一条重要的历史线索：德意志生存空间意识的生成史不是从歌德到拉采尔再到豪斯霍弗，而是从门罗宣言经亨利·克莱到李斯特，再到德意志第二帝国时期的各色政治家和学人——尤其是政治经济学家。帝国晚期的帝国主义式的“世界政策”（Weltpolitik），正是由这些经济学家倡导的“世界经济”（Weltwirtschaft）发展而来。[②]因此，我们有理由说，德意志的地缘政治经济学的诞生早于地缘政治学。

① 罗伯特·卡普兰：《即将到来的地缘战争：无法回避的大国冲突及对地理宿命的抗争》，涵朴译，广东人民出版社2013年版，第95页。

② Erik Grimmer-Solem，*Learning Empire：Globalization and the German Quest for World Status，1875-1919*，Cambridge University Press，2019，pp. 169-177.

中国特色的宏观经济稳定器：国有企业的逆周期投资

齐　昊　何宁致*

摘　要　在实现经济较快增长的同时保持经济增长的稳定性，这是中国经济的一个重要典型事实。这一事实意味着中国在历次不利的经济形势下仍然保持了较为充分的社会总需求。中国是如何做到的——这不失为一个谜题。本文认为，国有企业的宏观经济稳定器作用是解开这一谜题的一把钥匙。通过逆周期投资调节总需求是国有企业发挥的一项重要经济功能。相较于传统的逆周期政策工具，国企逆周期调节的独特优势有以下三个方面：第一，党对国企的全面领导使国企相较于一般市场主体更容易响应宏观调控的需要；第二，国企与金融机构间的长期稳定关系是一种能有效动员潜在经济剩余的投融资体制；第三，国有企业的逆周期投资能为全社会资本积累营建有利的情境。国企逆周期投资在财政政策与货币政策以外构成了一种中国特色的宏观调控手段，能在经济下行时起到稳定需求、增强信心、重启社会再生产的作用。本文回顾了国企逆周期投资模式形成的历史，从政治经济学角度剖析了国企逆周期投资的理论逻辑，并基于2003—2021年A股上市公司数据对国企投资的逆周期性进行了经验检验。

关键词　稳定器　国有企业　逆周期　投资方程　中国特色社会主义政治经济学

一、问题的提出

在实现经济较快增长的同时保持经济增长的稳定性，这是中国经济的一个重要典型事实（刘伟和蔡志洲，2021）。较快且稳定的经济增长所不可或缺的一个重要条件就是充分而稳定的总需求。我们以产出缺口反映总需求的充分度，并计算过去20年（2003—2022）148个国家或地区产出缺口的标准差。该指标越低，说明总需求的充分度越稳定。如图1所示，在148个国家或地区中，中国的经济增长率位居第3位，而产

*　齐昊，中国人民大学经济学院副教授；何宁致（通讯作者），中国人民大学经济学院硕士研究生。

出缺口的标准差位居第130位。这说明中国的总需求不仅在平均意义上较为充分，而且成功地保持了总需求的充分度。中国为什么能够实现充分而稳定的总需求？过去二十年，全球性金融危机爆发，西方主要经济体陷入“长期停滞”状态；逆全球化浪潮兴起，美国发动针对中国的贸易战；新冠疫情对全球经济造成严重冲击——中国在这样的不利环境中仍然保持了充分而稳定的总需求。中国是如何做到的？这不失为一个谜题。

我们认为，国有企业的宏观经济稳定器作用是解开这一谜题的一把钥匙。国有企业是中国特色社会主义的重要物质基础和政治基础。习近平总书记指出，我国国有企业为我国经济社会发展、科技进步、国防建设、民生改善作出了历史性贡献，功勋卓著，功不可没。通过逆周期投资调节总需求是国有企业发挥的一项重要经济功能。党对国企的领导使国企的投资行为具有双重性质：一方面，国企作为市场经济的一般主体，其投资也要追求效率与回报；但另一方面，国企相对于其他市场主体更容易响应宏观调控的需要，与地方政府及金融机构结成“投资联合体”，在经济下行时率先进行投资，起到稳定需求、增强信心、重启社会再生产的作用。这一独特的投资模式构成了在财政政策与货币政策以外的一种独具中国特色的宏观调控手段。

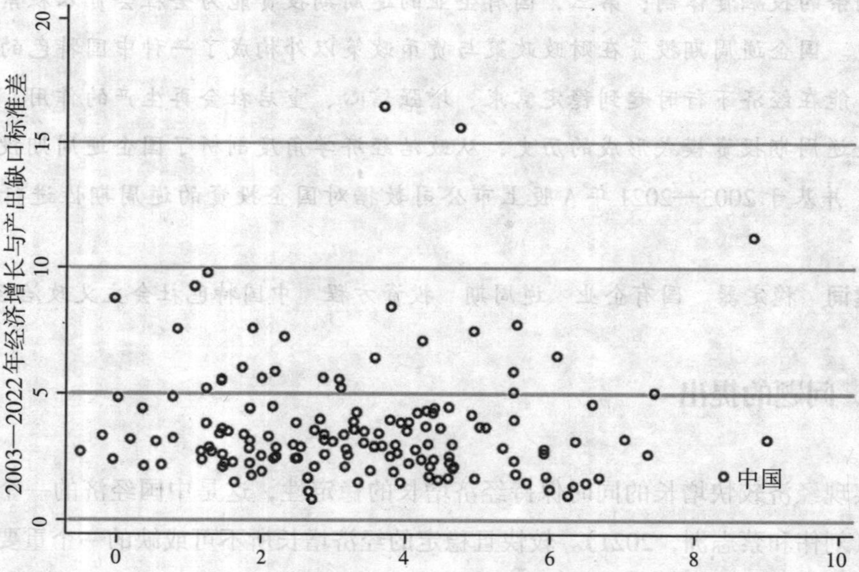

图1 2003—2022年经济增长与产出缺口标准差的国际比较

注：数据涵盖148个国家或地区。产出缺口以GDP实际增长率与其Hodrick Prescott（HP）滤波趋势之差衡量。HP滤波趋势用各国1990—2022年数据得到。

资料来源：世界发展指数数据库。

既有文献对国企的经济功能已经进行过大量分析，但对国企逆周期投资的分析仍然略显不足，尤其是缺少基于政治经济学视角对国企逆周期投资背后投融资体制的分析，并缺少有关国企逆周期投资的经验证据。本文的边际贡献在于：回顾了国企逆周期投资背后的投融资体制形成的历史，从政治经济学角度剖析了国企逆周期投资的逻辑，并基于2003—2021年A股上市公司数据对国企投资的逆周期性进行了经验检验。

本文余下部分安排如下：第二节评述相关文献；第三、四节回顾制度形成的历史过程和典型事实，并分析为什么需要国企进行逆周期投资，以及这一模式有何优势和可能的局限；第五节基于一个政治经济学的投资方程和上市公司数据检验国企投资与经济周期的关系；最后是结论与政策启示。

二、文献评述

本文研究主题主要与两类文献相关：一是有关国有企业在中国经济中的地位和作用的文献，二是有关企业投资行为的实证研究。

（一）国有企业在中国经济中的作用

作为中国市场经济主体的重要组成部分，国有企业的经济效率和投资行为受到广泛关注。曾有大量研究认为国有企业存在效率问题（张维迎等，1995；周其仁，2000），但一些研究对此提出疑问（Lo，1999）。近年来，随着20世纪90年代末国企改革的完成，越来越多的研究从微观层面观察到国企效率和创新表现显著提升（Hsieh and Song，2015；封凯栋，2023）。投资效率的高低说明企业投资行为能否对市场信号作出准确反应。就国企的投资效率而言，现有文献尚未达成一致结论。一种观点认为国有企业存在投资行为扭曲、投资效率低下等问题，并将其原因归咎于政府对国企投资的干预（Chen et al.，2011；周春梅，2011；刘放等，2014；程仲鸣等，2008）。也有部分学者对国有企业投资效率低于非国有企业这一“典型事实”提出了疑问。例如，喻坤等（2014）采取一致性方法测度企业投资效率，发现近年来非国有企业的投资效率相对更低，并认为这是由于频繁的货币政策冲击强化了国企与非国企之间的融资约束差异，日益严重的信贷融资约束使非国企投资效率持续下降。赵懿清等（2016）发现国有股权控制有利于抑制企业投资趋同行为，且国有企业的政府直接控制比间接控制更加有效。还有研究发现，国有企业和民营企业都存在过度投资倾向，且均对企业价值产生了负面影响（张敏，2010）。

既有文献在讨论国企微观效率的同时，也关注到国企在中国经济中特殊的地位和功能，如通过保障就业和提供社会福利以维持社会稳定（Bai et al.，2000）、实现国家赶超及稳定宏观经济（刘元春，2001；陈金至等，2023）、完成行政性任务（Li and Xia，2008）、参与国际竞争（张宇和张晨，2010）等。孟捷等（2022）认为，社会主义市场经济条件下公有制不再以利润率作为其支配性动机，而是追求增加值或人均增加值的增长。近年来，我国国有资产管理系统监管的企业建立了"一利五率"指标体系，包括净资产收益率、利润总额、营业现金比率、全员劳动生产率、研发投入强度、资产负债率；其中，全员劳动生产率就是以不变价计算的人均增加值（孟捷，2023）。目标的不同意味着国有企业在市场经济中能起到一般市场主体所无法起到的特殊功能。

一些研究使用宏观或行业数据分析了国企的经济功能。国有企业对非国有企业具有显著的正外部性（Huang et al.，2010）。郭婧和马光荣（2019）表明国有经济的逆周期投资发挥了稳定宏观经济的作用，国有经济投资比重高的省份，宏观经济波动较小。国有企业发挥宏观经济稳定器作用并从事重大技术创新，因此有利于中国长期经济增长（Qi and Kotz，2020）。梁琪和余峰燕（2014）讨论了亚洲金融危机和全球次贷危机对亚洲11个国家（地区）企业资本投资的影响，发现金融危机会对企业资本投资带来冲击，但国有股权能弱化这种负面影响。王文成等（2013）表明，1980—2006年我国国有经济投资对非国有经济投资具有显著的拉动效应，而2007—2010年的拉动效应有限。分行业研究的结果也显示国有经济具有干预经济和参与经济的功能，且在大多数行业中起到了带动非国有经济投资增加或促进行业经济增长的作用（王文成，2013）。

还有研究使用企业微观数据分析国企行为的特殊性。李书娟等（2021）围绕中国政府宏观经济管理实践中的"目标导向"特征，指出"增长目标引领实际经济增长"最终需要依靠企业这一微观主体来实现。该研究的实证结果表明，在需要稳增长情形下国有企业会响应政府号召增加投资，而非国有企业投资相应缩减。还有研究发现，在经济衰退时，若地方政府提出更高的经济增长目标，国企就会获得更多的银行借贷并进行更大规模的扩张性投资（Fang et al.，2023）。该研究认为国企投资具有类似财政政策的功能，这与本文观点最为相近。此外，还有学者对国有企业维护经济稳定的微观基础以及由微观到宏观的作用机制进行了考察，发现在新冠疫情发生后，国有企业通过扶持供应链上下游的民营企业而发挥了经济稳定器的重要作用（曾嶒和唐松，2023）。

（二）企业投资行为的经验研究

本文对国企投资逆周期性的经验检验与有关企业投资行为的文献高度相关，这方面文献主要建立在两类理论框架的基础上。

其一，主流经济学有关企业投资行为的经验研究采用新古典经济学的分析框架。

乔根森（Jorgenson，1963）基于新古典经济学的生产函数及假设，将企业投资行为描述为一个向最优资本水平进行调整的过程。托宾（Tobin，1969）将企业投资视为边际意义上的"托宾Q"的函数，边际意义上的"托宾Q"是指企业新增投资的市场价值与其重置成本之比。后续有文献指出，托宾的投资理论与乔根森的投资理论是等价的（Hayashi，1982）。对于新古典投资理论，戈登（Gordon，1992）和克罗地（Crotty，1992）都提出了较为系统的批评，指出这一理论忽视了不确定性问题和实际资产的不流动性问题，错误地将企业目标设定为市场价值最大化，并对金融市场、投资者和投资回报施加了不合理的假设。

其二，非主流经济学的相关研究主要基于卡莱斯基和凯恩斯的理论贡献（Kalecki，1969；Keynes，1936），强调有效需求和融资条件对企业投资的决定性作用，认为投资主要取决于企业的需求预期，以及通过内部现金流和外部融资获得资金的能力。法扎里和莫特（Fazzari and Mott，1986）较早基于卡莱斯基和凯恩斯的理论构建了经验模型。他们基于1970—1982年美国制造业公司的数据，发现产能利用率和公司内部融资对投资有正向影响，利息支出对投资有负向影响。

本文的经验研究主要采用上述第二个理论框架。近年来，此类研究主要围绕金融化对投资的影响展开。奥朗阿齐（Orhangazi，2008）发现美国经济金融化对企业实体投资产生了负面影响：一方面，金融投资和金融获利机会的增加挤出了实体投资；另一方面，对金融机构分配的增加减少了可用于实体投资的内部资金，同时也使企业管理层的规划更加短视。迪米尔（Demir，2009）分析了金融化对新兴市场实体经济投资的影响，发现长期实体经济投资和短期金融投资收益率差距的增加与不确定性的加剧显著减少了实体经济投资。托里和奥纳冉（Tori and Onaran，2018）对英国的研究发现，非金融企业的金融性分配（利息和股息）及其所获得的金融收入都会对积累产生不利影响。戴维斯（Davis，2018）讨论了企业融资行为变化、股东价值取向与需求波动对美国非金融企业投资的影响，指出股东价值取向会显著降低企业投资，而金融资产存量会增加企业投资；此外，股东价值取向主要影响大企业的投资，而需求波动主要影响小企业的投资。

除有关基本理论框架的文献以外，本研究将检验宏观经济波动对微观企业投资的影响，因此也与以下两类研究有关：其一，有关不确定性对企业投资的影响。实证结果表明，经济不确定性升高会显著降低企业投资（饶品贵等，2017；黄孝武等，2020）。现有研究对可能的影响机制进行了考察，例如，刘康兵等（2011）认为不确定性会通过影响厂商受融资约束程度，进而影响厂商投资行为；王义中和宋敏（2014）

认为宏观经济不确定性会通过外部需求、流动性资金需求和长期资金需求渠道影响公司投资行为。张成思和刘贯春（2018）考察了经济政策不确定性对不同融资约束企业投融资决策的差异化影响，发现经济政策不确定性通过未来现金流预期、固定资产收益率和现金流不确定性影响企业投融资决策。其二，有关经济波动对企业投资的影响。宏观经济的周期性波动与企业投资行为密切相关。企业投资通常在经济周期中呈现不对称性，在经济衰退期间急剧下降，但复苏过程极为缓慢（Dangl and Wu，2016）。陈艳（2013）发现，在经济周期紧缩阶段，公司投资支出明显降低，投资效率明显下降。刘放等（2014）发现，在经济周期衰退期公司投资对托宾Q的敏感度更低，投资效率下降。吴慧香和梁美健（2014）发现，在经济恢复期和紧缩期投资与经济周期正相关，而在经济扩张期投资与经济周期负相关。陈东等（2021）实证检验了重大风险预期对企业投资的影响，发现企业家的重大风险预期上升会对企业投资规模产生显著抑制效应，并恶化企业投资结构。

综上，现有研究主要从事实层面揭示了有关国有企业投资行为、投资效率及其宏观经济影响的事实，但基于政治经济学的企业投资理论对国企逆周期投资进行研究的文献仍然较少，有关国企逆周期投资的经验研究仍然不足。因此，下文在回顾典型事实的基础上，从政治经济学视角分析国企逆周期投资的逻辑，并利用一个政治经济学企业投资方程，为国企投资的逆周期性提供经验证据，揭示中国特色宏观调控的一个重要微观基础。

三、国企逆周期投资模式形成的历史过程

国有企业逆周期投资并非新现象。事实上，国有企业（国营企业、全民所有制企业）在不同时期以不同方式参与国家对宏观经济的管理与调节。这一历史过程伴随着我国发展阶段的演变与经济体制的转型，经历了以下三个阶段。

（一）计划经济体制下的“生产调节”模式

我国在计划经济时期，生产力发展相对落后，计划管理的水平也十分有限，特别是国民经济中的不确定性因素较多（武力，2003）。面对经常出现的比例失衡问题，临时性动员国营企业增产节约就成为我国计划经济管理的必要组成部分。“从1951年开始的‘增产节约’运动几乎年年要进行一次”（武力，2003，44页）。需要强调的是，这种动员并非通过修订计划、执行计划的方式实现，而是通过发动群众，以增产节约运动、反浪费斗争、劳动竞赛等方式实现（林超超，2016）。个中道理在于，当宏观经济

由于主客观因素而出现无法预料的变化时，计划机构固然可以修订计划，但仅凭修订计划必然贻误时机，经济失衡将不可避免造成较大损失；而临时性动员见效快，能在一定限度内以较低成本调动起国营工厂的富余产能，保障社会再生产尽可能顺利进行。在出现物资供求失衡的情况下，与其压缩基本建设造成“窝工”和资源浪费，或减少消费品供给造成社会矛盾，不如发动群众增加生产。

在这种计划管理体制下，国营企业必然要“保存实力”甚至向上级“隐瞒实力”，在正常时期保留一部分可以自主灵活调度的产能和资源，以从容应对上级临时性动员所提出的更高目标（林超超，2013）。在这种看上去并不规范的计划管理体制下，“生产调节”成为计划经济时期国营企业参与宏观经济调节的重要方式，国营企业的富余产能成为国家动态调节宏观经济平衡的重要工具。需要指出的是，其一，“生产调节”与计划经济时期企业分配与激励制度相一致。“生产调节”依靠对工人和工厂管理干部的动员，其目的在于“增产节约”，因此对劳动者的激励只能以非物质激励为主、以物质激励为辅（Qi，2018；林盼，2021）。其二，这种“落后于”苏联模式的计划经济反而给中国的经济体制增添了活力。1978年以后，随着企业经营自主权改革的推进，国营企业的富余产能成为“计划外”经济的物质基础，推动了中国经济顺利走向“双轨化”及最终完成向社会主义市场经济的转型。

（二）改革开放至新世纪初的“投资调节”模式

进入改革开放时期，国有企业作为宏观调节工具的方式发生显著变化。随着企业经营自主权改革和价格双轨制的建立，计划内经济相对缩小，计划外经济迅速发展。国家“放权让利”，企业有了更强的动力扩大生产，富余产能被充分利用起来，“生产调节”不再是国有企业参与宏观经济调节的主要方式。只有在新冠疫情暴发等紧急情况下，才会看到国家为了保障重要物资供求平衡而直接动员和管理国企的生产能力。同时，随着国有企业内分配制度改革，企业对职工的激励有更大自主权，奖金与计件工资等激励方式被普遍采用，国家通过非物质激励动员群众增加生产已不再可行。并且，随着企业分配权的增加，国家对社会购买力的调控能力下降。在这一背景下，国家宏观调控的抓手从生产和分配环节逐渐转向“扩大再生产”环节，“生产调节”让位于“投资调节”，国家通过控制国企的资金来源，影响其投资行为，最终起到调节总需求的作用。

除企业留存利润以外，财政拨款和银行贷款是国企投资的主要资金来源。1979年，国务院批准建设银行从财政部独立出来，标志着“拨改贷”改革的启动。到1985年，所有国家投资项目全面实行“拨改贷”，基本建设资金不再由财政拨款，而改为金融机构贷款，企业还本付息。“拨改贷”以后，国企直接来自财政的资金只有财政对国有困难企业的补贴；1985年至2000年，该补贴占财政收入的比重从20.2%下降到2%（董志凯，2016）。全社会固定资产按资金来源划分，1981年至1992年，国家预算内资金占比从28.1%下降到4.3%，而国内贷款从1981年的12.7%上升至1992年的27.4%。[①]信贷成为国有企业扩大再生产的主要外部资金来源，国家通过调控信贷影响企业的投资能力，信贷成为连接宏观调控与国企投资的重要桥梁。

"投资调节"主要反映国家的宏观调控导向，调节主要采取行政命令方式，国企实际上是宏观调控的对象而非手段。20世纪80年代末我国出现较为严重的通货膨胀，1988年居民消费价格指数上涨18%[②]，国家随即严格控制固定资产投资。1988年9月，国务院发布《关于清理固定资产投资在建项目、压缩投资规模、调整投资结构的通知》，要求"凡按本通知清理原则要停建的项目，建到一定部位，自一九八八年十二月一日起，银行停止拨款（包括贷款资金）"。1991年4月，时任国务院副总理的朱镕基同志指出，当时三角债问题的主要源头是一些部门、地方和企业为追求产值和速度而盲目上建设项目，因而固定资产投资缺口严重，并提出从固定资产投资拖欠这个源头入手清理三角债（《朱镕基讲话实录》编辑组，2011）。1993年，面对经济过热、通胀加剧的局势，中共中央、国务院发布《关于当前经济情况和加强宏观调控的意见》，要求"严格控制信贷总规模"，"坚决纠正违章拆借资金"，"对在建项目进行审核排队，严格控制新开工项目"，等等（中共中央文献研究室，1996）。

这一时期国企逆周期投资调节模式尚未形成，但随着社会主义市场经济的确立，国有企业的投融资体制逐渐适应市场经济的需要，政策性与商业性金融分离，金融纪律得以强化，国家通过控制信贷调节投资已成为重要的宏观调控模式。

（三）国企逆周期投资模式的正式形成

国有企业逆周期投资的形成应具备两个基本前提。一是以公有制为主体、多种所有制共同发展的所有制格局已经形成。倘若国有经济仍然"一统天下"，国企本身就是构成宏观经济的基础，也就谈不上国企的逆周期调节。二是国企自身处于健康发展状态，具备逆周期投资的能力。这就要求国企保持良好的盈利性和较低的杠杆率。这两个前提主要在新世纪之初得以实现，标志着国企逆周期投资模式的正式形成。

图2展示了1995—2022年国有经济占投资、工业资产和工业利润的比重。国有经济在20世纪90年代末仍是经济中的最大部门。但随着20世纪90年代末的国企改革，国有经济比重逐渐下降至50%以下。至2022年，国有经济占固定资产投资（不含农

① 资料来源：《中国统计年鉴1999》。
② 资料来源：国家统计局网站。

户）的39%，占规模以上工业企业资产的31%和利润的28%。随着20世纪90年代国企改革的完成，规模小、效益差的国有企业不再保留，企业人员冗余、社会负担沉重的问题得以解决，国有经济产业布局得到优化，我国建立了以国资委为核心的国有经济监管体系。如图3所示，这些变化推动国企的盈利能力在新世纪初大幅回升，同时显著

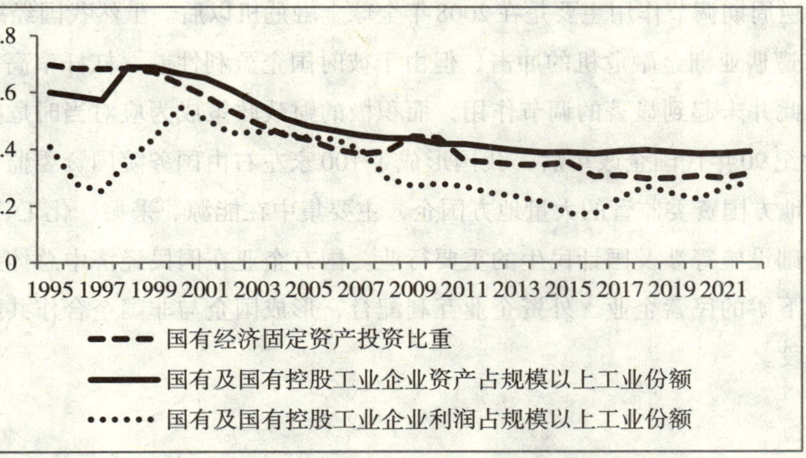

图2 1995—2022年国有经济在投资、工业资产和工业利润中的比重

注：2018—2022年国有经济固定资产投资根据国有控股固定资产投资增长率和民间固定资产投资增长率估算。

资料来源：历年《中国统计年鉴》。

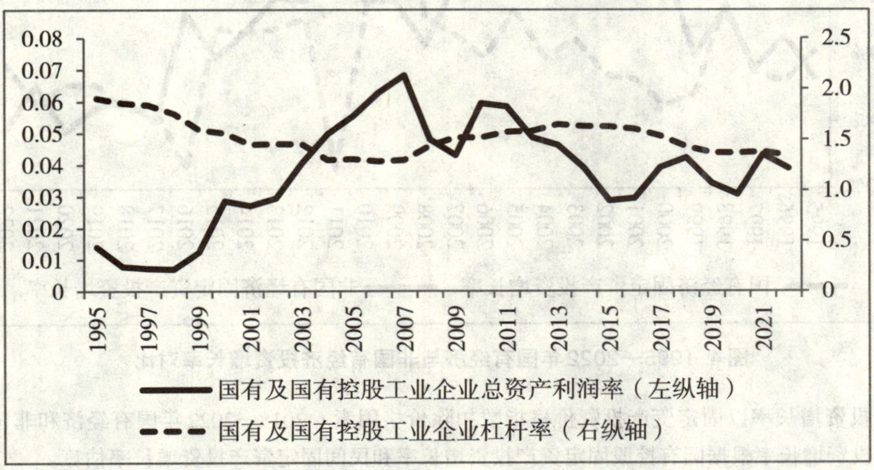

图3 1995—2022年国有及国有控股工业企业总资产利润率和杠杆率

注：总资产利润率=利润总额/资产合计。杠杆率=负债合计/所有者权益。

资料来源：历年《中国统计年鉴》。

降低了国企的杠杆率。另据《中国财政年鉴》发布的全口径（不只有工业）数据，2001年至2007年，国有企业利润总额从2811亿元迅速上升至17442亿元；同期杠杆率（负债/所有者权益）从171%迅速下降至140%。①

图4呈现了1995—2022年国有经济与非国有经济投资的增长率。可以发现，国有企业发挥逆周期调节作用主要是在2008年全球金融危机以后。虽然我国经济在20世纪90年代末遭遇亚洲金融危机的冲击，但由于彼时国企盈利性差、杠杆率高，自身正在改革，因此并未起到显著的调节作用，而积极的财政政策成为应对当时危机影响的主力。20世纪90年代国企改革后，我国形成了100家左右由国务院国资委监管的中央企业以及由地方国资委监管的大量地方国企，主要集中在能源、采掘、化工、装备制造、通讯、基础设施等涉及国计民生的重要行业。国有企业在国民经济中总体上处于上游位置，与下游的民营企业、外资企业互利配合，形成国企与非国企合作共赢、共同发展的新阶段。

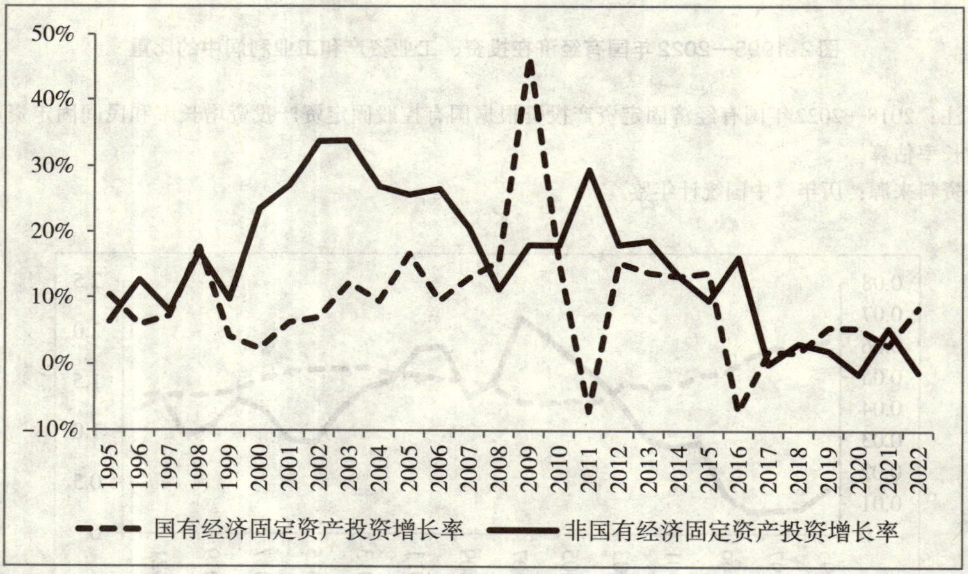

图4 1995—2022年国有经济与非国有经济投资增长率对比

注：投资增长率以固定资产投资价格指数扣除价格因素。2018—2022年国有经济和非国有经济固定资产投资增长率根据国有控股固定资产投资增长率和民间固定资产投资增长率估算。

资料来源：历年《中国统计年鉴》。

① 资料来源：历年《中国财政年鉴》。

这一阶段中国经济高速增长、形势稳定，但2008年全球金融危机之后，为应对危机影响，我国实行了“四万亿”投资计划。地方政府和国有企业是这一计划中大部分投资项目的具体投资者。为了完成这一计划，2008年至2010年，我国社会融资规模从38万亿元迅速增长至65万亿元，增长了71%[①]；同期国有企业负债从25万亿元增长至41万亿元[②]，负债增量相当于这一时期社融增量的60%。这一刺激计划稳定了信心，促使非国有经济投资增速迅速回升，起到了明显的稳增长作用，使中国经济经受住全球性金融危机的冲击，但也间接造成国企盈利性下降、杠杆率上升、房地产行业投资过热。据《中国财政年鉴》发布的全口径数据，2010年国有企业杠杆率达到173%，超过2001年水平[③]。个中原因与国有经济的产业布局密切相关：由于国企集中于国民经济上游产业，而非国企集中于下游产业，上游投资虽对下游有一定带动作用，但投资过于集中，必然造成结构失调、投资回报下降、债务增加。同时也与部分国有企业“脱实向虚”，热衷房地产开发或通过参与影子银行间接为房地产开发商融资有关。

党的十八大以来，我国国有经济逐渐从“管企业”向“管资本”转型，央企和地方国资委成立国有资本运营公司，大力发展混合所有制经济，国有经济的产业辐射面和穿透力增强，尤其是在战略性新兴产业从无到有的发展中发挥了日益重要的作用。2015年起，我国实行供给侧结构性改革，推进“三去一降一补”，落实巩固、增强、提升、畅通要求，加快发展现代化产业体系。在这一过程中，国企盈利能力恢复，杠杆率回归正常区间，投资能力明显增强。2017年以来，受国内外经济形势影响，我国民间投资动力减弱；2020年新冠疫情更对民间投资产生显著的负面影响。在这一背景下，国企投资肩负起稳增长使命，自2017年以来投资持续加速，并在疫情发生后起到保障物资供给、保持经济平稳增长的重要作用。虽然这一轮逆周期投资在相对规模上不比“四万亿”时期，但结构更为优化，体现了短期稳增长与中长期经济发展目标的和谐统一。

四、理论逻辑

我国国有企业的逆周期投资是国有企业参与国家经济治理的一种形式，本质上反映了中国特色社会主义条件下上层建筑与经济基础之间的有机融合。我国当前仍处于

① 资料来源：《中国统计年鉴2022》。
② 资料来源：历年《中国财政年鉴》。
③ 资料来源：历年《中国财政年鉴》。

社会主义初级阶段，公有制经济与非公有制经济将长期共存，国有企业与非国有企业都是社会主义市场经济中的重要经济主体。国有企业既是中国特色社会主义的政治基础，也是其物质基础，前者是国有企业在生产关系层面的意义，后者是国有企业在生产力方面的意义。

就生产关系而言，国有企业是中国经济重要的社会主义特征，也是中国共产党重要的执政基础。国有企业是我国的上层建筑穿透进经济基础的部分，兼具经济基础与上层建筑的属性。国有企业不仅与非国有企业共同参与市场竞争，而且体现党和国家的意志，参与形塑中国经济的发展路径，使中国经济保持在中国特色社会主义的道路上。这是中国处在社会主义初级阶段并在未来向更高级阶段过渡的必然选择。倘若没有国有经济，我国的经济基础在事实上将与一般市场经济无异，上层建筑将处于被动地位，党和国家的自主性及其对经济基础的形塑力将大为削弱，中国特色社会主义道路也会中断。

然而，国有企业不可能单凭生产关系层面的意义而存在。历史唯物主义表明，生产力对生产关系起决定性作用。一种生产关系想要存在下去，必须能起到促进生产力发展的作用（孟捷，2016）。国有企业是中国特色社会主义生产关系的体现。倘若国有企业只是非国有企业或其他既有制度或组织的简单替代品，甚至在促进生产力方面不及其他既有制度或组织，抑或只是一种“食利者”，那么国有企业作为一种生产关系也无法长期存在。就促进生产力而言，既有文献已从重大技术创新、参与国际竞争、保障供应链安全、有助于劳动力再生产等多个方面予以阐述。本文所关注的国企逆周期投资也可视为国企通过熨平经济波动以促进生产力发展。

由此引发的一个基本问题是：既然任何逆周期调节都可以促进生产力发展，为什么有必要由国企参与逆周期调节？换言之，相较于存在已久的具有调节功能的财政政策与货币政策，国企有何独特优势？

我们认为，国企逆周期调节的独特优势具有丰富的政治经济学理论内涵。在马克思主义视角下，资本积累是一种受多重因素共同影响的复杂行为。首先，影响资本积累的首要因素是盈利性。盈利性高低决定了资本进行积累的欲望，并且，由于利息是剩余价值的一部分，盈利性的高低也制约着产业资本能够承担的债务大小。因此，资本积累与剩余价值的生产、实现与分配密切相关。其次，马克思也强调从资本所处社会关系（劳资关系与资本竞争关系）的角度理解积累行为。劳资关系的紧张会促使资本加速机器替代劳动，引发固定资本更新。同时，单个资本总是处在市场竞争之中，竞争也是影响积累的重要因素。马克思形容说，“积累啊，积累啊，这就是摩西和先知们!”（马克思，2004，686页）这反映出企业在激烈的市场竞争下迫不得已尽其所能进行积累的情况。再次，马克思还强调从生产方式变革角度理解积累行为。当出现重大技术创新时，新技术、新产品、新部门涌现，产生新的盈利机会并激化竞争格局，资本在新领域进行积累就会落后于竞争对手。因此生产方式变革也会引发大规模投资热潮。

换言之，马克思的资本积累理论虽强调盈利性的核心作用，但资本积累的“情境（context）”在该理论中扮演极为重要的角色。这一情境主要取决于资本所处的社会环境及生产方式。盈利性对资本积累的作用，依资本所处情境的不同而有所差异。完全可能出现盈利性高但积累低迷的情况，也可能出现盈利性低却积累高涨的情况。前者的典型例子是斯威齐和巴兰笔下的垄断资本：美国战后的大企业凭借垄断力量获得高利润，却因竞争受到遏制、缺乏新的投资机会而出现积累停滞。后者的典型例子是近年来的平台资本：由于资本意在实现网络效应，争夺垄断地位，即使普遍亏损也纷纷扩张规模。因此，一国的特定制度若想要对资本积累产生调节作用，则不能仅仅锚定企业盈利性，更重要的是营建有利于资本积累的情境。

由此观察，国企逆周期调节的独特优势有以下三个方面：

第一，国有企业是具有双重性质的企业组织。一方面，国企是市场经济中的主体，要参与市场竞争，其投资行为在正常情况下要考虑效率与回报。但另一方面，党对国企的全面领导使国企相较于一般市场主体更容易响应宏观调控的需要。在国家需要国企参与逆周期调节时，国企的投资决策会优先考虑国家需要而非投资的盈利性。在没有国企的情况下，一国政府可通过财政政策和货币政策调节总需求，降低融资成本，促使私人企业进行投资。但私人企业作出投资决策最终取决于对未来盈利性的预期，而在经济衰退或停滞阶段私人企业往往对未来盈利性态度悲观，并因此不愿进行投资。一个典型的例子是，美联储在2008年金融危机后推行量化宽松政策，增加的货币供给大多停留在金融领域，成为金融机构的超额准备金，而并未形成企业贷款和投资，这就是私人企业投资决策的局限性使然。而对国企而言，响应宏观调控的需要进行投资，虽然投资的盈利性不明朗，但大量国企的集体投资能稳定总需求，而稳定的宏观经济最终也有利于国企自身发展，实现了微观与宏观之间的协调一致。

第二，国有企业的投融资体制是一种动员潜在经济剩余的有效方式。借用斯威齐、巴兰提出的“经济剩余”概念：当一国经济出现总需求不足时，这意味着存在没有被充分利用的潜在经济剩余。扩张性财政政策固然是一种动员潜在经济剩余的方式，但赤字的增加受制于财政纪律，税收的增加也可能产生效率损失，并且财政支出的方向也受制于一国政府的制度和惯例。而国有企业作为企业组织其融资制约相对宽松，融资来源更加多元，投资方向可以根据实际需要作出调整。2021年全国国有企业所有者权益为110万亿元[①]，这意味着：国企杠杆率提高1%，并将新增债务作为投资的资金来源，投资就可增加1.1万亿元，可使当年全社会固定资产投资（不含农户）提高2%。而且，国企平均规模大，技术先进，市场份额稳定，优质资产较多，违约风险相对较小，因此国企相较于非国企更容易与金融机构建立长期稳定关系。这一微观现象经常被学术界视为金融市场的“所有制歧视”，但从宏观来看，在总需求不足从而潜在经济剩余有待动员的情况下，正是国企与金融机构间的长期稳定关系保证潜在经济剩余不断被转化为国民收入。

第三，国有企业的逆周期投资能为全社会资本积累营建有利的情境。传统财政政策与货币政策旨在扩大企业的市场需求、降低企业融资成本，但这些传统政策对积累情境的影响极为有限。尤其是在经济低迷、前景不确定的情况下，即使企业在传统政策帮助下销量上升、资金宽松，但企业仍会因缺乏信心而不愿投资。国企在经济下行时率先投资，这种“开路先锋”的角色，首先扩大了投资需求，通过企业间的投入产出联系为非国有企业增加销量；但更为重要的是，国企投资起到了一种“担保”功能，暗示国企对投资时机和投资领域的信心，从而有利于增强非国企对未来的信心。这是国企通过参与市场活动而实现的特殊功能，也是政府的直接干预所无法实现的功能。国企与政府的不同之处就在于，政府能凭借法律的强制力稳定获得财政收入，而国企作为市场主体必须保持再生产，因此有必要保持一定的盈利性，同时不能无限提高杠杆率。国企必须为自己的投资负责，一旦投资失败，虽不至于破产倒闭，但必然会给企业及其管理层带来惩罚。国企的双重性质使其处在政府和私人投资者之间的过渡地带，既反映了宏观调控的要求，又克服了私人投资者信心不稳定波动的缺陷，从而国企更容易在经济下行时穿透政府与私人投资者之间的隔膜，启动资本循环和社会再生产的恢复过程。

需要强调的是，国企参与逆周期调节并非没有限度，“国有”并不能自动保证逆周期调节的有效性。国企投资像任何其他企业的投资一样，也可能遭遇失败；在经济下行时进行逆周期投资，其失败风险更大。逆周期调节的成败在很大程度上取决于国家对国企投资方向的引导以及国企自身对投资项目的评估，而盲目、低效的投资只能在短期实现稳增长，是一种饮鸩止渴的做法，在长期必然导致经济结构失衡，并消耗国

① 资料来源：《中国财政年鉴2022》。

企参与宏观经济调节的能力。

五、经验分析

（一）模型设定与研究策略

为了验证国企投资的逆周期性，本文基于Davis（2018）对企业投资行为的研究，利用中国A股上市公司数据估计了中国企业的投资行为方程。投资方程的基本框架设定为：

$$\frac{I}{K}=f\left(r,u,i^{fin},i^{debt},M,D,K\right)$$

上式说明，影响投资行为的主要因素为利润率r、固定资本产能利用率u、金融利润率i^{fin}、借贷成本i^{debt}、金融资产M、债务规模D以及固定资产K。这一模型更好地体现了政治经济学的特色，强调盈利性、有效需求和金融因素对企业投资行为的决定性影响。这一模型框架在企业投资行为的研究中得到了认可，并在金融化等领域有着广泛应用。

本文在上述框架的基础上进一步引入经济周期（GC）和企业产权性质（SOE）的变量，以及二者的交互项（$SOE\cdot GC$），以探究在不同产权性质的企业中经济周期对投资行为的影响，即国有企业投资是否具有逆周期性特点。本文所采用的基准模型为：

$$\begin{aligned}(Investmentrate)_{i,t} &= \beta_0+\beta_1\sum_{s=1}^{3}(Investmentrate)_{i,t-s}+\beta_2\sum_{s=1}^{3}GC_{t-s}+\beta_3 SOE_{i,t}+\beta_4 SOE_{i,t}\cdot GC_{i,t-1}+\\ &\beta_5\sum_{s=1}^{3}r_{i,t-s}+\beta_6\sum_{s=1}^{3}u_{i,t-s}+\beta_7\sum_{s=1}^{3}i^{fin}_{i,t-s}+\beta_8\sum_{s=1}^{3}i^{debt}_{i,t-s}+\beta_9\sum_{s=1}^{3}\left(\frac{M}{A}\right)_{i,t-s}+\\ &\beta_{10}\sum_{s=1}^{3}\left(\frac{D}{A}\right)_{i,t-s}+\beta_{11}Lnage_{i,t-1}+\beta_{12}Size_{i,t-1}+Industry_i+Provcd_i+Year_{i,t}+\varepsilon_{i,t}\end{aligned}$$

其中，下标i、t分别表示个体和时期。被解释变量$Investmentrate$是企业投资率，用固定资产净额增速表示。考虑到企业投资调整需要经过一定的时期，解释变量中加入了$Investmentrate$的三期滞后项。GC是表示经济周期的变量，通过全国实际GDP增长率的变化反映宏观经济波动。SOE是企业产权性质的虚拟变量，国企取值为1，非国企取值为0。我们重点关注经济周期（GC）与企业产权性质（SOE）的交互项（$SOE\cdot GC$）

的系数β_4，若$\beta_4 < 0$，则说明国企投资相较于非国企而言具有逆周期性特点。对于其他影响投资水平的解释变量，包括利润率（r）、产能利用率（u）、金融利润率（i^{fin}）、借贷成本（i^{debt}）、相对金融资产规模（金融资产M与总资产A之比）、相对债务规模（债务规模D与总资产A之比），同样出于调整时间的考虑加入各解释变量的三期滞后项。此外，模型中还加入了其他控制变量，即上市公司年龄的自然对数（*Lnage*）和企业规模（*Size*）。*Industry*表示控制行业固定效应，*Provcd*表示控制省份固定效应。需要说明的是，对于时间固定效应*Year*的处理，考虑到宏观层面的经济周期变量与时间固定效应存在多重共线性，故此处通过生成特殊年份的虚拟变量进行控制。我们选择了样本期内召开党的全国代表大会的年份（即2007年、2012年、2017年）生成滞后一期的虚拟变量，这一选择的合理性在于重大政治事件带来的不确定性会抑制企业投资行为（Julio and Yook，2012），而党的全国代表大会召开后企业往往会具有更加稳定的预期。

投资方程的估计需处理其内生性问题。首先，方程中各解释变量均采用滞后项，以处理可能存在的反向因果问题。其次，模型控制了各种固定效应，包括行业和省份固定效应及经过特殊处理的时间固定效应。再次，由于基准模型中等号右边存在被解释变量的滞后项，本文使用系统GMM模型处理滞后项的内生性。

（二）变量、数据与描述性统计

表1给出了所有变量的定义与描述性统计。需要说明的是：第一，本文构建的投资方程区分了固定资产与金融资产投资的差异，因此被解释变量选择企业固定资产投资率，用固定资产净额的增长速度表示。第二，参考已有文献的做法（郭婧和马光荣，2019），在基准回归中使用以下两个指标来度量宏观经济周期。①对于第t年的经济周期指标GC_t，计算（$t-2$）年到（$t+2$）年间全国实际GDP增长率的平均值$\overline{GR}_t$作为趋势水平，用第t年全国实际GDP增长率与趋势水平之差表示当年的经济周期波动，即$GC_t = GR_t - \overline{GR}_t = GR_t - \frac{1}{5}\sum_{t-2}^{t+2} GR_t$。②使用HP滤波法对1978—2022年期间的全国实际GDP增长率进行处理，将去趋势后的周期性部分作为经济周期GC_t的衡量指标。[①]第三，根据企业股权性质信息进行国企/非国企的划分，若股权性质为“国企”，则认为该企业为国企，*SOE*取值为1，若股权性质为“民营”“外资”或“其他”，则认为该企业为非国企，*SOE*取值为0。第四，“产能利用率”没有直接数据可供衡量，故参考Davis（2018）的指标构建方式，表示为营业收入与固定资产净额的比值。第五，对金融资产

① 具体计算过程参考Ravn和Uhlig（2002）的研究，本文对年度数据进行HP滤波处理，将平滑参数设置为6.25。

M的衡量在现有文献中存在不同的观点（王永钦等，2015；张成思和郑宁，2019；韩珣等，2017），本文参照杨玲等（2022）的计算方法，2007年以前以“现金”和“短期投资”之和衡量金融资产，2007年新会计准则调整后，以“现金”“交易性金融资产”“衍生金融资产”“买入返售金融资产净额”和“可供出售金融资产净额”之和衡量金融资产。

表1　变量定义与描述性统计

变量名称	变量定义	观测数	均值	标准差
Investmentrate	投资率：固定资产净额增长速度	18015	0.09	0.43
GC（均值法）	经济周期：采用均值法测算全国实际GDP增长率的周期成分	18015	0.16	1.44
GC（HP滤波法）	经济周期：采用HP滤波法测算全国实际GDP增长率的周期成分	18015	0.09	1.23
SOE	产权性质：当企业产权性质为国企时取值为1，否则为0	18015	0.56	0.50
Profit Rate	固定资产净利润率：净利润/固定资产净额	18015	0.56	1.80
Utilization	产能利用率：营业收入/固定资产净额	18015	7.66	17.88
Borrowing Cost	借贷成本i^{debt}：财务费用/总负债	18015	0.01	0.03
Financial Profit Rate	金融利润率i^{fin}：（营业外收入–营业外支出）/金融资产M	18015	0.05	0.16
M/A	金融资产/总资产。2007年以前，金融资产=现金+短期投资；2007年以后，金融资产=现金+交易性金融资产+衍生金融资产+买入返售金融资产净额+可供出售金融资产净额	18015	0.17	0.12
D/A	总负债/总资产	18015	0.48	0.20
Lnage	公司年龄：当年减去公司成立年后取自然对数	18015	2.69	0.39
Lnsize	公司规模：期初总资产的自然对数	18015	22.12	1.30

本文选取我国沪深股票市场2003—2021年A股全部上市公司为原始样本，在进行回归检验前对原始数据进行了如下处理：（1）剔除ST类或PT类特殊处理的公司；（2）剔除金融行业上市公司；（3）剔除财务数据缺失的公司。上述所有企业数据主要来自国泰安数据库（CSMAR），行业数据来自Wind数据库，宏观数据来自国家统计局。

（三）基准回归结果

表2报告了投资方程基准回归的结果。表2的第（1）—（3）列为使用均值法计算得到的经济周期指标。第（1）列中经济周期变量*GC*的1—3期滞后项回归系数均显著为正，表明全样本中企业投资呈现顺周期性特征。第（2）列进一步引入*SOE*变量及其与经济周期一期滞后变量GC_{t-1}的交互项$SOE \cdot GC_{t-1}$，其中*SOE*项回归系数显著为正，交互项系数显著为负，表明国企投资相对于非国企而言具有逆周期性特征。第（3）列在第（2）列的基础上控制了省份固定效应，此时交互项系数为-0.084，且在1%水平下显著，表明当GDP增长率波动上升1个单位时，国有企业的投资率会发生8.4%的逆周期调节。第（4）—（6）列使用HP滤波法计算全国实际GDP增长率波动，回归结果及结论同第（1）—（3）列基本一致，进一步验证了国企投资的逆周期性。

表2　　基准回归结果

		（1）	（2）	（3）	（4）	（5）	（6）
Investmentrate	*t*-1	-.111	-.309***	-.121	-.147	-.16	-.103
		(.161)	(.099)	(.21)	(.158)	(.157)	(.165)
	t-2	-.181*	-.287***	-.183	-.197**	-.201**	-.165*
		(.099)	(.073)	(.125)	(.098)	(.097)	(.099)
	t-3	.041	.002	.042	.036	.033	.046
		(.031)	(.021)	(.035)	(.031)	(.03)	(.03)
GC	*t*-1	.161***	.206***	.183***	.144***	.176***	.165***
		(.042)	(.047)	(.048)	(.039)	(.044)	(.043)
	t-2	.028***	.009	.024**	-.003	-.011	-.002
		(.01)	(.007)	(.01)	(.009)	(.01)	(.01)
	t-3	.087***	.073***	.069***	.059***	.041***	.041***
		(.025)	(.019)	(.02)	(.02)	(.014)	(.014)
SOE			.163**	.066		.079	.057
			(.073)	(.122)		(.098)	(.1)
SOE·GC	*t*-1		-.095***	-.084***		-.099***	-.09***
			(.021)	(.023)		(.026)	(.026)

续表

		(1)	(2)	(3)	(4)	(5)	(6)
Profit Rate	*t*−1	.039*	.041*	.039*	.039*	.04*	.038*
		(.022)	(.022)	(.022)	(.022)	(.021)	(.021)
	t−2	.037	.06***	.04	.043*	.045*	.04
		(.024)	(.02)	(.03)	(.024)	(.024)	(.025)
	t−3	.022	.055*	.025	.029	.033	.023
		(.037)	(.033)	(.045)	(.037)	(.037)	(.039)
Utilization	*t*−1	.022***	.018***	.022***	.021***	.021***	.022***
		(.004)	(.004)	(.005)	(.004)	(.004)	(.004)
	t−2	.002	.003	.002	.003	.002	.002
		(.002)	(.002)	(.002)	(.002)	(.002)	(.002)
	t−3	.015**	.018***	.014**	.015***	.015***	.014**
		(.006)	(.005)	(.006)	(.006)	(.006)	(.006)
Borrowing Cost	*t*−1	−.454	−.789	−.446	−.387	−.399	−.295
		(.69)	(.71)	(.753)	(.678)	(.708)	(.699)
	t−2	1.506	.152	1.593	1.441	1.417	1.912
		(1.179)	(.953)	(1.396)	(1.178)	(1.14)	(1.181)
	t−3	−2.214	−5.301**	−2	−2.601	−2.547	−1.447
		(3.028)	(2.285)	(3.763)	(3.006)	(3.019)	(3.066)
Financial Profit Rate	*t*−1	.186	−.052	.203	.143	.129	.207
		(.175)	(.058)	(.196)	(.181)	(.167)	(.179)
	t−2	.418*	.09	.441	.356	.337	.45*
		(.236)	(.074)	(.273)	(.244)	(.227)	(.244)
	t−3	.268	−.261***	.313	.18	.153	.335
		(.385)	(.083)	(.441)	(.396)	(.366)	(.392)
M/A	*t*−1	.586**	.294**	.59**	.505**	.488**	.577**
		(.238)	(.14)	(.276)	(.236)	(.224)	(.237)

续表

		(1)	(2)	(3)	(4)	(5)	(6)
M/A	*t*−2	.255**	.302*	.272**	.295**	.307***	.308***
		(.118)	(.161)	(.118)	(.118)	(.118)	(.118)
	t−3	.079	.033	.087	.05	.033	.074
		(.237)	(.359)	(.239)	(.236)	(.236)	(.236)
D/A	*t*−1	−.163	−.229	−.158	−.172	−.196	−.172
		(.134)	(.155)	(.133)	(.134)	(.132)	(.13)
	t−2	−.641***	−.359**	−.633**	−.585***	−.565***	−.644***
		(.216)	(.143)	(.267)	(.215)	(.212)	(.227)
	t−3	−2.839***	−2.349***	−2.904***	−2.719***	−2.704***	−2.861***
		(.543)	(.575)	(.545)	(.551)	(.543)	(.558)
Lnage	*t*−1	−.075	.39	−.067	.002	.017	−.115
		(.407)	(.259)	(.5)	(.4)	(.383)	(.406)
Size	*t*−1	.402*	.136	.39	.339*	.321	.387*
		(.21)	(.138)	(.261)	(.205)	(.202)	(.218)
Cons		−7.071**	−2.893	−6.542	−5.981*	−5.693*	−6.381*
		(3.455)	(2.483)	(4.16)	(3.344)	(3.31)	(3.513)
GC		均值法	均值法	均值法	HP滤波法	HP滤波法	HP滤波法
行业固定效应		Yes	Yes	Yes	Yes	Yes	Yes
省份固定效应		No	No	Yes	No	No	Yes
AR（1）*p*值		0.000	0.000	0.000	0.000	0.000	0.000
AR（2）*p*值		0.310	0.438	0.345	0.182	0.145	0.182
Hansen *p*值		0.356	0.198	0.286	0.354	0.370	0.362
工具变量个数		113	115	144	113	115	145
Observations		18015	18015	17979	18015	18015	17979

注：***、**和*分别表示通过1%、5%和10%水平的显著性检验。

（四）稳健性检验

1.引入*SOE*与经济周期变量三期滞后项的交互项

基准回归结果显示，经济周期波动的三期滞后变量均可能对企业投资产生影响。

为了考察不同产权性质的企业投资对不同滞后时期经济周期波动的反应，我们在投资方程中进一步引入产权性质变量*SOE*与经济周期变量*GC*三期滞后项的交互项（$SOE \cdot GC_{t-1}$、$SOE \cdot GC_{t-2}$、$SOE \cdot GC_{t-3}$）。回归结果如表3所示，比较各滞后期对应的交互项系数可以发现，国企投资的逆周期性特征仍然成立，且对前一期经济波动影响的逆周期调节最为明显。

表3　引入*SOE*与*GC*三期滞后项的交互项

		(1)	(2)	(3)	(4)	(5)	(6)
Investmentrate	t-1	-.298***	-.126	-.018	-.157	-.17	-.181
		(.094)	(.18)	(.195)	(.175)	(.173)	(.199)
	t-2	-.278***	-.185*	-.125	-.202*	-.207**	-.214*
		(.071)	(.105)	(.109)	(.104)	(.102)	(.12)
	t-3	.001	.037	.06*	.034	.03	.033
		(.021)	(.033)	(.035)	(.034)	(.032)	(.034)
GC	t-1	.171***	.207***	.191***	.145***	.183***	.181***
		(.042)	(.052)	(.05)	(.039)	(.048)	(.053)
	t-2	.018**	.031*	.042**	-.003	-.026	-.018
		(.009)	(.017)	(.017)	(.01)	(.017)	(.017)
	t-3	.094***	.108***	.097***	.059***	.06**	.059*
		(.023)	(.033)	(.033)	(.02)	(.03)	(.034)
SOE			.064	.013		.084	.096
			(.113)	(.118)		(.106)	(.114)
SOE·GC	t-1		-.128***	-.113***		-.111***	-.106***
			(.035)	(.035)		(.035)	(.041)
	t-2		-.023	-.024		.02	.02
			(.016)	(.015)		(.018)	(.018)
	t-3		-.07**	-.054*		-.03	-.022
			(.029)	(.029)		(.029)	(.034)

续表

GC	(1) 均值法	(2) 均值法	(3) 均值法	(4) HP滤波法	(5) HP滤波法	(6) HP滤波法
控制变量	是	是	是	是	是	是
行业固定效应	是	是	是	是	是	是
省份固定效应	否	否	是	否	否	是
AR（1）*p*值	0.000	0.000	0.000	0.000	0.000	0.000
AR（2）*p*值	0.501	0.197	0.309	0.187	0.106	0.154
Hansen *p*值	0.178	0.245	0.263	0.254	0.269	0.306
工具变量个数	112	116	146	112	116	146
Observations	18015	18015	17979	18015	18015	17979

注：***、**和*分别表示通过1%、5%和10%水平的显著性检验。

2.更换经济周期的衡量指标

制造业投资是实体经济供给能力形成的基础和先行指标。由于制造业是第二产业的重要组成部分，为了考察国企在制造业投资方面的周期性特征，我们用HP滤波法对第二产业增加值指数进行处理，得到其周期性成分作为经济周期波动新的衡量指标。回归结果如表4所示，在更换经济周期的衡量指标后，国企投资的逆周期性仍然成立，且交互项系数（−0.063）的绝对值相比于基准回归而言更小，说明国企投资的逆周期调节作用具有很强的综合性，除稳定第二产业经济波动外，在整个经济体系中广泛地发挥稳定作用。

表4　　使用第二产业增加值指数波动衡量经济周期

		(1)	(2)	(3)
Investmentrate	*t*−1	−.203***	−.2**	−.247**
		(.078)	(.087)	(.098)
	t−2	−.264***	−.263***	−.263***
		(.061)	(.062)	(.064)
	t−3	.011	.011	−.003
		(.021)	(.021)	(.024)

续表

		(1)	(2)	(3)
GC	t-1	.283***	.312***	.246***
		(.056)	(.062)	(.056)
	t-2	.118***	.107***	.084***
		(.026)	(.024)	(.022)
	t-3	.188***	.169***	.14***
		(.037)	(.035)	(.032)
SOE			.08	.122
			(.07)	(.084)
SOE·GC	t-1		-.08***	-.063***
			(.019)	(.02)
GC		HP滤波法	HP滤波法	HP滤波法
控制变量		是	是	是
行业固定效应		是	是	是
省份固定效应		否	否	是
AR（1）p值		0.000	0.000	0.000
AR（2）p值		0.615	0.615	0.120
Hansen p值		0.821	0.818	0.591
工具变量个数		113	115	144
Observations		18015	18015	17979

注：***、**分别表示通过1%、5%水平的显著性检验。

3.更换样本期间

考虑到2008年金融危机对企业投资行为的冲击，我们将样本期调整为2008—2021年，回归结果如表5所示。第（2）、（4）列回归结果显示，更换样本期间后*GC*项回归系数基本在1%水平下显著为正，交互项系数仍然在1%水平下显著为负，说明国有企业仍然发挥了显著的逆周期调节的功能。

表5　　样本期调整为2008—2021年

		（1）	（2）	（3）	（4）
Investmentrate	*t*−1	−.29**	−.314***	−.323***	−.287***
		（.115）	（.118）	（.115）	（.105）
	t−2	−.287***	−.296***	−.298***	−.259***
		（.077）	（.078）	（.078）	（.071）
	t−3	−.009	.001	−.011	.004
		（.023）	（.021）	（.023）	（.021）
GC	*t*−1	.165***	.164***	.145***	.134***
		（.039）	（.039）	（.035）	（.033）
	t−2	.012	.019**	−.017**	−.009
		（.008）	（.009）	（.008）	（.009）
	t−3	.073***	.075***	.043***	.042***
		（.02）	（.02）	（.014）	（.015）
SOE		.116	.117	.139	.117
		（.087）	（.081）	（.085）	（.073）
SOE·GC	*t*−1	−.075***	−.073***	−.098***	−.089***
		（.019）	（.018）	（.023）	（.021）
GC		均值法	均值法	HP滤波法	HP滤波法
控制变量		是	是	是	是
行业固定效应		是	是	是	是
省份固定效应		否	是	否	是
AR（1）*p*值		0.000	0.000	0.000	0.000
AR（2）*p*值		0.255	0.181	0.191	0.109
Hansen *p*值		0.660	0.511	0.592	0.460
工具变量个数		114	143	114	146
Observations		15555	15534	15555	15534

注：***、**分别表示通过1%、5%水平的显著性检验。

六、因事制宜：充分发挥国有企业的稳定器作用

国有企业是中国特色社会主义的重要物质基础和政治基础，是党执政兴国的重要支柱和依靠力量。在中国特色社会主义条件下，国有企业的存在具有生产关系层面的意义，也必然具有生产力层面的意义，而国企参与逆周期投资从而实现宏观经济的稳定就是国企促进生产力发展的一个重要方面。本文回顾了国企逆周期投资模式形成的历史过程，并从政治经济学视角分析了国企逆周期投资的理论逻辑。本文强调国企逆周期投资不仅是一种有效的宏观经济稳定器，而且相较于传统逆周期调节政策具有三方面独特优势：第一，党对国企的全面领导使国企相较于一般市场主体更容易响应宏观调控的需要；第二，国企与金融机构间的长期稳定关系是一种能有效动员潜在经济剩余的投融资体制；第三，国有企业的逆周期投资能为全社会资本积累营建有利的情境。本文利用中国2003—2021年A股上市公司数据，基于一个政治经济学的企业投资方程，使用系统GMM方法，检验经济周期对国有企业投资的影响。经验分析发现：国企投资具有显著的逆周期性，国企比非国企在经济下行时会进行更多投资。这一发现为国企宏观经济稳定器的作用提供了经验证据。

回顾我国国有企业改革和发展的历史可见，国企在不断改变着自身的形态，以在特定形势下发挥特定功能，有力支撑了中国特色社会主义经济的运行和发展。在社会主义市场经济中，国企不仅“置身事内”，而且“因事制宜”，根据国家所需灵活采取组织形式和行为规则。近年来，地方国企在整个国有经济中比重不断提高，在支持地方经济发展、促进战略性新兴产业的建立、为民营经济创造良好营商环境等方面发挥了重要作用，充分展现出国企作为国家参与经济基础的手段所具有的可塑性。

本文研究说明，中国能够长期保持充分而又稳定的总需求，这与国企宏观经济稳定器作用的发挥有着密切的联系。本文的政策启示是我国应理直气壮做优做强做大国有企业，更好发挥国企宏观经济稳定器的作用。同时需要强调的是，逆周期投资固然能在短期起到稳增长作用，但这些投资也面临失败的风险，有可能在中长期造成国企债务的积累和后续投资能力的下降。因此，我国一方面应充分发挥中国的制度优势，更好发挥国企稳定器作用；另一方面要完善国企投融资体制，大力发展混合所有制，推进国有投资平台与非国有资本的协同与合作，更加注重国有经济投资的方向和形式，着力发挥国有资本在战略性新兴产业中的引领作用，有效发挥国有资本对非国有资本的组织和动员作用，完善国有投资在合作项目中的退出机制，推动现代化产业体系建设等中长期发展目标与宏观经济稳定器功能的有效结合。

参考文献

[1] Bai, C. E., Li, D. D., Tao, Z., and Wang, Y., 2000, "A multitask theory of state enterprise reform", *Journal of Comparative Economics*, 28 (4), 716-738.

[2] Chen, S., Sun, Z., Tang, S., and Wu, D., 2011, "Government intervention and investment efficiency: Evidence from China", *Journal of Corporate Finance*, 17 (2), 259-271.

[3] Crotty, James R., 1992, "Neoclassical and Keynesian approaches to the theory of investment", *Journal of Post Keynesian Economics*, 14 (4), 483-496.

[4] Dangl, T., and Wu, Y., 2016, "Corporate investment over the business cycle", *Review of Finance*, 20 (1), 337-371.

[5] Davidson, Paul, 1972, *Money and the Real World*, London: Macmillan.

[6] Davis, L., 2018, "Financialization and the non-financial corporation: An investigation of firm-level investment behavior in the United States", *Metroeconomica*, 69, 270-307.

[7] Demir, F., 2009, "Financial liberalization, private investment and portfolio choice: Financialization of real sectors in emerging markets", *Journal of development economics*, 88 (2), 314-324.

[8] Fang, H., Hu, W.-Q., Shi, R., and Zhang, X., 2023, "The Chinese-style macroeconomic control: The role of state-owned enterprises", *The World Economy*, 46 (3), 702-725.

[9] Fazzari, S. M., and Mott, T. L., 1986, "The investment theories of Kalecki and Keynes: An empirical study of firm data, 1970-1982", *Journal of Post Keynesian Economics*, 9 (2), 171-187.

[10] Gordon, Myron J., 1992, "The neoclassical and a post Keynesian theory of investment", *Journal of Post Keynesian Economics*, 14 (4), 425-443.

[11] Hayashi, F., 1982, "Tobin' s Marginal q and Average q: A Neoclassical Interpretation", *Econometrics*, 50 (1), 213-224.

[12] Hsieh, Chang-Tai, and Zheng Michael Song, 2015, "Grasp the large, let go of the small: The transformation of the state sector in China", NBER Working Paper No. w21006. Cambridge, MA: National Bureau of Economic Research.

[13] Huang, X., Li, P., and Lotspeich, R., 2010, "Economic growth and multi-tasking by state-owned enterprises: An analytic framework and empirical study based on Chinese provincial data", *Economic Systems*, 34 (2), 160-177.

[14] Jorgenson, Dale W., 1963, "Capital theory and investment behavior", *The American Economic Review*, 53 (2), 247-259.

[15] Julio, B., and Yook, Y., 2012, "Political uncertainty and corporate investment cycles", *The Journal of Finance*, 67 (1), 45-83.

[16] Kalecki，Michal，1937，“The principle of increasing risk”，*Economica*，4，440-447.

[17] Kalecki，Michal，1969，*The Theory of Economic Dynamics*，New York：Kelly.

[18] Kalecki，Michal，1971，*Selected Essays on the Dynamics of the Capitalist Economy 1933-1970*，Cambridge：Cambridge University Press.

[19] Keynes，John M.，1936，*The General Theory of Employment，Interest，and Money*，London：Macmillan.

[20] Li，S.，and Xia，J.，2008，“The roles and performance of state firms and non-state firms in China's economic transition”，*World Development*，36（1），39-54.

[21] Lo，D.，1999，“Reappraising the performance of China's state-owned industrial enterprises，1980-1996”，*Cambridge Journal of Economics*，23（6），693-718.

[22] Minsky，Hyman P.，1975，*John Maynard Keynes*，New York：Columbia University Press.

[23] Orhangazi，Ö.，2008，“Financialisation and capital accumulation in the non-financial corporate sector：A theoretical and empirical investigation on the US economy：1973-2003”，*Cambridge Journal of Economics*，32（6），863-886.

[24] Qi，H.，2018，“‘Distribution According to Work’：An Historical Analysis of the Incentive System in China's State-Owned Sector”，*Review of Radical Political Economics*，50（2），409-426.

[25] Qi，H.，and Kotz，D. M.，2020，“The Impact of State-Owned Enterprises on China's Economic Growth”，*Review of Radical Political Economics*，52（1），96-114.

[26] Ravn，M. O.，and Uhlig，H.，2002，“On adjusting the Hodrick-Prescott filter for the frequency of observations”，*Review of Economics and Statistics*，84（2），371-376.

[27] Steindl，J.，1952，*Maturity and Stagnation in American Capitalism*，Oxford：Blackwell.

[28] Tobin，J.，1969，“A General Equilibrium Approach to Monetary Theory”，*Journal of Money，Credit，and Banking*，1（1），15-29.

[29] Tori，D.，and Onaran，Ö.，2018，“The effects of financialization on investment：evidence from firm-level data for the UK”，*Cambridge Journal of Economics*，42（5），1393-1416.

[30] 编辑组：《朱镕基讲话实录》，人民出版社2011年版。

[31] 薄一波：《若干重大决策与事件的回顾》，人民出版社1997年版。

[32] 蔡昉：《推进以人为核心的新型城镇化》，《中国工业经济》2020年第12期。

[33] 陈东、陈爱贞、刘志彪：《重大风险预期、企业投资与对冲机制》，《中国工业经济》2021年第2期。

[34] 陈金至、刘元春、宋鹭：《进退相济：国有经济的产业布局与宏观稳定效应》，《管理世界》2023年第10期。

[35] 陈艳：《宏观经济环境、投资机会与公司投资效率》，《宏观经济研究》2013年第8期。

[36] 程仲鸣、夏新平、余明桂：《政府干预、金字塔结构与地方国有上市公司投资》，《管理世界》2008年第9期。

[37] 董志凯：《由“拨改贷”到“债转股”——经济转型中企业投融资方式的变迁（1978—2015）》，《中国经济史研究》2016年第3期。

[38] 封凯栋：《潮起：中国创新型企业的诞生》，中国人民大学出版社2023年版。

[39] 郭婧、马光荣：《宏观经济稳定与国有经济投资：作用机理与实证检验》，《管理世界》2019年第9期。

[40] 韩珣、田光宁、李建军：《非金融企业影子银行化与融资结构：中国上市公司的经验证据》，《国际金融研究》2017年第10期。

[41] 黄孝武、任亚奇、余杰：《经济不确定性与公司投资——基于中国上市公司数据实证分析》，《海南大学学报（人文社会科学版）》2020年第5期。

[42] 李书娟、徐现祥、王贤彬：《目标导向的微观机制：国有企业的关键作用》，《财贸经济》2021年第4期。

[43] 梁琪、余峰燕：《金融危机、国有股权与资本投资》，《经济研究》2014年第4期。

[44] 林超超：《生产线上的革命——20世纪50年代上海工业企业的劳动竞赛》，《开放时代》2013年第1期。

[45] 林超超：《苏联经济核算制与中国计划经济》，《史林》2016年第1期。

[46] 林盼：《党委领导与中国特色企业激励制度的建立和发展》，《湖南工业大学学报（社会科学版）》2021年第4期。

[47] 刘放、杨筝、杨曦：《宏观经济周期性波动与公司投资效率——基于金融危机的自然实验》，《财会通讯》2014年第21期。

[48] 刘康兵、申朴、Elmer Sterken：《融资约束、不确定性与公司投资：基于制造业上市公司面板数据的证据》，《南开经济研究》2011年第4期。

[49] 刘伟、蔡志洲：《中国经济发展的突出特征在于增长的稳定性》，《管理世界》2021年第5期。

[50] 刘元春：《国有企业宏观效率论——理论及其验证》，《中国社会科学》2001年第5期。

[51] 孟捷：《历史唯物论与马克思主义经济学》，社会科学文献出版社2016年版。

[52] 孟捷：《略论社会主义市场经济中的国有资本》，《政治经济学报》2023年第2期。

[53] 孟捷、张雪琴、马梦挺：《增加值与社会主义初级阶段公有制企业的目标模式》，《政治经济学评论》2022年第4期。

[54] 饶品贵、岳衡、姜国华：《经济政策不确定性与企业投资行为研究》，《世界经济》2017年第2期。

[55] 王文成、沈红微、王爔慧：《国有经济投资对非国有经济投资的带动效应研究》，《中国软科学》2013年第7期。

[56] 王文成：《国有经济的投资效应研究——基于中国工业制造业28个行业的实证分析》，《中国工业经济》2013年第7期。

[57] 王义中、宋敏：《宏观经济不确定性、资金需求与公司投资》，《经济研究》2014年第2期。

[58] 王永钦、刘紫寒、李嫦等：《识别中国非金融企业的影子银行活动：来自合并资产负债表的证据》，《管理世界》2015年第12期。

[59] 吴慧香、梁美健：《经济周期、现金持有量与公司投资》，《北京工商大学学报（社会科学版）》2014年第1期。

[60] 武力：《中国计划经济的重新审视与评价》，《当代中国史研究》2003年第4期。

[61] 杨玲、朱宏泉：《融资约束、金融资产持有与银行贷款》，《统计研究》2022年第9期。

[62] 喻坤、李治国、张晓蓉等：《企业投资效率之谜：融资约束假说与货币政策冲击》，《经济研究》2014年第5期。

[63] 曾嶒、唐松：《新冠疫情下国有企业的经济稳定器作用——基于供应链扶持的视角》，《经济研究》2023年第3期。

[64] 张成思、刘贯春：《中国实业部门投融资决策机制研究——基于经济政策不确定性和融资约束异质性视角》，《经济研究》2018年第12期。

[65] 张成思、郑宁：《中国实业部门金融化的异质性》，《金融研究》2019年第7期。

[66] 张敏、吴联生、王亚平：《国有股权、公司业绩与投资行为》，《金融研究》2010年第12期。

[67] 张维迎、吴有昌、马捷：《公有制经济中的委托人-代理人关系：理论分析和政策含义》，《经济研究》1995年第4期。

[68] 张宇、张晨：《“国有企业垄断论”的谬误》，《政治经济学评论》2010年第1期。

[69] 赵懿清、张悦、胡伟洁：《政府控制、经济周期与企业投资趋同行为》，《经济与管理研究》2016年第11期。

[70] 中共中央文献研究室：《十四大以来重要文献选编（上）》，人民出版社1996年版。

[71] 周春梅：《国有上市公司投资行为异化：投资过度抑或投资不足——基于政府干预角度的实证研究》，《宏观经济研究》2011年第11期。

[72] 周其仁：《公有制企业的性质》，《经济研究》2000年第11期。

[73]《资本论》第1卷，人民出版社2004年版。

国内劳动生产率研究综述*

魏 峰**

摘 要 劳动生产率是一国或地区经济增长的根本动力。改革开放后，国内学者对劳动生产率的理论和应用研究都取得了一定的进展，形成了丰富的研究成果。首先，国内学者对于劳动生产率内涵和测度方法的看法存在分歧，这主要表现在经济理论出发点不同，对劳动投入或劳动产出指标的选择也不同，尤其是劳动投入指标在“纯劳动”和“全劳动”之间难以取舍。其次，在劳动生产率的影响因素研究中，国内研究一致认为技术进步、人力资本和资本深化对劳动生产率具有正向影响，但对于产业结构和出口作用方向的看法不一。最后，当前国内劳动生产率的应用研究主要体现在两方面，一是深入考察我国劳动生产率的地区和产业差异及影响因素，二是对于劳动生产率应用于技术进步测度的进一步探索。本文认为，未来国内劳动生产率研究需要继续厘清劳动生产率的概念、规范不同应用场景下劳动生产率的测度方法、重视劳动生产率在马克思主义技术进步测度理论和方法研究中的应用前景和理论逻辑关系等，这些研究工作理应取得更为实质性的进展。

关键词 国内 劳动生产率 技术进步 综述

一、引言

劳动生产率是马克思政治经济学的重要术语，被广泛用来度量一国或地区的经济发展水平和生产力发展状况，受到政策制定者和科研工作者的普遍关注。改革开放后，技术进步、劳动力流动性的释放以及劳动力素质的提升等给我国的劳动生产率和经济增长带来了非同小可的推动作用。按1978年不变价计算，我国劳动生产率从1979年的约每人1000元增长到2020年的每人20000元，翻了20倍；相应地，GDP从1979年的3958亿元发展到2020年的147714亿元，上升约37倍。这直观且生动地证明了劳动生产率是我国经济增长的重要内生动力。

---

* 本文受国家社会科学基金项目“基于马克思劳动生产力理论的技术进步测度方法研究”（19BJL004）资助。

** 魏峰，安徽大学大数据与统计学院经济统计系副教授，硕士生导师。

改革开放以来，国内众多学者对劳动生产率展开了持续研究，形成了劳动生产率理论和应用研究的一系列成果。在CNKI上以“劳动生产率”为检索词，以篇名为检索信息，对1979年到2020年期间国内相关文献的数量进行统计，结果如图1所示。42年中CNKI共收录了篇名含“劳动生产率”的文章1880篇，每年的篇数在17—91篇之间，平均每年约43篇。图1显示，劳动生产率在20世纪80年代到90年代初的文献数量相对较多，关注比较广泛。随后的近20年时间里，学术界对劳动生产率的研究文献进入相对低谷后又逐渐复苏。接着，在2010年前后至2022年的十余年中，国内学术界对劳动生产率的研究文献几乎翻了一番，呈现突增的趋势，重回研究热点。

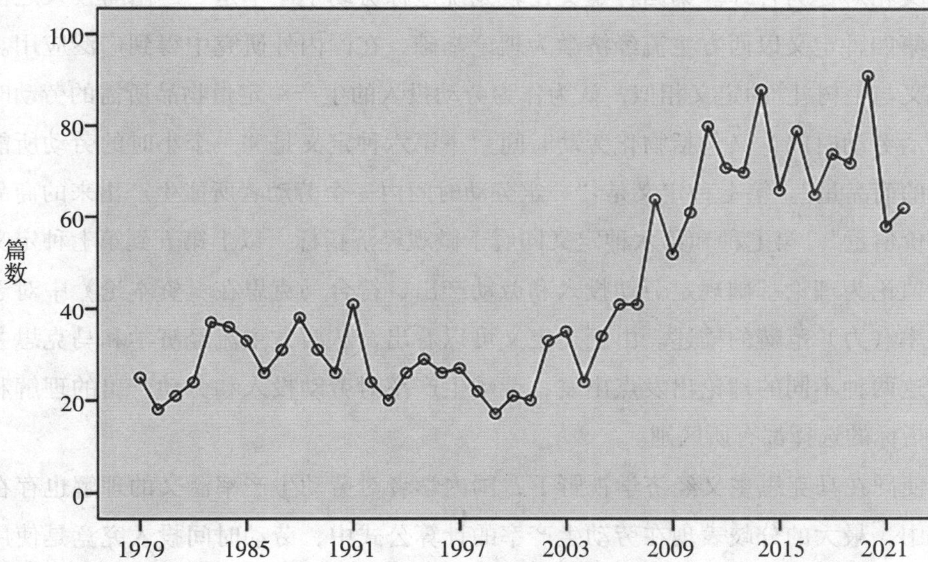

图1　1979—2022年国内篇名含“劳动生产率”论文数量走势图

上述成果推动了国内劳动生产率研究的发展。研究表明，近年来提升劳动生产率实现经济高质量发展、通过劳动生产率探索技术进步和经济增长的机理等，这些理论和现实问题势必将未来国内劳动生产率研究推向深入。基于此，本文拟对过去几十年里国内劳动生产率研究的相关文献进行回顾和梳理，从劳动生产率的内涵、测度方法、影响因素及实证研究现状等不同视角进行分析和评价，以期为相关研究提供参考。

二、国内劳动生产率的内涵和测度方法研究

（一）劳动生产率的内涵

劳动生产率内涵丰富，学者们在不同的应用场景下对劳动生产率采用了不同的定义和测度方法。关于劳动生产率定义比较全面的阐述由高雷业（2014）[①]作出。他将劳动生产率的定义划分为七种，前两种定义是斯蒂格利茨（2000）[②]曾经提出的，一种是“人均GDP”，一种是“每个工作小时的GDP”。第三种定义是“每个就业者产出”。相较于第一种定义，由于人均GDP难以充分反映普通就业者的劳动生产率水平，因此第三种定义相对更为合理。第四种定义比较笼统地称劳动生产率是“产出与投入之比”。第一到第四种定义以西方主流经济学为理论基础，在国内外研究中得到广泛应用。第五种定义与毛树礼[③]的定义相似，认为作为劳动投入的生产一定量物品所需的劳动时间既包括活劳动时间，又包括物化劳动时间[④⑤]。第六种定义是“一个小时的劳动所能生产出来的商品量”。第七种定义是“一定劳动时间内一个劳动者所能生产出来的商品量或使用价值量”。第七种和第六种定义同属于微观经济指标。以上第五到第七种定义以劳动价值论为理论基础规定劳动投入和劳动产出，符合马克思在《资本论》中对于劳动生产率（力）范畴的描述。由上述定义可以看出，从西方主流经济学和马克思主义经济学这两种不同的理论出发点出发，劳动生产率对劳动投入和劳动产出的理解和相应测度指标的选择都有所区别。

即使同在马克思主义经济学视野下，国内学者对劳动生产率涵义的理解也存在分歧。其中，最大的分歧表现在劳动生产率的计算公式中，劳动时间投入究竟是使用活劳动时间还是使用活劳动时间与物化劳动时间之和。有学者认为劳动生产率只反映了活劳动的消耗，因此将劳动投入视为“纯劳动”，将劳动生产率视为“纯劳动生产率”；也有学者认为劳动生产率不仅反映活劳动的消耗，也反映物化劳动的消耗，进而将劳动投入视为“全劳动”，并相应提出“全劳动生产率”[⑥⑦]（荣兆梓，1992，2021）。还有学者同时接受劳动生产率的这两种表达方式。譬如陈宗璐（1957）[⑧]主张，活劳动生

① 高雷业：《劳动生产率的七种定义及其应用价值》，《经济问题探索》2014年第12期。
② 斯蒂格利茨：《经济学》，中国人民大学出版社2000年版，第518、794、796页。
③ 毛树礼：《劳动生产率的科学涵义及其变化的两种趋势》，《吉林财贸学院学报》1988年第6期。
④ 荣兆梓：《总要素生产率还是总劳动生产率》，《财贸研究》1992年第3期。
⑤ 黄铁苗：《重新认识劳动生产率》，《当代经济研究》1998年第2期。
⑥ 荣兆梓：《总要素生产率还是总劳动生产率》，《财贸研究》1992年第3期。
⑦ 荣兆梓、李亚平：《全劳动生产率与马克思主义基本增长方程》，《上海经济研究》2021年第1期。
⑧ 陈宗璐：《劳动生产率应该用什么产量指标表现》，《统计工作》1957年第12期。

产率与全劳动生产率要分别进行测度，两者都有意义。对于产出部分，陈宗潞批判使用净产值，主张使用总产值。毛树礼（1988）[①]将劳动生产率分为两大类，第一大类认同活劳动生产率，如个别劳动生产率和部门劳动生产率；第二大类认同全劳动生产率。随之，毛树礼（1991）[②]的研究进一步将劳动生产率定义为"劳动者从事有目的的生产活动的时间与所生产的产品数量之间的比率"，也就是产品数量除以劳动时间，劳动时间根据具体情况确定，可能是活劳动时间，也可能是活劳动时间与物化劳动时间之和。如此一来，相应得到的劳动生产率既可以是纯劳动生产率或活劳动生产率，又可以是全劳动生产率。

学者们对马克思在不同场合下提到的劳动生产率内涵的理解不同[③]，认识上的分歧与此有关。宫希魁（1984）[④]提出，按照马克思的文本，应根据计算个人劳动生产率还是社会劳动生产率，考虑是否将物化劳动计入劳动时间。李洪峯（1985）[⑤]认为，马克思在《资本论》中研究资本主义积累和平均利润率下降趋势时使用的是活劳动生产率，在研究使用机器的生产过程时还考虑了物化劳动生产率，即马克思所说的"机器生产率"。例如，马克思在《资本论》第1卷第227页中所举的纺纱工人的例子使用的是以活劳动计量的纯劳动生产率；但在《资本论》第1卷第59页中马克思所说的是"生产上衣所需要的一切有用劳动的生产力"，所谓"一切有用劳动的生产力"不仅包括以生产上衣形式提供的生产力，而且包括为生产上衣提供劳动材料和劳动资料的一切物质部门的生产力，因此生产上衣的例子使用的应当是以活劳动与物化劳动之和作为劳动投入计量的全劳动生产率。

马克思经济学表明，劳动生产率具有二重性。由前文劳动生产率的定义还可以看出，劳动投入和劳动产出测度指标的选取还与劳动生产率的二重性有关。劳动生产率的二重性由生产商品的劳动二重性所决定（余云辉，1992）[⑥]。劳动生产率包括具体劳动生产率和抽象劳动生产率。具体劳动生产率指具体劳动生产使用价值的效率，可以用单位时间内生产的使用价值数量来表示；抽象劳动生产率指单位时间内劳动者耗费抽象劳动并凝结为商品价值量的效率，可用单位时间内创造的价值量来表示。魏峰

---

① 毛树礼：《劳动生产率的科学涵义及其变化的两种趋势》，《吉林财贸学院学报》1988年第6期。

② 毛树礼：《完整理解劳动生产率的科学涵义——兼与王积业、卫兴华等同志商榷》，《吉林财贸学院学报》1991年第6期。

③ 荣兆梓、李亚平：《全劳动生产率与马克思主义基本增长方程》，《上海经济研究》2021年第1期。

④ 宫希魁：《劳动生产率多层次涵义分析》，《学习与探索》1984年第5期。

⑤ 李洪峯：《关于三种不同涵义的劳动生产率——读〈资本论〉札记》，《安徽大学学报》1985年第4期。

⑥ 余云辉：《劳动生产率的双重内涵及其对价格变动的影响》，《福建论坛（经济社会版）》1992年第6期。

(2022)[①]补充指出，“商品价值的社会属性与抽象劳动的唯心论观点不同，后者完全脱离现实的生产过程剖析抽象劳动，把抽象劳动说成是没有物质内容、只属于交换领域的纯社会范畴”。

（二）劳动生产率的测度方法

对劳动生产率理论基础和内涵的不同理解形成了不同的劳动生产率的测度方法。在劳动生产率的测算方面，学者们一致认可劳动生产率的计算总公式是劳动产出/劳动投入，争议在于劳动产出和劳动投入指标的选取，具体表现在劳动产出是采用总产值还是净产值，总产值和净产值的计算方法分别是什么，以及如前所述劳动投入是采用活劳动消耗还是活劳动消耗与物化劳动消耗之和等。

在计算方法上，吕其鲁（1963）[②]对当时的统计报表计算社会劳动生产率的方法进行了较为全面的考察。采用统计报表计算劳动生产率的第一个公式是社会总产品或国民收入与全社会总人口数之比；第二个公式是社会总产品或国民收入与社会劳动者总数之比。吕其鲁认为第一个公式中分母部分的社会总人数中既包括社会劳动者也包括了未参加社会劳动的或未达到年龄的人，而后一部分的人未参加劳动，不应计算其劳动生产率；对于第二个公式中的分母部分，相较于第一个公式有所进步，但社会劳动者总数中还包括有从事非生产性劳动的非物质生产领域的工作人员，不应计算在内。据此，吕其鲁提出，劳动生产率的计算公式应采用使用价值的生产量与活劳动消耗量之比。其中，劳动投入使用活劳动的消耗量来衡量，采用工时作为计量尺度；产出使用总产值来衡量而不是净产值。因为在他看来，净产值在价值构成上不完整，不能反映完整的使用价值。之后吕其鲁（1979）[③]再次论证了他的思想。以现在的观点来看，吕其鲁提出的公式有其理论价值和应用价值，但忽视了劳动投入与劳动产出之间的一致性，具有一定的片面性。

费多托夫等（1983）[④]与陈宗潞（1957）[⑤]的观点一致，认为按活劳动和总劳动分别计算的劳动生产率指标都有独立存在的必要。在此基础上提出通过产品制造相对劳动消耗量变化指数对商品产量和工人平均产量计划完成情况进行修正，进而改进了劳

① 魏峰：《马克思主义的历时价值理论：技术进步测度视角》，《安徽大学学报（哲学社会科学版）》2022年第1期。

② 吕其鲁：《论劳动生产率统计指标的计算问题》，《中国经济问题》1963年第12期。

③ 吕其鲁：《劳动生产率指标的计算问题》，《人文杂志》1979年第2期。

④ И.费多托夫、П.霍洛德科夫、俞纯：《改进劳动生产率的各项指标》，《财经理论与实践》1983年第S1期。

⑤ 陈宗潞：《劳动生产率应该用什么产量指标表现》，《统计工作》1957年第12期。

动生产率的计算方法。彭启成（1984）[①]认为劳动生产率不仅要反映劳动时间的节约，而且还反映着物质资金的有效利用，即认为投入部分不仅要算活劳动消耗量也要算物化劳动消耗量，并据此提出了劳动效益计算法。荣兆梓（1992）[②]强调劳动投入应同时考虑活劳动消耗与物化劳动消耗，并在此基础上提出了计算劳动生产率的余数模型。随后，荣兆梓与李亚平（2021）[③]将余数模型发展完善并加以实证，该模型受到了较多学者的认可。

还有争论是关于劳动投入的单位问题。一般认为计算劳动生产率时的投入以人·年进行衡量，产出的单位为元，则劳动生产率的单位应为元/（人·年）。在计算资本生产率的时候，使用资本投入（元）作为投入单位，则资本劳动生产率的单位为元/元。任若恩（1998）[④]据此计算出中国的劳动生产率远低于西方发达国家。但是张金昌（2002）[⑤]提出，劳动生产率的计算方法应与资本生产率的计算方法一致，即投入应使用价值量指标，劳动生产率的单位也应为元/元，并按照这种方法测度了中国的劳动生产率，得出的结果与之前的研究相反，认为中国的劳动生产率高于西方发达国家。吴进红与张为付（2003）[⑥]同时使用两种计算方式测得21个副省级城市的全员劳动生产率和制造业劳动生产率，并进行了比较分析，认为以元/（人·年）为单位的劳动生产率高的地区，在劳动力素质上具有竞争优势，而以元/元为单位的劳动生产率在劳动力成本上具有竞争优势。

随着时代的发展，学者们开始开发更多、理论基础更坚实的劳动生产率的测度方法和测度指标。比较有代表性的是，近年来有学者基于投入产出数据，在线性生产框架下计算（全）劳动生产率。如戴艳娟与泉弘志（2014）[⑦]使用全劳动量模型测算全劳动生产率。全劳动量模型建立在马克思–斯拉法线性生产框架下，其基本理论逻辑是假定经济中有n个生产部门，每个部门有一个既定的技术水平，劳动、资本及原材料是投入要素，总产出额（包含中间投入）是产出要素，在此基础上采用矩阵技术计算全劳动生产率。与之相似，李帮喜与赵文睿（2022）[⑧]采用全劳动量模型测算了1981—2010

① 彭启成：《劳动生产率指标试探》，《陕西财经学院学报》1984年第3期。
② 荣兆梓：《总要素生产率还是总劳动生产率》，《财贸研究》1992年第3期。
③ 荣兆梓、李亚平：《全劳动生产率与马克思主义基本增长方程》，《上海经济研究》2021年第1期。
④ 任若恩：《关于中国制造业国际竞争力的进一步研究》，《经济研究》1998年第2期。
⑤ 张金昌：《中国的劳动生产率：是高还是低？——兼论劳动生产率的计算方法》，《中国工业经济》2002年第4期。
⑥ 吴进红、张为付：《劳动生产率不同计算方法的现实意义》，《生产力研究》2003年第4期。
⑦ 戴艳娟、泉弘志：《基于全劳动生产率的中国各产业生产率的测算》，《财经研究》2014年第12期。
⑧ 李帮喜、赵文睿：《从全要素生产率到全劳动生产率——中国全劳动生产率及其对增长的贡献率测算》，《政治经济学评论》2022年第4期。

年中国37个行业的全劳动生产率；冯志轩与刘凤义（2020）[①]结合罗默定理及其推论，在马克思-斯拉法框架下测算了全劳动生产率的增速。这类方法以劳动价值和斯拉法经济学为理论基础，其缺陷是假定技术水平不变，在刻画技术进步方面有其不足。

理论上，计算劳动生产率时应将投入和产出要素并重，而不应过度片面强调投入或产出要素。事实上，劳动投入和劳动产出测度指标的选取之间不是独立的。在国内早期的研究中已经注意到了劳动投入和劳动产出指标之间的适应性或一致性问题。朱德禄（1956）[②]指出，按照生产性劳动部门人员，特别是工业生产人员计算的劳动生产率指标，最符合生产量与劳动消耗量相适应的原则。继而，吴玑端（1962）[③]主张采用活劳动消耗量测度投入，产出采用净产值来衡量。王积业（1962）[④]的观点与吴璣端相似，认为投入部分应使用活劳动消耗来衡量，产出应使用净产值来衡量而不是总产值。之后王积业（1979）[⑤]同样主张使用按净产值计算的活劳动生产率，因为物化劳动并不创造新价值。最后，荣兆梓等（2021）[⑥]的研究表明，当劳动生产率采用净产出与活劳动时间之比或总产出与活劳动同物化劳动之和的比值时，通过这两种方法计算得到的劳动生产率理论上等价。但是很多学者不能够恰当地作出理解和区分，出现对劳动生产率内涵的理解偏差和相关实证分析上的计算偏误。

（三）劳动生产率与劳动生产力

国内学者倾向于认为生产力、劳动生产力和劳动生产率在马克思那里没有本质区别。关于劳动生产力的传统观念认为，劳动生产力是从事劳动生产的能力，其大小一般通过劳动生产率的高低得以表现。因此研究中劳动生产力与劳动生产率常被当作同一概念使用。譬如卫兴华与田超伟（2017）[⑦]对《资本论》中的生产力理论进行分析，认为在《资本论》中，生产力是人们的具体劳动生产使用价值或社会财富的能力，生产力水平使用劳动生产率来进行衡量，因此马克思并没有严格区分生产力与劳动生产力，而是当作同一概念使用。荣兆梓（2017）[⑧]补充说明道，马克思在讨论个别产品的生产效率时，劳动生产率与劳动生产力被当作同一概念，但是对于社会总体的生产效

① 冯志轩、刘凤义：《马克思-斯拉法框架下的全劳动生产率增速测算》，《世界经济》2020年第3期。
② 朱德禄：《我对劳动生产率指标计算方法的意见》，《统计工作通讯》1956年第21期。
③ 吴玑端：《关于企业劳动生产率指标的计算问题》，《中国经济问题》1962年第9期。
④ 王积业：《计算劳动生产率的若干方法论问题》，《经济研究》1962年第1期。
⑤ 王积业：《具体劳动生产率和活劳动生产率》，《经济研究》1979年第8期。
⑥ 荣兆梓、李亚平：《全劳动生产率与马克思主义基本增长方程》，《上海经济研究》2021年第1期。
⑦ 卫兴华、田超伟：《论〈资本论〉生产力理论的深刻内涵与时代价值》，《中国高校社会科学》2017年第4期。
⑧ 荣兆梓：《建立社会劳动生产力函数的一个尝试》，《教学与研究》2017年第7期。

率，一般只采用劳动生产力的说法。

也有观点（宋才发，1990）[①]认为，将劳动生产率和劳动生产力混为一谈的做法不够科学和严谨。因为从事物质生产的工人的具体有用劳动在单位时间内创造的物质财富的量是劳动生产率的物质基础，而劳动生产力是具体有用劳动在单位时间内创造或多或少物质财富的潜在的客观能力。马克思主义经典作家所论述的劳动生产率所指应该是在生产过程中的实际实现的生产力，说明了生产客观能力的利用程度，揭示出商品的价值量与体现在商品中的劳动的量成正比，与这一劳动生产力成反比，因此劳动生产力与劳动生产率不是一回事。最后，孙烨和冯留建（2019）[②]认为，劳动生产率反应了使用价值数量和生产时间这两个因素的相对变化，只将数量和时间作为劳动生产率的测度指标在表述劳动者的实际能力时有一定局限性。因此随着时代的发展，劳动生产力的测度指标应与时俱进。并认为劳动生产力的提高不仅是劳动生产率的提高，也是使用价值种类的增加和使用价值质量的改善。

综上所述，从异质性的角度考察，劳动生产率是产出与投入之比，而劳动生产力是人类征服自然、改造自然获得物质生产资料的能力，是人类改造自然的物质力量，表示的是生产中人与自然的关系；从同一性的角度来看，劳动生产力和劳动生产率都表示有用劳动的成效。劳动生产力作为有用的潜在能力，是通过劳动生产率来实现的。劳动生产率是劳动生产力的具体表现形式，两者在数量的变化方向上是一致的，即劳动生产力的提高会引起劳动生产率的相应提升。

三、劳动生产率的影响因素研究

《资本论》中与劳动生产率影响因素直接相关的阐述出现在第1卷第1章商品部分。马克思明确表明在当时的资本主义生产条件下，多种因素共同决定劳动生产力。其中包括“工人的平均熟练程度，科学的发展水平和它在工艺上应用的程度，生产过程的社会结合，生产资料的规模和效能，以及自然条件”[③]等等。近年来，国内学者在人力资本、产业结构、出口结构、技术进步和资本深化等方面进行了大量相关研究，这些研究主要通过实证分析展开。

① 宋才发：《“劳动生产率”与“劳动生产力”辨析——兼论科学技术在生产率中的作用》，《菏泽师专学报（社会科学版）》1990年第3期。

② 孙烨、冯留建：《当代科技创新对劳动生产力基本要素的作用机制》，《兵团党校学报》2019年第5期。

③ 《资本论》第1卷，人民出版社2004年版，第53页。

（一）技术进步与劳动生产率

关于技术进步对劳动生产率的影响，学者们的结论较为一致，一般都认为技术进步显著促进了劳动生产率的提升。早在20世纪90年代，就有学者关注到技术进步与劳动生产率之间的关系问题。许庆瑞与王伟强（1993）①从理论上分析了如何根据劳动生产率状况确定技术进步工作模式。程乐安（1995）②也对技术进步如何提升铁路运输劳动生产率进行了论述。中国人民银行调查统计司课题组（2006）③分析了1995—2005年中国人民银行5000户企业劳动生产率的变化，认为技术进步对企业劳动生产率的提高具有重要作用。朱艳鑫等（2008）④利用1990—2002年的数据，使用投入产出模型计算了我国17个部门的劳动生产率，发现技术进步与劳动生产率具有很强的正相关性，技术进步能够推动劳动生产率的提升。

在2010年后的研究中，王振兴（2011）⑤利用山东省的数据，认为技术进步对劳动生产率的提升具有稳定的推动作用，同时技术进步对不同产业劳动生产率提高的影响具有差异性。刘贵文等（2011）⑥利用1995—2009年的建筑业数据，发现技术进步是建筑业劳动生产率提升的主要因素。张晨等（2015）⑦利用上海市的数据，发现1978—2012年间，技术进步对渔业劳动生产率的提升具有主导作用。周卫民等（2022）⑧利用2000—2018年我国30个省域的面板数据，研究发现知识溢出可通过改进技术进步水平从而提升服务业劳动生产率。综上，从20世纪90年代至21世纪20年代的三十年中，学者们以不同的行业为研究对象，从不同的视角考察了技术进步对劳动生产率的影响，基本上都得到了技术进步可以显著促进劳动生产率提升的结论。但以上成果相对缺少技术进步对劳动生产率的贡献和影响机制的研究。

（二）人力资本与劳动生产率

在西方主流经济学的内生增长理论中，人力资本是提升全要素生产率的重要因素。

① 许庆瑞、王伟强：《技术进步与劳动生产率》，《管理现代化》1993年第1期。

② 程乐安：《论技术进步与铁路运输劳动生产率的关系》，《铁道运输与经济》1995年第10期。

③ 中国人民银行调查统计司课题组、蒋万进、安荔、钱敏泽、郑玉坤：《企业劳动生产率快速提高技术进步发挥重要作用——中国人民银行5000户企业劳动生产率调查》，《中国金融》2006年第20期。

④ 朱艳鑫、王铮、薛俊波：《技术进步下我国分行业劳动生产率的演进研究》，《科研管理》2008年第4期。

⑤ 王振兴：《技术进步与劳动生产率增长关系研究——基于山东省数据》，《山东财政学院学报》2011年第3期。

⑥ 刘贵文、刁艳波、陈丽珊：《技术进步对建筑业劳动生产率的影响分析》，《科技进步与对策》2011年第13期。

⑦ 张晨、林香红、高健：《技术进步和制度变迁对上海渔业劳动生产率的影响》，《中国科技论坛》2015年第2期。

⑧ 周卫民、李猛、董哲昱：《知识溢出、技术进步与现代服务业劳动生产率增长》，《软科学》2022年第4期。

近年来我国学者对于人力资本与劳动生产率之间关系的研究成果主要体现在实证分析上。相关研究基本一致认为人力资本对于劳动生产率有正向影响作用，如唐勇（2009）[①]基于1985—2007年的北京统计数据，发现北京劳动生产率的提升主要依靠人力资本的提升带动；张平（2010）[②]通过2007年我国30个省域截面数据，发现改善农村人力资本可以显著提升农村劳动生产率；李丹丹（2018）[③]利用1999—2015年中国工业省域行业数据，发现人力资本还可以加速区域劳动生产率的收敛等。从作用机制考察，尤济红（2019）[④]基于2000年和2010年我国两次人口普查数据，发现人力资本对劳动生产率具有非线性效应：伴随着产业结构水平的提升，人力资本对劳动生产率的提升作用呈现先升后降的趋势。

也有学者进一步从人力资本的不同类型入手展开研究。如赵昕东和李翔（2020）[⑤]将人力资本划分为教育人力资本与健康人力资本，并通过CGSS微观调查数据发现教育人力资本对男性或城镇居民劳动生产率的推动作用更显著，而健康人力资本对女性或农村居民的劳动生产率推动作用更显著等。王希元和杨先明（2022）[⑥]从知识资本与人力资本的双重视角展开研究，提出了通过双重资本提升服务业劳动生产率的分析框架，并发现人力资本是知识获取、吸收和创造的表现，人力资本深化的作用重点是推动劳动力供给的“量质转型”，满足对劳动力的质量需求。

（三）资本深化与劳动生产率

资本深化是劳动力人均资本不断提升的过程，近十年来，我国学者研究了资本深化对劳动生产率的影响，基本结论是资本深化可有效提升劳动生产率。高帆（2010）[⑦]分析了资本深化提升农业劳动生产率的机理，其实证研究表明资本深化是上海农业劳动生产率形成优势的主要原因。马汴京（2011）[⑧]基于1999—2007年我国各省市区大中型工业企业面板数据，发现劳动生产率增长中有35%—43%是通过资本深化解释的。

---

① 唐勇：《北京人力资本和技术创新对劳动生产率的贡献——基于包含人力资本的半内生增长模型》，《当代经济》2009年第13期。

② 张平：《论人力资本、生育率与农业劳动生产率的关系》，《商业时代》2010年第13期。

③ 李丹丹：《人力资本与区域劳动生产率的收敛性研究》，《审计与经济研究》2018年第5期。

④ 尤济红：《人力资本、产业结构与城市劳动生产率》，《山西财经大学学报》2019年第8期。

⑤ 赵昕东、李翔：《教育与健康人力资本对劳动生产率的影响》，《社会科学战线》2020年第5期。

⑥ 王希元、杨先明：《服务业劳动生产率提升路径研究：双重资本深化的视角》，《上海经济研究》2022年第7期。

⑦ 高帆：《结构转化、资本深化与农业劳动生产率提高——以上海为例的研究》，《经济理论与经济管理》2010年第2期。

⑧ 马汴京：《资本深化、异质性科技投入与劳动生产率增长——基于中国大中型工业企业的经验证据》，《中南财经政法大学学报》2011年第3期。

李静（2013）[①]通过我国1991—2011年的时间序列数据，发现农业劳均资本提升是农业劳动生产率提升的重要原因。吴海民（2013）[②]通过2007—2011年370家民营上市公司的经营数据，使用面板门槛模型分析了资本深化对劳动生产率的非线性关系，研究发现新一轮转型升级所推动的资本深化进程，并没有像大家所认为的会导致劳动生产率下降，资本深化通过“德拉-格兰德维尔效应”以及“卡尔多-凡顿效应”推动了劳动生产率的提升。王昊等（2017）[③]利用1995—2014年中国30个省份与经合组织34个成员国的数据，通过三阶段DEA与核密度分析，发现资本规模存在双门槛效应，资本投入过低或者过高都阻碍了资本积累效率对劳动生产率增长的贡献度。

随着研究的深入，学者们对资本深化的作用进行分解。通过工资上涨和政府投资的视角，宫旭红和曹云祥（2014）[④]分析了资本深化对制造业劳动生产率的影响，发现政府投资引致的资本深化对制造业劳动生产率的推动作用比工资上涨引致的资本深化作用更强。杨校美与谭人友（2017）[⑤]也将资本深化分解为工资上涨引致的资本深化和政府投资引致的资本深化，通过2000—2014年我国制造业28个分行业的面板数据研究了资本深化对制造业劳动生产率的影响，认为工资上涨引致的资本深化对制造业劳动生产率的提升具有积极影响，但是政府投资引致的资本深化对制造业劳动生产率提升具有遏制作用，这与杨校美与谭人友的研究结论并不一致。另外，也有研究认为资本深化在许多其他因素对劳动生产率的影响机制中发挥着中介的角色，如环境规制对劳动生产率的影响[⑥⑦]，政府干预对劳动生产率的影响等[⑧]。另外还有邓金锋和杨娟（2022）[⑨]等利用1998—2019年中国省域数据，通过OLS回归模型、RIF分解模型，发现中国劳动生产率增长的最大动力是资本深化，并且省际间的劳动生产率存在趋同。

从现有研究看，短时间内资本深化对劳动生产率的推动作用基本毋庸置疑，因此

① 李静：《劳动力转移、资本深化与农业劳动生产率提高》，《云南财经大学学报》2013年第3期。

② 吴海民：《资本深化带来了劳动生产率下降吗》，《财经科学》2013年第9期。

③ 王昊、王昱、夏君诺、安辉：《中国劳动生产率增长的再分解及国际经验比较》，《科学学研究》2017年第8期。

④ 宫旭红、曹云祥：《资本深化与制造业部门劳动生产率的提升——基于工资上涨及政府投资的视角》，《经济评论》2014年第3期。

⑤ 杨校美、谭人友：《资本深化对中国制造业劳动生产率的影响：市场选择与政府行为》，《南方经济》2017年第7期。

⑥ 宋德勇、赵菲菲：《环境规制、资本深化对劳动生产率的影响》，《中国人口·资源与环境》2018年第7期。

⑦ 万永坤、王晨晨：《双重环境规制对劳动生产率的影响——基于资本深化的中介效应分析》，《兰州财经大学学报》2021年第4期。

⑧ 计小青、乔越：《政府干预、资本深化与中国劳动生产率》，《当代财经》2018年第9期。

⑨ 邓金锋、杨娟：《中国经济转型时期的劳动生产率——影响因素和增长分解》，《人口与经济》2022年第4期。

当前阶段无需过多地对资本深化的劳动生产率效应产生担忧和质疑。但是，随着资本深化的程度不断提升以及“金融深化效应”的加剧演化，从长远来看，资本深化对劳动生产率的作用机制和大小尚需进一步深入研究。

以上研究表明，在劳动生产率的影响因素中，技术进步、人力资本和资本深化三者之间关系密切，而且对劳动生产率都具有正向影响。比较而言，产业结构、人口结构和出口对于劳动生产率的影响机制比较复杂，国内学者对产业结构、人口结构和出口作用方向的看法不统一。

（四）产业结构与劳动生产率

关于产业结构对劳动生产率的影响作用，学者们的研究结论并不一致。吕铁（2002）[①]基于1980—1997年我国各地区的制造业数据，研究了制造业结构变动对劳动生产率的影响，发现制造业结构变动对劳动生产率的影响不显著。但是王德文等（2004）[②]基于1999—2001年的辽宁省560家工业企业数据，研究发现工业结构变动能够促进工业劳动生产率的提升。干春晖与郑若谷（2009）[③]利用我国1978—2007年的数据，发现劳动生产率的增长主要是来自第二产业内部，劳动力要素的产业间流动具有“结构红利”现象，资本的产业间转移却存在“结构负利”。

2010年以后，中国经济开始经历“结构性减速”[④]。具体来说，张平（2012）[⑤]认为2010年以后中国经济增长的持续放缓，主要源于产业结构“服务化”对劳动生产率的负向影响造成整体劳动生产率增速放缓。这是由于第三产业劳动生产率增长变缓（杨天宇等，2015）[⑥]，且制造业生产率的增长率快于服务业生产率的增长（郑江淮等，2016；袁志刚等，2015；李学兰等，2017）[⑦⑧⑨]。但欧阳博强等（2018）[⑩]基于2002—2015年我国285个城市的面板数据，通过门槛模型分析了产业结构对劳动生产率的影

① 吕铁：《制造业结构变化对生产率增长的影响研究》，《管理世界》2002年第2期。

② 王德文、王美艳、陈兰：《中国工业的结构调整、效率与劳动配置》，《经济研究》2004年第4期。

③ 干春晖、郑若谷：《改革开放以来产业结构演进与生产率增长研究——对中国1978～2007年“结构红利假说”的检验》，《中国工业经济》2009年第2期。

④ 袁富华：《长期增长过程的“结构性加速”与“结构性减速”：一种解释》，《经济研究》2012年第3期。

⑤ 张平：《“结构性”减速下的中国宏观政策和制度机制选择》，《经济学动态》2012年第10期。

⑥ 杨天宇、姜秀芳：《产业结构变迁、劳动力市场扭曲和中国劳动生产率增长放缓》，《经济理论与经济管理》2015年第4期。

⑦ 郑江淮、沈春苗：《部门生产率收敛：国际经验与中国现实》，《中国工业经济》2016年第6期。

⑧ 袁志刚、高虹：《中国城市制造业就业对服务业就业的乘数效应》，《经济研究》2015年第7期。

⑨ 李学兰、王海元：《产业结构升级提升了城市生产率吗？——基于空间计量模型的实证检验》，《云南财经大学学报》2017年第2期。

⑩ 欧阳博强、孙学涛、王振华：《城市化和产业结构对劳动生产率的影响——基于中国285个城市面板数据的分析》，《城市问题》2018年第12期。

响，发现第二产业劳动生产率增速放缓是城市劳动生产率变缓的原因，而不完全是因为产业结构的服务化倾向。

可以发现，虽然学者们关于产业结构对劳动生产率的影响结论不一，但2010年之前的研究大多认为产业结构促进了劳动生产率提升，2010年之后的研究大多认为产业结构是劳动生产率放缓的主要原因，即产业结构对劳动生产率影响具有非线性效应[①][②]。

（五）出口与劳动生产率

国内学者关于出口对劳动生产率的研究结论也并不一致。有的学者认为出口额对生产率提升具有积极影响，也有学者认为出口额对生产率没有显著的积极作用，甚至存在负面效应。孙文远和姜德波（2010）分析了产品内分工对生产率增长影响的途径，并利用长三角与珠三角地区数据实证检验了产品内国际分工水平对劳动生产率的影响，发现产品内国际分工水平能够显著提高劳动生产率。唐东波（2014）[③]利用中国工业企业微观数据，发现国际分工对劳动生产率提高的边际效应约为国内分工的两倍，进出口贸易对企业劳动生产率提升具有积极影响。随着出口贸易结构的二元分解受到学者们的关注，蒲艳萍等（2018）[④]利用2002—2014年中国27个制造业面板数据，发现出口深度边际对提升劳动生产率具有积极影响，出口广度边际对劳动生产率产生抑制作用。

学者们关于出口对劳动生产率影响的结论不一致的原因与出口对劳动生产率的影响机制具有复杂性有关，也可能是源于相关研究只研究了整体，或并未控制出口结构等相关因素的作用。不同的出口结构下出口对劳动生产率的影响可能是相反的，进而也会得出相反的结论。后续研究需弥补这方面的不足，对出口结构等进一步细化和深化，全方位地探究出口对劳动生产率的影响效应。

（六）劳动生产率影响因素的综合分析

除了上述影响因素以外，还有综合考察劳动生产率影响因素的研究。国内学者们通过不同行业、不同维度（宏观与微观）数据综合考察了劳动生产率的影响因素。如

① 柯善咨、赵曜：《产业结构、城市规模与中国城市生产率》，《经济研究》2014年第4期。

② 陈杰、周倩：《中国城市规模和产业结构对城市劳动生产率的协同效应研究》，《财经研究》2016年第9期。

③ 唐东波：《垂直专业分工与劳动生产率：一个全球化视角的研究》，《世界经济》2014年第11期。

④ 蒲艳萍、顾冉、成肖：《出口二元边际、行业异质性与劳动生产率》，《重庆大学学报（社会科学版）》2018年第5期。

陶洪和戴昌钧（2007）[①]利用1999—2005年中国30省（市）数据，通过数据包络（DEA）和指数分解法，发现工业劳动生产率改善主要源自技术进步，其次是资本深化。汪小平（2007）[②]基于1952—2003年全国数据，采用回归分析，发现中国农业劳动生产率增长的路径为：劳动力增加→土地生产率提高→劳动生产率提高。同年，高帆（2007）[③]通过1952—2005年的全国数据，采用指数法对劳动生产率增长因素进行分解，发现纯生产率效应对中国劳动生产率增长的推动效应最大，其次是丹尼森效应，鲍默效应的贡献度最小，即劳动生产率的提升主要由各产业内部劳动生产率提升驱动。

随之，王丽英和刘后平（2010）[④]利用1997—2008年省域面板数据，发现除了结构变迁因素以外，产业内技术效率的提高是劳动生产率提高的主要原因。在近期的研究中，杨超和王聪（2018）[⑤]利用2001年与2007年工业企业数据，通过拓展的Melitz和Polane生产率分解框架，同样发现民营企业劳动生产率增长的主要动因是持续经营企业内部技术效率的改进。邓明和王劲波（2020）[⑥]基于1998—2013年工业企业数据，采用回归模型，发现技术选择对工业企业劳动生产率的影响比技术吸收效应更大。陈梦根和侯园园（2021）[⑦]利用2000—2018年19个行业数据，通过指数分解法，发现进入新常态时期后各行业劳动投入增速放缓且差异逐渐降低，主要动因是就业人员增速下降。

上述劳动生产率影响因素的综合分析主要采用指数分解和面板回归等统计手段，发现除了技术进步和资本深化等以外，技术效率、技术选择等也是劳动生产率的重要影响因素。

四、劳动生产率的应用研究

除了上述劳动生产率的影响因素研究以外，国内学者对劳动生产率的应用研究主要体现在以下四个方面：

---

① 陶洪、戴昌钧：《中国工业劳动生产率增长率的省域比较——基于DEA的经验分析》，《数量经济技术经济研究》2007年第10期。

② 汪小平：《中国农业劳动生产率增长的特点与路径分析》，《数量经济技术经济研究》2007年第4期。

③ 高帆：《中国劳动生产率的增长及其因素分解》，《经济理论与经济管理》2007年第4期。

④ 王丽英、刘后平：《产业结构变迁对劳动生产率增长的贡献及其区域差异——基于Shift-share模型的实证分析》，《西部论坛》2010年第5期。

⑤ 杨超、王聪：《中国民营企业劳动生产率增长来源——基于制造业微观企业数据的分析》，《管理学刊》2018年第4期。

⑥ 邓明、王劲波：《企业劳动生产率差异分解：技术选择效应与技术吸收效应》，《统计研究》2020年第10期。

⑦ 陈梦根、侯园园：《中国行业劳动投入和劳动生产率：2000—2018》，《经济研究》2021年第5期。

（一）劳动生产率的差异性及变动特征分析

首先是劳动生产率的地区分析，主要是基于时间序列数据考察劳动生产率的地区差异、变动趋势和收敛性等。进入21世纪以后，黄先海（2005）①利用1978—2002年中国29省（市）数据，通过数据包络分析法，发现各省（市）劳动生产率的提高并未随着时间的推移表现出趋同趋势。谢守红和魏自花（2013）②基于1997—2011年长三角16市数据，采用聚类分析和因素分解模型，发现劳动生产率呈现明显的上升趋势，空间差异显著但差距有缩小趋势。郑长德和陈田（2019）利用1985—2017年中国31省（市）数据，通过时间节点分析法、核密度估计及Dagum基尼系数，发现我国劳动生产率呈上升趋势，并且劳动生产率较高的省份在逐步变多，劳动生产率相对较低的省份在逐步变少。就整体发展态势而言，徐慧华和李碧珍（2022）利用2001—2019年中国31省（市）数据，通过Dagum基尼系数分解和指数法，发现中国劳动生产率在持续增长，但增长速度在放缓；差异性主要体现在地区间，其次是地区内，纯生产率效应是劳动生产率增长的主要长期驱动因素。

其次是行业分析。朱艳鑫等（2008）③利用1990—2002年17个行业数据，通过投入产出模型，发现各个行业的劳动生产率都呈现出不同幅度的提高。程前昌（2010）④利用1985—2005年中国31省（市）数据，通过指数分析法，发现中国不同时空尺度的农林牧渔业劳动生产率的变动趋势都符合线性增长模式。李丹丹和张倩肖（2016）⑤利用1999—2014年中国31个省份25个工业行业数据，通过收敛性分析和双向固定效应模型，发现我国工业整体劳动生产率表现为绝对收敛，具体工业行业均表现出收敛特征，且技术密集型行业比劳动密集型行业的收敛速度更快。胡青江等（2022）⑥利用2000—2018年中国31省（市）数据，通过核密度估计、空间自相关检验与Dagum基尼系数，发现农业劳动生产率的空间集聚性和差异性呈现逐渐增加的趋势；并且农业劳动生产率地区差异主要源于地区间的差异。

可以看出，上述研究分地区、分行业测度和考察了国内劳动生产率的时空分布特

① 黄先海：《中国各省劳动生产率变化的测度与比较——基于数据包络分析法（DEA）的研究》，《浙江社会科学》2005年第5期。

② 谢守红、魏自花：《长三角服务业劳动生产率的时空演变及动因分析》，《城市发展研究》2013年第10期。

③ 朱艳鑫、王铮、薛俊波：《技术进步下我国分行业劳动生产率的演进研究》，《科研管理》2008年第4期。

④ 程前昌：《中国农林牧渔业劳动生产率时空分布均衡程度及趋势——基于新方法的验证》，《地理与地理信息科学》2010年第4期。

⑤ 李丹丹、张倩肖：《中国工业劳动生产率收敛性研究——基于区域和行业的视角》，《山西财经大学学报》2016年第9期。

⑥ 胡青江、陈彤、邓羽佳：《中国农业劳动生产率的时空演化、区域差异及收敛特征》，《统计与决策》2022年第8期。

征和发展态势，研究问题不断具体和深入；所采用的方法从基尼系数、泰尔系数、核密度估计到投入产出、数据包络、空间计量等，研究手段不断丰富，研究结论更加可靠。

（二）劳动生产率与经济增长

劳动生产率与经济增长关系的实证研究主要集中在国家、省（市）劳动生产率与经济增长的关系方面。国内较早研究劳动生产率与经济增长关系的是李京文院士(1993)，他运用计量模型发现新中国成立后中国劳动生产率的提高是经济增长的主要原因[①]。田成诗和盖美（2007）[②]基于2004年中国省域截面数据，通过空间统计与计量模型，发现劳动生产率对经济增长的驱动作用较大，其中，北方地区劳动生产率对经济增长的驱动作用最大。曹如中等（2008）[③]认为中国经济增长得益于劳动生产率的提升，但资本驱动型的经济增长不具有可持续性，需要进一步整合现有资源提升劳动生产率实现经济的持续增长。秦爽和王萱（2013）[④]利用2005—2010年中国东中西三大区域数据，通过对数均值迪氏指数法，发现经济增长很大程度上源于各省区各产业劳动生产率的提高。段旭柯（2017）[⑤]研究发现，我国第三产业劳动生产率对经济增长的提升作用最大。

研究表明，劳动生产率对经济增长和经济高质量发展至关重要，因此在近年来的国内相关研究中，劳动生产率常被用来衡量地区的高质量发展水平。譬如彭伟斌和曹稳键（2020）[⑥]利用2008—2017年省级面板数据，通过面板回归模型，发现人力资本可通过劳动生产率来影响区域高质量发展。赵昕东和陈丽珍（2022）[⑦]基于1999—2020年31省（市）面板数据，通过面板回归模型，以劳动生产率衡量高质量发展水平，发现老龄化会阻碍创新，从而对劳动生产率和经济发展质量产生不利的间接影响；而推动产业结构升级和人力资本积累可以产生有利的间接影响等。

（三）劳动生产率与薪酬

研究表明，劳动生产率与薪酬之间相互影响，互为内生关系。李红涛和党国英

① 李京文：《生产率与中美经济增长研究》，中国社会科学出版社1993年版。

② 田成诗、盖美：《地区劳动生产率与其经济增长关系的分析》，《生产力研究》2007年第8期。

③ 曹如中、戴昌钧、贺团涛：《劳动生产率对经济增长的影响研究》，《科学·经济·社会》2008年第1期。

④ 秦爽、王萱：《劳动生产率、人口红利与中国经济增长》，《统计与决策》2013年第15期。

⑤ 段旭柯：《产业劳动生产率对经济增长的影响研究》，《现代经济信息》2017年第13期。

⑥ 彭伟斌、曹稳键：《人力资本集聚对区域高质量发展的影响及其异质性》，《求索》2020年第5期。

⑦ 赵昕东、陈丽珍：《人口老龄化对经济发展质量的影响研究——基于劳动生产率的视角》，《山西大学学报（哲学社会科学版）》2022年第5期。

（2012）[①]基于1992—2008年中国29省（市）数据，采用广义矩估计法，发现劳动生产率对工资有正向影响。刘鹏飞和李莹（2016）[②]利用1996—2014中国31省（市）数据，发现劳动生产率对工资水平提升有促进作用，劳动生产率每提升1%，工资提升0.248%。文彤等（2020）[③]以2005—2019年A股上市旅游企业为对象，发现高管-员工薪酬差距与旅游企业劳动生产率显著负相关。刘盾（2021）[④]使用1978—2017年我国省级面板数据，发现提高真实工资增长率，不仅会通过“马克思-希克斯”效应驱使厂商提高劳动生产率，还会通过提高劳动收入份额促进总需求增长。胡兵等（2023）[⑤]以2000—2020年中国A股旅游上市公司为对象，发现最低工资标准上调对旅游企业劳动生产率的影响呈现出先增强、后减弱的倒U形非线性关系。以上研究证明了劳动生产率的提高是提升国民收入和薪酬的重要途径，不容忽视。

（四）劳动生产率在技术进步测度研究中的应用

魏峰（2022）[⑥]的研究发现，基于历时价值可以科学地量化技术进步水平和技术进步增长速度。根据马克思经济学，劳动生产率是技术进步的集中体现，对劳动生产率进行有效的因素分解可以测得技术进步。这类研究往往以揭示劳动生产率增长背后的影响因素分解为出发点，对劳动生产率采用不同的分解技术得到技术进步及其贡献。

国内基于劳动生产率分解测得技术进步的主要方法包括三大类。第一类是通过指数分解劳动生产率测得技术进步，其中具有代表性并得到广泛应用的是Nordhaus（2002）[⑦]指数分解法。国内学者高帆（2007）[⑧]将该方法应用于对中国和地区劳动生产率的分解，发现中国1952—2005年期间的技术进步率（纯生产率效应）是劳动生产率增长的主要原因，与劳动力配置结构关系不大。随之吕韬等（2010）[⑨]从劳动力要素角

① 李红涛、党国英：《劳动生产率对工资的影响——基于动态面板数据的广义矩估计方法》，《社会科学战线》2012年第4期。

② 刘鹏飞、李莹：《劳动生产率与工资增长——基于巴萨效应的分析》，《财经科学》2016年第12期。

③ 文彤、曾韵熹、陈松：《效率与公平：高管-员工薪酬差距与旅游企业劳动生产率》，《旅游学刊》2020年第10期。

④ 刘盾：《提高真实工资将如何影响我国的经济增长与劳动生产率——基于中国省级面板数据的实证分析》，《经济学家》2021年第12期。

⑤ 胡兵、王浩、吴吕思敏、张科：《最低工资标准上涨对旅游企业劳动生产率的非线性影响》，《旅游学刊》2023年第7期。

⑥ 魏峰：《马克思主义的历时价值理论：技术进步测度视角》，《安徽大学学报（哲学社会科学版）》2022年第1期。

⑦ Nordhaus W D. Alternative Methods for Measuring Productivity Growth［Z］. NBER Working Paper，2002：1-13.

⑧ 高帆：《中国劳动生产率的增长及其因素分解》，《经济理论与经济管理》2007年第4期。

⑨ 吕韬、车前进、吴建楠：《中国劳动生产率增长的效应分解——基于扩展的Nordhaus指数方法》，《生产力研究》2010年第10期。

度将其发展为扩展的Nordhaus指数方法，并据此对中国劳动生产率进行了实证分析。邓晶等（2018）[①]的研究细化了研究对象，采用同样的分解方法得到江苏省不同产业和地区技术进步对劳动生产率的贡献不同的结论。

数据包络技术（DEA）是另外一种常用的指数分解法，同样可以用来分解劳动生产率得到技术进步。黄先海（2005）[②]、陶洪（2008）[③]采用数据包络技术分解劳动生产率测得纯技术进步。赵文军（2015）[④]运用数据包络技术对我国省区进行四重分解，发现技术进步对劳动生产率增长具有明显的促进作用。肖景午、游永铭（2016）[⑤]在异质性人力资本条件下，进一步采用数据包络分析的Malmquist指数和反事实技术对劳动生产率增长率进行分解，不仅测得了技术进步率，而且发现技术进步促进了劳动生产率的收敛。王昊等（2017）[⑥]通过三阶段DEA和核密度分析方法发现技术进步是OECD国家劳动生产率在高资本积累条件下稳定增长的原因。

第二大类是采用计量手段分解劳动生产率。这类方法以人均产出（劳动生产率）生产函数为基础，由常规的回归技术发展到后来的变参数模型（如状态空间模型等）。状态空间模型采用卡尔曼滤波算法估计时变的产出弹性参数，进而可以用余数得到技术进步水平、技术进步增长率及增长贡献等（高宇明，2008[⑦]；张海波、谢德泳，2014[⑧]）。

第三类手段是基于投入产出表，“通过单位产品直接消耗的降低以及各部门消耗结构的变化”（瞿友喜，1992）[⑨]测度技术进步。实证研究方面，运用投入产出模型，许志晋与李斌（1994）[⑩]测度了1985—1990年中国技术进步对各部门行业的影响；李斌（2003）[⑪]测度了中国各部门1995—1997年期间的技术进步情况；薛俊波与朱艳鑫

① 邓晶、戴涛：《基于分解法的劳动生产率增长分析——以江苏省劳动生产力为例》，《生产力研究》2018年第9期。

② 黄先海：《中国各省劳动生产率变化的测度与比较——基于数据包络分析法（DEA）的研究》，《浙江社会科学》2005年第5期。

③ 陶洪：《劳动生产率分解理论及其在我国工业领域的应用研究》，东华大学2008年。

④ 赵文军：《我国省区劳动生产率的变化特征及其成因：1990—2012》，《经济学家》2015年第6期。

⑤ 肖景午、游永铭：《劳动生产率增长源泉与收敛研究》，《经济数学》2016年第12期。

⑥ 王昊、王昱、夏君诺、安辉：《中国劳动生产率增长的再分解及国际经验比较》，《科学学研究》2017年第8期。

⑦ 高宇明：《基于时变参数的中国要素生产率与经济增长关系研究》，哈尔滨工业大学2008年。

⑧ 张海波、谢德泳：《状态空间模型在时变产出弹性和全要素生产率测算中的应用》，《21世纪数量经济学》2014年第14卷。

⑨ 瞿友喜：《测度技术进步的投入产出方法探析》，《财经理论与实践》1992年第2期。

⑩ 许志晋、李斌：《一种新的技术进步分析模型》，《技术经济》1994年第Z2期。

⑪ 李斌：《基于投入产出表对技术进步的测算方法研究》，《数量经济技术经济研究》2003年第2期。

(2016)[①]基于1987—2007年投入产出表，测度了中国17个行业的技术进步。然而，投入产出分析法也有着许多的理论缺陷，且中国投入产出核算工作自身仍存在许多不足[②③]。因此使用投入产出测算技术进步也有着核算的局限性。

综合来看，以上这些劳动生产率的分解技术本身都是中性的，理论上都可以将其应用于马克思主义技术进步测度理论的研究。如何将这些方法与马克思的劳动生产力和技术进步理论有机结合，进而推动马克思主义技术进步测度理论的发展，目前这一领域的研究还比较薄弱，有待继续开发。

五、结语

劳动生产率是一国或地区经济增长的根本动力。研究表明，改革开放后，国内学者对劳动生产率的理论与应用研究都取得了一定的进展，形成了丰富的研究成果。首先，国内学者对于劳动生产率内涵和测度方法的看法存在分歧，这主要源于西方主流经济学或马克思主义经济学这两个理论出发点不同，导致对劳动投入或劳动产出指标的选择也不同，尤其是劳动投入指标在“纯劳动”和“全劳动”二者之间难以取舍。其次，在劳动生产率的影响因素研究中，国内研究一致认为技术进步、人力资本和资本深化对劳动生产率具有正向影响，但对于产业结构、人口结构和出口作用方向的看法不统一。最后，当前国内劳动生产率的实证研究主要集中在两方面，一是对于劳动生产率在投入产出法等测度方法上的进一步探索，二是深入研究当前我国劳动生产率的地区差异及影响因素。

本文认为，在当前高质量发展成为首要任务的前提下，需要在转变发展方式、缩减区域差距进而实现经济高质量增长等方面形成更优的均衡，提升劳动生产率以推动经济高质量发展是亟需解决的问题。目前国内劳动生产率的理论与实证研究仍有发展的空间。未来国内劳动生产率研究需要继续厘清劳动生产率的概念、规范不同应用场景下劳动生产率的测度方法、重视劳动生产率在马克思主义技术进步测度理论和方法研究中的应用前景和理论逻辑关系等，这些研究工作理应取得更为实质性的进展。

---

① 薛俊波、朱艳鑫：《分行业技术进步的测度：基于投入产出表和校准法的分析》，《管理评论》2016年第3期。

② 陈璋、张晓娣：《投入产出分析若干方法论问题的研究》，《数量经济技术经济研究》2005年第9期。

③ 何继票、邱琼：《中国投入产出核算的缺陷及其改进路径》，《经济理论与经济管理》2011年第6期。

参考文献

[1] 中国经济增长前沿课题组、张平、刘霞辉、袁富华、陈昌兵、陆明涛:《中国经济长期增长路径、效率与潜在增长水平》,《经济研究》2012年第11期。

[2] 宫希魁:《劳动生产率多层次涵义分析》,《学习与探索》1984年第5期。

[3] 荣兆梓、李亚平:《全劳动生产率与马克思主义基本增长方程》,《上海经济研究》2021年第1期。

[4] 李洪峯:《关于三种不同涵义的劳动生产率——读〈资本论〉札记》,《安徽大学学报》1985年第4期。

[5] 毛树礼:《劳动生产率的科学涵义及其变化的两种趋势》,《吉林财贸学院学报》1988年第6期。

[6] 毛树礼:《完整理解劳动生产率的科学涵义——兼与王积业、卫兴华等同志商榷》,《吉林财贸学院学报》1991年第6期。

[7] 余云辉:《劳动生产率的双重内涵及其对价格变动的影响》,《福建论坛(经济社会版)》1992年第6期。

[8] 魏峰:《马克思主义的历时价值理论:技术进步测度视角》,《安徽大学学报(哲学社会科学版)》2022年第1期。

[9] 高雷业:《劳动生产率的七种定义及其应用价值》,《经济问题探索》2014年第12期。

[10] 斯蒂格利茨:《经济学》,中国人民大学出版社2000年版。

[11] 荣兆梓:《总要素生产率还是总劳动生产率》,《财贸研究》1992年第3期。

[12] 黄铁苗:《重新认识劳动生产率》,《当代经济研究》1998年第2期。

[13] 宋才发:《"劳动生产率"与"劳动生产力"辨析——兼论科学技术在生产率中的作用》,《菏泽师专学报(社会科学版)》1990年第3期。

[14] 卫兴华、田超伟:《论〈资本论〉生产力理论的深刻内涵与时代价值》,《中国高校社会科学》2017年第4期。

[15] 荣兆梓:《建立社会劳动生产力函数的一个尝试》,《教学与研究》2017年第7期。

[16] 孙烨、冯留建:《当代科技创新对劳动生产力基本要素的作用机制》,《兵团党校学报》2019年第5期。

[17] 朱德禄:《我对劳动生产率指标计算方法的意见》,《统计工作通讯》1956年第21期。

[18] 陈宗潞:《劳动生产率应该用什么产量指标表现》,《统计工作》1957年第12期。

[19] 吴瓛端:《关于企业劳动生产率指标的计算问题》,《中国经济问题》1962年第9期。

[20] 王积业:《计算劳动生产率的若干方法论问题》,《经济研究》1962年第1期。

[21] 王积业:《具体劳动生产率和活劳动生产率》,《经济研究》1979年第8期。

[22] 吕其鲁:《论劳动生产率统计指标的计算问题》,《中国经济问题》1963年第12期。

[23] 吕其鲁:《劳动生产率指标的计算问题》,《人文杂志》1979年第2期。

[24] И.费多托夫、П.霍洛德科夫、俞纯：《改进劳动生产率的各项指标》，《财经理论与实践》1983年第S1期。

[25] 彭启成：《劳动生产率指标试探》，《陕西财经学院学报》1984年第3期。

[26] 任若恩：《关于中国制造业国际竞争力的进一步研究》，《经济研究》1998年第2期。

[27] 张金昌：《中国的劳动生产率：是高还是低？——兼论劳动生产率的计算方法》，《中国工业经济》2002年第4期。

[28] 吴进红、张为付：《劳动生产率不同计算方法的现实意义》，《生产力研究》2003年第4期。

[29] 戴艳娟、泉弘志：《基于全劳动生产率的中国各产业生产率的测算》，《财经研究》2014年第12期。

[30] 李帮喜、赵文睿：《从全要素生产率到全劳动生产率——中国全劳动生产率及其对增长的贡献率测算》，《政治经济学评论》2022年第4期。

[31] 唐勇：《北京人力资本和技术创新对劳动生产率的贡献——基于包含人力资本的半内生增长模型》，《当代经济》2009年第13期。

[32] 张平：《论人力资本、生育率与农业劳动生产率的关系》，《商业时代》2010年第13期。

[33] 李丹丹：《人力资本与区域劳动生产率的收敛性研究》，《审计与经济研究》2018年第5期。

[34] 尤济红：《人力资本、产业结构与城市劳动生产率》，《山西财经大学学报》2019年第8期。

[35] 赵昕东、李翔：《教育与健康人力资本对劳动生产率的影响》，《社会科学战线》2020年第5期。

[36] 王希元、杨先明：《服务业劳动生产率提升路径研究：双重资本深化的视角》，《上海经济研究》2022年第7期。

[37] 吕铁：《制造业结构变化对生产率增长的影响研究》，《管理世界》2002年第2期。

[38] 王德文、王美艳、陈兰：《中国工业的结构调整、效率与劳动配置》，《经济研究》2004年第4期。

[39] 高帆：《中国劳动生产率的增长及其因素分解》，《经济理论与经济管理》2007年第4期。

[40] 干春晖、郑若谷：《改革开放以来产业结构演进与生产率增长研究——对中国1978～2007年“结构红利假说”的检验》，《中国工业经济》2009年第2期。

[41] 王丽英、刘后平：《产业结构变迁对劳动生产率增长的贡献及其区域差异——基于Shift-share模型的实证分析》，《西部论坛》2010年第5期。

[42] 袁富华：《长期增长过程的“结构性加速”与“结构性减速”：一种解释》，《经济研究》2012年第3期。

[43] 张平：《“结构性”减速下的中国宏观政策和制度机制选择》，《经济学动态》2012年第10期。

[44] 杨天宇、姜秀芳：《产业结构变迁、劳动力市场扭曲和中国劳动生产率增长放缓》，《经济理论与经济管理》2015年第4期。

[45] 郑江淮、沈春苗：《部门生产率收敛：国际经验与中国现实》，《中国工业经济》2016年第6期。

[46] 袁志刚、高虹：《中国城市制造业就业对服务业就业的乘数效应》，《经济研究》2015年第7期。
[47] 李学兰、王海元：《产业结构升级提升了城市生产率吗？——基于空间计量模型的实证检验》，《云南财经大学学报》2017年第2期。
[48] 欧阳博强、孙学涛、王振华：《城市化和产业结构对劳动生产率的影响——基于中国285个城市面板数据的分析》，《城市问题》2018年第12期。
[49] 柯善咨、赵曜：《产业结构、城市规模与中国城市生产率》，《经济研究》2014年第4期。
[50] 陈杰、周倩：《中国城市规模和产业结构对城市劳动生产率的协同效应研究》，《财经研究》2016年第9期。
[51] 钱学锋、王菊蓉、黄云湖、王胜：《出口与中国工业企业的生产率——自我选择效应还是出口学习效应?》，《数量经济技术经济研究》2011年第2期。
[52] 胡翠、林发勤、唐宜红：《基于“贸易引致学习”的出口获益研究》，《经济研究》2015年第3期。
[53] 李春顶、赵美英：《出口贸易是否提高了我国企业的生产率？——基于中国2007年制造业企业数据的检验》，《财经研究》2010年第4期。
[54] 范剑勇、冯猛：《中国制造业出口企业生产率悖论之谜：基于出口密度差别上的检验》，《管理世界》2013年第8期。
[55] 孙文远、姜德波：《产品内国际分工的劳动生产率效应——基于长三角与珠三角的经验研究》，《产业经济研究》2010年第4期。
[56] 唐东波：《垂直专业分工与劳动生产率：一个全球化视角的研究》，《世界经济》2014年第11期。
[57] 蒲艳萍、顾冉、成肖：《出口二元边际、行业异质性与劳动生产率》，《重庆大学学报（社会科学版）》2018年第5期。
[58] 许庆瑞、王伟强：《技术进步与劳动生产率》，《管理现代化》1993年第1期。
[59] 程乐安：《论技术进步与铁路运输劳动生产率的关系》，《铁道运输与经济》1995年第10期。
[60] 中国人民银行调查统计司课题组、蒋万进、安荔、钱敏泽、郑玉坤：《企业劳动生产率快速提高技术进步发挥重要作用——中国人民银行5000户企业劳动生产率调查》，《中国金融》2006年第20期。
[61] 朱艳鑫、王铮、薛俊波：《技术进步下我国分行业劳动生产率的演进研究》，《科研管理》2008年第4期。
[62] 王振兴：《技术进步与劳动生产率增长关系研究——基于山东省数据》，《山东财政学院学报》2011年第3期。
[63] 刘贵文、刁艳波、陈丽珊：《技术进步对建筑业劳动生产率的影响分析》，《科技进步与对策》2011年第13期。
[64] 张晨、林香红、高健：《技术进步和制度变迁对上海渔业劳动生产率的影响》，《中国科技论坛》

2015年第2期。

[65] 周卫民、李猛、董哲昱：《知识溢出、技术进步与现代服务业劳动生产率增长》，《软科学》2022年第4期。

[66] 高帆：《结构转化、资本深化与农业劳动生产率提高——以上海为例的研究》，《经济理论与经济管理》2010年第2期。

[67] 马汴京：《资本深化、异质性科技投入与劳动生产率增长——基于中国大中型工业企业的经验证据》，《中南财经政法大学学报》2011年第3期。

[68] 李静：《劳动力转移、资本深化与农业劳动生产率提高》，《云南财经大学学报》2013年第3期。

[69] 吴海民：《资本深化带来了劳动生产率下降吗》，《财经科学》2013年第9期。

[70] 宫旭红、曹云祥：《资本深化与制造业部门劳动生产率的提升——基于工资上涨及政府投资的视角》，《经济评论》2014年第3期。

[71] 杨校美、谭人友：《资本深化对中国制造业劳动生产率的影响：市场选择与政府行为》，《南方经济》2017年第7期。

[72] 宋德勇、赵菲菲：《环境规制、资本深化对劳动生产率的影响》，《中国人口·资源与环境》2018年第7期。

[73] 万永坤、王晨晨：《双重环境规制对劳动生产率的影响——基于资本深化的中介效应分析》，《兰州财经大学学报》2021年第4期。

[74] 计小青、乔越：《政府干预、资本深化与中国劳动生产率》，《当代财经》2018年第9期。

[75] 李京文：《生产率与中美经济增长研究》，中国社会科学出版社1993年版。

[76] 田成诗、盖美：《地区劳动生产率与其经济增长关系的分析》，《生产力研究》2007年第8期。

[77] 曹如中、戴昌钧、贺团涛：《劳动生产率对经济增长的影响研究》，《科学·经济·社会》2008年第1期。

[78] 秦爽、王萱：《劳动生产率、人口红利与中国经济增长》，《统计与决策》2013年第15期。

[79] 段旭柯：《产业劳动生产率对经济增长的影响研究》，《现代经济信息》2017年第13期。

[80] 黄先海：《中国各省劳动生产率变化的测度与比较——基于数据包络分析法（DEA）的研究》，《浙江社会科学》2005年第5期。

[81] 朱艳鑫、王铮、薛俊波：《技术进步下我国分行业劳动生产率的演进研究》，《科研管理》2008年第4期。

[82] 程前昌：《中国农林牧渔业劳动生产率时空分布均衡程度及趋势——基于新方法的验证》，《地理与地理信息科学》2010年第4期。

[83] 谢守红、魏自花：《长三角服务业劳动生产率的时空演变及动因分析》，《城市发展研究》2013年第10期。

[84] 李丹丹、张倩肖：《中国工业劳动生产率收敛性研究——基于区域和行业的视角》，《山西财经大

学学报》2016年第9期。
[85] 郑长德、陈田：《中国劳动生产率及其区域差异的时空演变》，《区域经济评论》2019年第6期。
[86] 胡青江、陈彤、邓羽佳：《中国农业劳动生产率的时空演化、区域差异及收敛特征》，《统计与决策》2022年第8期。
[87] 徐慧华、李碧珍：《中国劳动生产率时空演化、地区差异及驱动因素研究》，《福建论坛（人文社会科学版）》2022年第1期。
[88] 陶洪、戴昌钧：《中国工业劳动生产率增长率的省域比较——基于DEA的经验分析》，《数量经济技术经济研究》2007年第10期。
[89] 汪小平：《中国农业劳动生产率增长的特点与路径分析》，《数量经济技术经济研究》2007年第4期。
[90] 王昊、王昱、夏君诺、安辉：《中国劳动生产率增长的再分解及国际经验比较》，《科学学研究》2017年第8期。
[91] 杨超、王聪：《中国民营企业劳动生产率增长来源——基于制造业微观企业数据的分析》，《管理学刊》2018年第4期。
[92] 邓明、王劲波：《企业劳动生产率差异分解：技术选择效应与技术吸收效应》，《统计研究》2020年第10期。
[93] 陈梦根、侯园园：《中国行业劳动投入和劳动生产率：2000—2018》，《经济研究》2021年第5期。
[94] 邓金锋、杨娟：《中国经济转型时期的劳动生产率——影响因素和增长分解》，《人口与经济》2022年第4期。
[95] 彭伟斌、曹稳键：《人力资本集聚对区域高质量发展的影响及其异质性》，《求索》2020年第5期。
[96] 赵昕东、陈丽珍：《人口老龄化对经济发展质量的影响研究——基于劳动生产率的视角》，《山西大学学报（哲学社会科学版）》2022年第5期。
[97] 李红涛、党国英：《劳动生产率对工资的影响——基于动态面板数据的广义矩估计方法》，《社会科学战线》2012年第4期。
[98] 刘鹏飞、李莹：《劳动生产率与工资增长——基于巴萨效应的分析》，《财经科学》2016年第12期。
[99] 文彤、曾韵熹、陈松：《效率与公平：高管-员工薪酬差距与旅游企业劳动生产率》，《旅游学刊》2020年第10期。
[100] 刘盾：《提高真实工资将如何影响我国的经济增长与劳动生产率——基于中国省级面板数据的实证分析》，《经济学家》2021年第12期。
[101] 胡兵、王浩、吴吕思敏、张科：《最低工资标准上涨对旅游企业劳动生产率的非线性影响》，

《旅游学刊》2023年第7期。

［102］《资本论》第1卷，人民出版社2004年版。

［103］ Nordhaus W D. Alternative Methods for Measuring Productivity Growth［Z］. NBER Working Paper, 2002：1-13.

［104］吕韬、车前进、吴建楠：《中国劳动生产率增长的效应分解——基于扩展的Nordhaus指数方法》，《生产力研究》2010年第10期。

［105］陶洪：《劳动生产率分解理论及其在我国工业领域的应用研究》，东华大学2008年。

［106］邓晶、戴涛：《基于分解法的劳动生产率增长分析——以江苏省劳动生产力为例》，《生产力研究》2018年第9期。

［107］肖景午、游永铭：《劳动生产率增长源泉与收敛研究》，《经济数学》2016年第12期。

［108］赵文军：《我国省区劳动生产率的变化特征及其成因：1990—2012》，《经济学家》 2015年第6期。

［109］张海波、谢德泳：《状态空间模型在时变产出弹性和全要素生产率测算中的应用》，《21世纪数量经济学》2014年第14卷。

［110］高宇明：《基于时变参数的中国要素生产率与经济增长关系研究》，哈尔滨工业大学2008年。

［111］瞿友喜：《测度技术进步的投入产出方法探析》，《财经理论与实践》1992年第2期。

［112］冯志轩、刘凤义：《马克思-斯拉法框架下的全劳动生产率增速测算》，《世界经济》2020年第3期。

专栏：行为与实验政治经济学

政治经济学研究的行为实验方法

叶　航*

“行为与实验政治经济学”是《政治经济学报》2024年开设的新栏目。有必要谈谈它的意义。

“逻辑演绎”是现代科学理论建构的一般形式。所谓“逻辑演绎”是指从一个或一组基本假设出发，进而推演出该理论的全部命题。例如，牛顿经典力学对“时空绝对性”的假设，爱因斯坦相对论对“时空相对性”的假设。逻辑演绎的基本要求是逻辑自洽，即一个理论的所有命题都不能与其基本假设相矛盾。这是一个科学理论是否成立的必要条件。但科学理论成立还需要满足其充分条件，即它的基本假设是否能被经验观察所证实。例如，牛顿经典力学被行星运动轨道所证明，爱因斯坦相对论被红移现象所证明。科学的经验观察一般需要借助各种仪器通过可控制、可重复的实验手段来实现。波普尔（Karl Popper）认为，一个理论只有能够通过观察和实验来加以验证或反驳（证伪性）时，才可能是科学的。

但长期以来，通过实验手段证明理论假设的看法只通行于自然科学领域，在社会科学领域却一直受到质疑。关键在于，自然科学研究的对象是自然客体，“自然客体”对外部刺激（干预）的反应是完全被动的，同一客体对同一刺激（干预）的反应是完全一致的，在控制外部条件时，它们所产生的变化是可辨识、可重复的；而社会科学研究的对象是人，“人”是一个具有主观意识的客体，每个人对相同的外部干预可能会作出完全不同的反应（行为），不具有可辨识、可重复的属性。但过去一个多世纪以来，关于“人”的实验，包括实验方法、实验手段、实验技术和实验工具，一直在持续不断地探索和推进之中。特别是冯特（Wilhelm Wundt）1879年创立了人类历史上第一个心理学实验室，以及20世纪50—60年代以后行为与实验经济学的崛起与发展，都极大推动了实验研究在社会科学领域的应用。虽然其客观性和严密性还不能和自然科学相媲美，但终究离这个最终目标已经越来越近。

社会科学是否需要运用实验方法加以研究？这是一个值得探讨的问题。我认为，

* 叶航，浙江财经大学经济学院教授，浙江财经大学经济行为与决策研究中心学术委员会主任。

社会科学不应该始终停留在逻辑思辨的层面，在逻辑思辨的基础上结合可能的行为实验研究方法，起码是一个值得尝试的“帕累托改进”。实验方法在社会科学各个学科中有着广阔的应用前景。任何一门社会科学都有自己的基本假说，例如哲学中的“自由意志假说”，经济学中的“理性人假说”，管理学中的“自我实现假说”，法学中的“正义优先假说”，等；这些假说都可以通过实验方法来加以检验，从而给出更准确的判断。通过实验方法还可以揭示这些假说实现的内在机理，并据此对相关政策进行科学评估，有效提高政策实行的效率。

马克思主义政治经济学的基本原理，包括“劳动价值学说”“剩余价值学说”“价值规律学说”和“资本主义危机理论”等核心阐释，都受到过西方经济学“边际效用学说”“时间补偿学说”“风险补偿学说”“供求价格学说”和“凯恩斯危机理论”的贬低和攻击，如果一个马克思主义者不仅仅从意识形态角度进行回击，还能通过科学的实验方法对相关理论假说进行检验和论证，我相信其鉴别和批判力量一定会更直接、更有力。比如，通过对商品交换的模拟，我们可以观察被试在决定价值或价格时主要依据该商品的投入（劳动时间）还是对其使用价值的需求（效用），以及这些因素在什么条件下会发生变化、发生什么变化，从而对“劳动价值学说”与“边际效用学说”和“供求价格学说”作出科学的鉴别，并对后者提出科学的批判；通过生产资料所有权的共享或垄断，我们可以观察利润分配的形式会不会发生改变，以及改变的方向和形式是什么，从而在“剩余价值学说”与“时间补偿学说”和“风险补偿学说”之间作出科学的选择，并对后者提出科学的批判。这样的研究比基于意识形态和逻辑思辨的单纯批判具有更尖锐、更深刻的说服力。

本卷《政治经济学报》发表的“马克思主义政治经济学实验方法教学探索：以剩余价值理论为例”就是一个开创性的尝试。我们通过剩余价值理论的模型构建、实验设计和政治经济学教学实践，展示了劳动力再生产所需生活资料随着劳动生产效率提升而不断下降的趋势，从而阐明了“绝对剩余价值”“相对剩余价值”和“超额剩余价值”的全部生产过程。其目的虽然不在于证明马克思剩余价值理论的科学性，但是希望通过这样的课堂教学，使学生能够真正理解和掌握剩余价值的产生过程和内在机制。这仅仅是一个有意义的开端，我们希望沿着这个方向开辟出更丰富多彩的研究之路。

我们认为，在坚持马克思主义基本原理的前提下，研究方法的创新，是马克思主义中国化现代化的重要实现途径之一。

马克思主义政治经济学实验方法教学探索：以剩余价值理论为例*

郑万军　陈雨欣　叶　航**

摘　要　马克思主义基本原理的教学效果好坏会直接或间接影响学生对马克思主义基本原理的追思、追求和笃行。采用更为先进、更为生动的教学方法和工具推进马克思主义基本原理的教学安排，对于马克思主义政治经济学的专业培养，具有时代性和奠基性的作用。实验经济学研究方法和工具的出现为马克思主义政治经济学教学的时代化提供了可能，而两者在方法论上的契合为我们采用新兴的研究方法和研究工具去阐述马克思主义基本原理提供了进一步的可行性。本文围绕马克思剩余价值理论，通过剩余价值理论模型构建、实验室实验设计、行为实验教学探讨如何运用实验经济学的方法展开政治经济学教学。在具体的实验室实验中，学生能够“看到”劳动力再生产所需生活资料随着劳动生产效率提升而不断下降的趋势，可以明晰绝对剩余价值、相对剩余价值和超额剩余价值的全部生产过程。

关键词　剩余价值　绝对剩余价值　相对剩余价值　行为实验教学探索

一、引言

习近平总书记在党的二十大报告中提出，推进马克思主义中国化时代化是一个追求真理、揭示真理和笃行真理的过程。马克思主义基本原理的教学是一个向学生揭示真理的过程，揭示真理过程的效果好坏会直接或间接影响其对马克思主义基本原理的追思、追求和笃行。因而，采用更为先进、更为生动的教学方法和工具推进马克思主义基本原理的教学安排，对于推进马克思主义理论专业的系统培养而言，具有时代性和奠基性的作用。

---

*　本文系浙江省“十四五”普通本科高校教学改革研究项目（jg20220385）、浙江省“十四五”研究生教学改革项目马克思主义政治经济学实验教学方法创新的成果；受浙江财经大学–中国社会科学院大学浙江研究院研究生交叉学科课程建设（政治经济学试验方法导论）项目、浙江财经大学文华学院科技创新项目的资助。

**　郑万军，浙江财经大学经济学院讲师，浙江财经大学经济行为与决策研究中心博士后；陈雨欣，浙江财经大学经济学院本科生；叶航，浙江财经大学经济学院教授，浙江财经大学经济行为与决策研究中心学术委员会主任。

现代新兴的实验经济学研究方法和研究工具的涌现为马克思主义政治经济学教学的时代化提供了可能。自1962年史密斯采用实验方法研究竞争市场行为以来（Smith，1962； Levitt and List，2007），实验方法在经济学研究中的应用日益广泛，逐渐发展成经济学三大研究方法之一，与理论建模与计量实证并列。实验经济学的方法其实并没有学科之分，其更主要的特征与计量经济学和博弈论一样是一种研究工具和方法。实验经济学并没有对研究主题有所限制，理论上其研究问题可以涉及消费、生产、分配、储蓄、税收、收入、合作、劳动、就业、通货膨胀、经济危机以及其他几乎所有分支领域（McCabe et al.，1991；Henrich et al.，2001；Cherry et al.，2005；Dawes et al.，2007；Cappelen et al.，2013；Fehr，2018；Buonanno，and Vargas，2019；Ramalingam and Stoddard，2024）。这些新兴的现代实验方法和工具能够应用到马克思主义政治经济学的研究和教学中。

马克思主义政治经济学和实验经济学在方法论上具有天然的契合性，这为我们采用新兴的研究方法和研究工具去阐述马克思主义基本原理提供了进一步的可行性。比如，马克思主义政治经济学最为普遍的方法之一是抽象法，对社会经济现象的研究主要依靠抽象的思维能力。马克思说："分析经济形式，既不能用显微镜，也不能用化学试剂。二者都必须用抽象力来代替。"其实，实验经济学运用最为广泛的恰恰也正是抽象法，从大量的现实中抽象出最为本质的东西，这一本质的东西也是最为简单的东西。比如，公共品博弈实验就是对现实生活中合作行为和搭便车行为的抽象（Fehr and Gächter，2000；Balliet and Van Lange， 2013；Henrich and Muthukrishna，2021），信任博弈实验就是对人与人之间的互相信任与否的抽象与检验（Alesina and La Ferrara，2002；Anderson et al.，2006），电车难题就是对人们所可能遇到的道德困境抽象后的思想实验（Cushman et al.，2006）。比较马克思主义政治经济学和实验经济学的方法，我们可以很明显地发现两者在方法论上有天然的契合性。因而，采用行为实验的教学方法带领学生感受、学习、领悟马克思主义基本原理，不仅可以做到政治经济学和实验经济学的融合培养，还能够让该课程教学手段更加多样、教学过程更加生动。

剩余价值理论是马克思主义基本原理的核心，是科学社会主义学说的理论依据，是马克思一生最伟大的两大发现之一。恩格斯称其为"发现了现代资本主义生产方式和它所产生的资本主义社会的特殊的运动规律，即创立了剩余价值理论"。纵观《资本论》，第1卷围绕"资本的生产过程"讲述剩余价值的生产；第2卷"资本的流通过程"讲述剩余价值的实现；第3卷"资本主义的总过程"讲述剩余价值的分配。马克思主义政治经济学通篇都围绕剩余价值理论展开，是政治经济学的核心问题。因而，采用新的教学方法引导学生思考、理解、探讨剩余价值理论，具有十分重要的意义。

本文围绕马克思剩余价值理论，通过剩余价值理论模型构建、实验室实验设计、实验教学探讨运用实验经济学的方法展开政治经济学教学。在实验教学过程中，学生可以清晰地看到在劳动者生产效率提高的条件下，绝对剩余价值和相对剩余价值的生产过程以及两者之间的辩证关系。课堂后的教学解析可以帮助学生进一步体验绝对剩余价值、相对剩余价值和超额剩余价值三者之间的区别和联系。本文探索的马克思主义政治经济学思想的理论模型构建和实验室实验能够让学生在从理论学习到实验室实验学习的过程中，完成从具体到抽象再到具体的学习过程。

二、剩余价值生产模型构建

在科学地说明了剩余价值本质的基础之上，马克思把剩余价值的生产区分为绝对剩余价值的生产和相对剩余价值的生产。绝对剩余价值的生产不改变必要劳动时间，单纯依靠将工作日的时间延长到必要劳动时间之外，以此为基础马克思把工作时间区分为必要劳动时间和剩余劳动时间。马克思说："把工作日延长，使之超出工人只生产自己劳动力价值的等价物的那个点，并由资本占有这部分剩余劳动，这就是绝对剩余价值的生产。绝对剩余价值的生产构成资本主义体系的一般基础，并且是相对剩余价值生产的起点。"

相对剩余价值的生产以绝对剩余价值的生产为基础，在工作日长度不变的前提下改变两部分劳动时间的比例以生产剩余价值。一般而言，缩短必要劳动时间可以通过提高生产资料生产部门和生产相关生产资料部门的劳动生产率，从而降低劳动力的价值即降低必要劳动时间来实现。马克思说："就相对剩余价值的生产来说，工作日一开始就分成必要劳动和剩余劳动这两个部分。为了延长剩余劳动，就要用各种方法缩短生产工资的等价物的时间，从而缩短必要劳动。绝对剩余价值的生产只同工作日的长度有关；相对剩余价值的生产使劳动的技术过程和社会组织发生根本的革命。"资本家为了降低产品的个别劳动时间以实现超额剩余价值，通常采用改进生产技术或提高工人劳动熟练程度的方式提升个别劳动生产效率。本文以马克思剩余价值理论为基础，构建的绝对剩余价值生产和相对剩余价值生产如下。为了模型的简化，我们假定资本家通过提高工人劳动熟练程度以提高个别劳动生产率。

假定有k个生产生活资料L的资本家，每个资本家雇佣工人的数量为n_i（$1 \leqslant i \leqslant k$），每个工人的初始生产效率为$x_0$/h（即每小时生产$x_0$个L商品）。为了简化，假定一个小时的价值量对应1个单位的货币，即生产1个货币的劳动时间为1h，因而L商品的价值与价格相等。因此，单个L商品的价值为：

$$C = 1/x_0 \tag{1}$$

工人工资：工人的工资的实质为劳动力价值，为了简化，我们设定劳动力的价值表现为劳动者即工人需要消耗的生活资料L的价值。设工人需要消耗的生活资料的数量为q，假定该数量的生活资料在初始时需要生产的总时间为s_0，则工人消耗的生活资料L的数量为：

$$q = s_0 x_0 \tag{2}$$

则工人工资：

$$S = qC = s_0 \tag{3}$$

工人工作时间：资本家可以选择工人的工作时间，工作时间为t，设定时间范围为t_1到t_2，即工人最短工作时间为t_1小时，最长工作时间为t_2小时，即$t_1 \leqslant t \leqslant t_2$。

由以上设定可以得到初始生产过程中，在劳动效率不变的条件下，资本家绝对剩余价值的生产为：

$$m = tx_0 C - s_0 x_0 C = t - S \tag{4}$$

在绝对剩余价值生产的基础上，设定所有资本家可通过培训工人提高生活资料L的生产效率。资本家培训工人以提高劳动熟练程度的方式分以下两种：方式一为资本家可选择对每个工人投入0.1个单位的货币对其培训；方式二为资本家花费0.1个小时的工作时间，让工人自我学习，达到培训的目的。在方式一的条件下，资本家的资本减少0.1个，在方式二的条件下，工人的工作时间变为t−0.1。若资本家选择花费货币培训工人，则培训费用纳入到劳动力的成本中，记为p_i，若资本家选择花费时间培训工人，则培训时间纳入到工作时间中，即相对应的工作时间减少。

为了达到生产效率差异化的目的，培训结果的设定如下：每培训1次，工人的生产效率有50%的可能提高5%，20%的可能提高10%，30%的可能提高15%。设定培训后第i个资本家雇佣工人的生产效率为x_i，培训结束后，进入生产活动。因此培训后下一期的生产中各资本家雇佣工人的劳动生产效率会不尽相同，根据劳动价值理论，商品的价值为凝结在商品中的社会必要劳动时间，也即该商品的社会的平均的劳动时间。生活资料L的价值量如下：

$$C = \frac{\text{所有商品生产的总时间}}{\text{商品的总数量}} = \frac{t_{\text{total}}}{n_l} \tag{5}$$

其中t_{total}为所有商品生产的总时间，n_l为生产的商品总数量。

t_{total}为各资本家下工人生产的时间之和，计算如下：

$$t_{total} = \sum_{i=1}^{k} t_i \tag{6}$$

商品总数量为各资本家生产的商品之和，计算如下：

$$n_l = \sum_{i=1}^{k} x_i t_i \tag{7}$$

其中，x_i为第i个资本家雇佣工人的劳动生产效率。

若工人没有参与培训，则生产效率不变；若培训，则有50%的可能提高5%，20%的可能提高10%，30%的可能提高15%。生成一个0—1之间的随机数$r_i = \text{random}()$，因此x_i如下：

$$x_i = \begin{cases} x_0 & \text{不培训} \\ 1.05x_0, 0 \leqslant r_i < 0.5 \\ 1.1x_0, 0.5 \leqslant r_i < 0.8 \\ 1.15x_0, 0.8 \leqslant r_i < 1 \end{cases} \tag{8}$$

由上可得最终单个生活资料的价值：

$$C' = \frac{\sum_{i=1}^{k} t_i}{\sum_{i=1}^{k} x_i t_i} - p_i \tag{9}$$

不难发现，随着生产效率的提高，单个生活资料的价值量会下降，劳动力的价值表现为生活资料的价值，因此也将下降。因而在不改变工作日劳动时间长度的条件下，资本家通过缩短必要劳动时间延长剩余劳动时间而生产剩余价值，即相对剩余价值。

由此可得，第i个资本家获得的相对剩余价值：

$$\begin{aligned} m &= x_i t_i C' - qC' - p_i \\ &= (x_i t_i - q) \frac{\sum_{i=1}^{k} t_i}{\sum_{i=1}^{k} x_i t_i} - p_i \end{aligned} \tag{10}$$

对于生产商品的个别劳动时间低于社会必要劳动时间的生产者，个别价值低于社会价值，可以获得超额剩余价值：

$$\begin{aligned} m_{\text{超额}} &= |\text{单个商品价值} - \text{商品社会价值}| \cdot \text{商品数量} \\ &= |1/x_i - C'| t_i x_i \\ &= C' t_i x_i - t_i \end{aligned} \tag{11}$$

三、实验室实验设置

（一）实验设置

实验通过Z-tree软件（Fischbacher，2007）实现，于2023年11月在浙江财经大学经济行为与决策研究中心完成。该实验为课堂实验，共有19名大学生参与该实验。

被试到达实验室后，通过抽签的方式被随机分配座位并获取实验说明。在实验开始前，老师已经在课堂上对相对剩余价值、绝对剩余价值、劳动生产效率等知识进行了阐释。实验开始后，实验员对实验说明进行统一解释。为了确保被试理解实验规则，实验员会示意有问题的被试举手提问；为了保证实验的隐私性，在整个实验过程中不会记录被试的名字和身份信息；在实验中被试之间会发生生产资料的竞争，为了保证实验的匿名性，实验的过程中所有被试均不知道其他人的决策。

（二）剩余价值生产设置

本文实验设置如下：

第一，资本家的设置。为了模拟真实世界中资本家的特征，实验初始，被试拥有50个数量的货币，雇佣工人的数量为3个。

第二，工人的设置。工人的初始劳动生产效率为每小时1件产品，必要劳动时间为6小时，工人工资为6个数量的生活资料所对应的价值。资本家可以选择延长工人工作时间到6—10个小时。为了后续简便，我们假定生产货币的劳动生产率始终不变，且生产货币的社会必要劳动时间为每小时生产1个，而货币的价值对应1个单位。

第三，工人培训的设置。为了提高工人的劳动生产效率，资本家可以选择为工人提供培训。培训的方式分为两种：一种是资本家花费资本为工人提供培训，每个工人每次培训的成本为0.1个货币；一种是资本家花费工人的劳动时间提供培训，每个工人每次培训的成本为0.1小时劳动时间。当资本家选择为工人提供培训后，工人的工作效率有50%的可能性变为原先1.05倍，20%的可能性变为原来1.1倍，30%的可能性变为原来1.15倍。资本家也可以选择不为工人提供培训，如果不提供培训，工人的劳动生产效率不变。

（三）实验流程设置

实验主要分为3个阶段。在第一个阶段，由实验员讲解绝对剩余价值和相对剩余价值生产的原理和实验环境，并具体介绍该实验环境设置下绝对剩余价值和相对剩余价值的计算方法。

第二个阶段，被试进入实验。被试在实验中的身份是资本家，所有资本家共同竞争生产同一生活资料。实验共计10轮。在实验第1轮，每个资本家初始拥有50个货币，雇佣工人的数量为3个。资本家可以在6到10小时之间选择工人的工作时间，在之后的轮次中工人的工作时间即为资本家第1轮选择的工人工作时间。随即，计算机模拟的工人进入到生产，第1轮生产结束后会显示生产的结果。显示结果包括被试选择工人的工作时间、每个工人的工资、每个和所有工人为被试创造的剩余价值、目前被试的资本数量。第一轮结束后，实验进入到第2轮。从实验第2轮开始，资本家可以选择是否为雇佣的工人提供培训，以及提供培训的方式。如果资本家选择培训，则他们需要选择培训的方式：花费资本培训或花费工人劳动时间培训。所有资本家选择完毕后，计算机按照概率随机决定工人的培训结果：50%的可能性变为原先的1.05倍，20%的可能性变为原来的1.1倍，30%的可能性变为原来的1.15倍。被试选择完毕后，计算机会计算所有资本家的所有工人的产量和工作时间，得到单个生活资料的社会价值，由此得到该轮劳动力的价值、产品的社会价值量，以及工人创造的剩余价值。实验每一轮结束后，计算机会显示结果，包含上述所有生产者的总生产时间、创造的总产品数量和单个商品的价值量。除此之外，还有该资本家所雇工人的工作时间，以及该轮的劳动生产效率、工资、创造的剩余价值和资本家的资本数量。

第三个阶段，在10轮主实验结束后，被试还需要填一份调查问卷，问卷内容包含被试的年龄、专业、性别等个体特征信息。与传统的行为实验不同的是，本实验的主要目的是通过让学生参与行为实验的方式学习绝对剩余价值、相对剩余价值和超额剩余价值的生产过程。为了让同学们从群体行为中观察结果，在10轮主实验结束后，实验员向所有同学展示整个实验过程的数据并进行结果分析。结果分析部分主要包括每一轮被试的行为选择、工人劳动生产率的变化、单个产品价值量的变化、绝对剩余价值的生产、相对剩余价值的生产和超额剩余价值。

四、剩余价值生产的结果展现

（一）工人工作时间选择与绝对剩余价值

我们首先对第1轮时资本家选择的工人工作时间进行了考察，分析得到资本家所获得的绝对剩余价值。图1为单个工人绝对剩余价值的柱状图。在第1轮，工人的必要劳动时间为6小时，资本家可以选择工人的工作时间为6—10小时。工人的初始劳动生产效率为1，即每小时生产1件产品。每个工人的绝对剩余价值为资本家延长工人劳动时间所获得的额外财富。在实验中，有5个被试选择让工人工作8个小时，1个被试选择让工人工作9个小时，13个被试选择让工人工作10个小时。他们分别从每个工人身上获取了2个、3个和4个财富的绝对剩余价值。所有被试选择的工人工作时间都超过工人的必要劳动时间，且选择最高的工作时间即10个小时的被试数量远高于选择8个小时和9个小时的被试数量。资本家倾向于让工人工作更长的时间，以获得更高的绝对剩余价值。

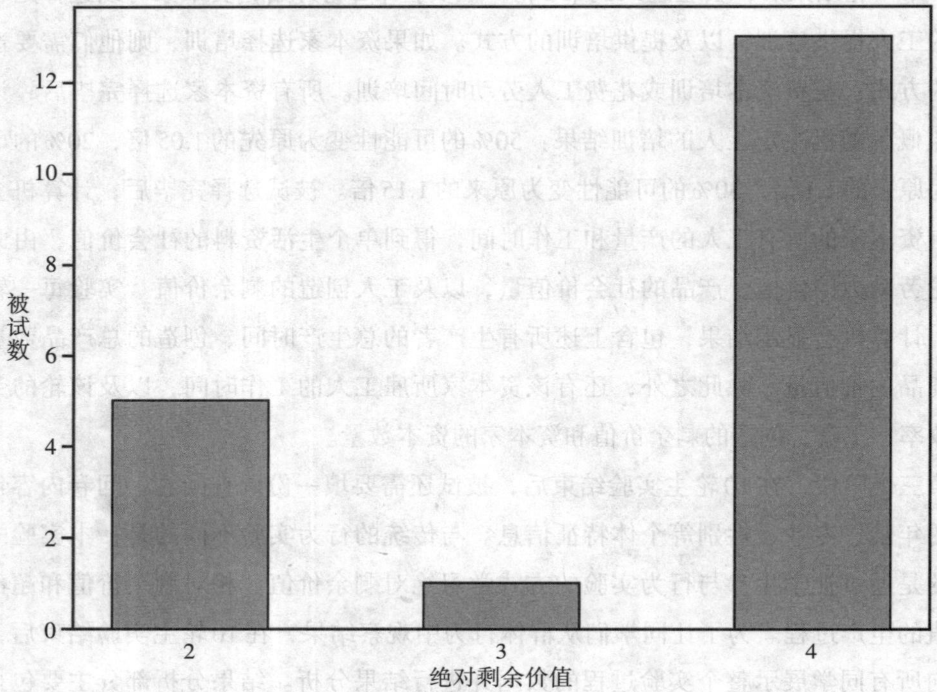

图1　单个工人绝对剩余价值柱状图

（二）工人培训方式选择

从第2轮开始，资本家可以选择是否对工人进行培训以及培训的方式。实验发现，大部分资本家都会选择培训工人。在第2—10轮的19个被试中，平均有9.5人次选择花时间培训被试，6.1人次选择花钱培训被试，3.3人次选择不培训被试。选择不同方案的被试人数随轮次变化的曲线如图2所示。选择花时间培训的被试数量基本高于选择花钱培训的被试数量，选择不培训的被试数量较少。在实验的2—6轮，大部分被试都选择培训；而实验的7—10轮，选择不培训的被试数量呈上升趋势。

（三）劳动生产效率

在分析资本家对工人培训方式的选择后，我们还关注工人劳动生产效率提高的情况。图3给出了工人劳动生产效率随轮次推移的热力图。结果显示，随着轮次的推移，劳动生产效率从初始的1显著提升，第10轮时最低值约1.4，最高值约2.7，平均值约1.9。

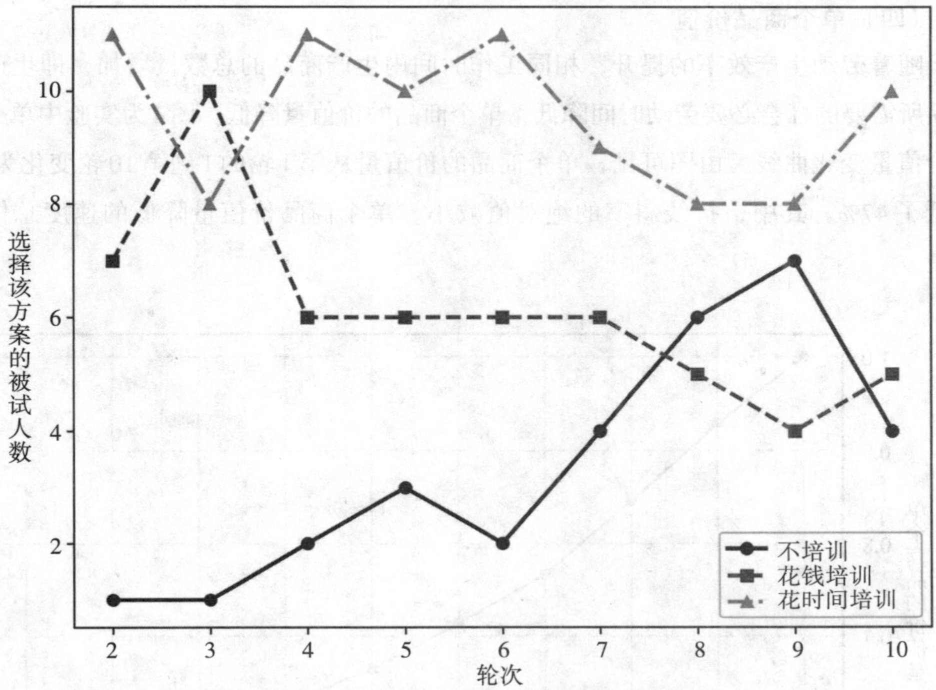

图2　选择不同方案被试人数随轮次变化曲线

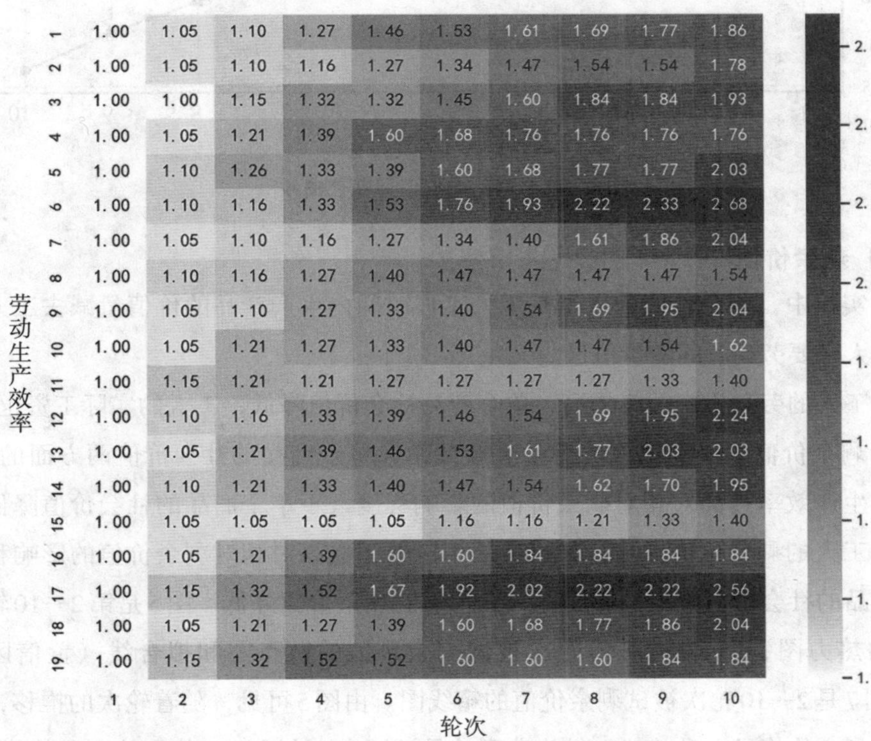

图3　劳动生产效率随轮次推移热力图

（四）单个商品价值

随着劳动生产效率的提升，相同工作时间内生产商品的总数量增加，即生产单个商品所需要的社会必要劳动时间降低，单个商品的价值量降低。图4为实验中单个商品的价值量变化曲线。由图可见，单个商品的价值量从第1轮的1到第10轮变化为0.53，降低了47%。其中，折线斜率的绝对值减小，单个商品价值量降低的速度总体而言减慢。

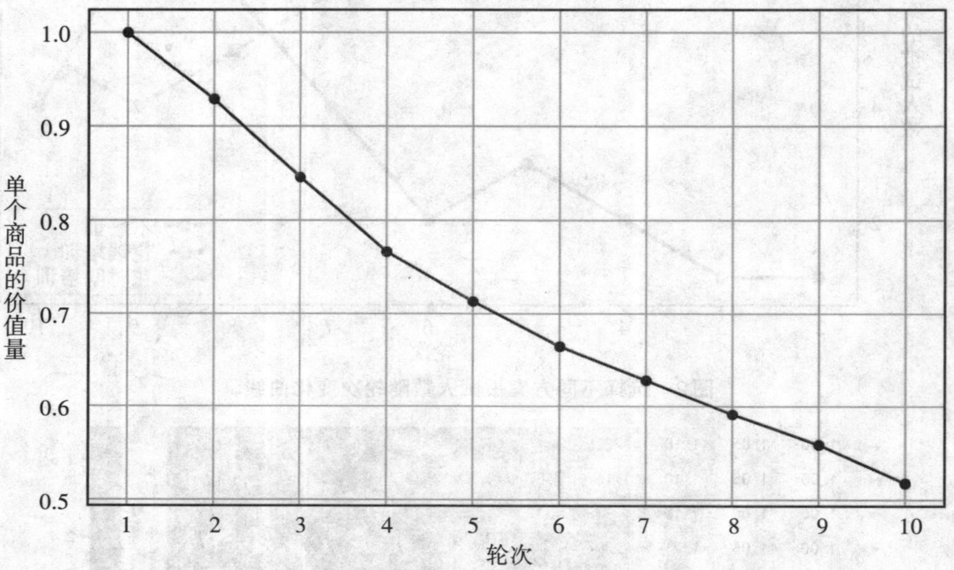

图4　单个商品的价值量变化曲线

（五）剩余价值

在本实验中，剩余价值的数量是工人工作时间内生产产品的价值量减去工人的培训费和工人必要劳动时间的价值量。

随着工人的劳动生产效率提高，单个商品社会价值降低，工人的实际工资也降低。而工人的剩余价值则受到工人的劳动生产效率和单个商品的社会价值两方面的影响。如果劳动生产效率提高对相对剩余价值的影响程度大于单个商品的社会价值降低的影响，那么工人的剩余价值增加；如果劳动生产效率提高对相对剩余价值的影响程度小于单个商品的社会价值降低的影响，那么工人的剩余价值降低。图5是第2—10轮次剩余价值的热力图，图6是2—10轮次被试剩余价值的散点图和拟合线（置信区间为95%），图7是2—10轮次被试剩余价值的箱线图。由图5可见，随着轮次的推移，大部分工人的剩余价值呈上升趋势。较为典型的是被试6和被试17，他们的剩余价值从第2

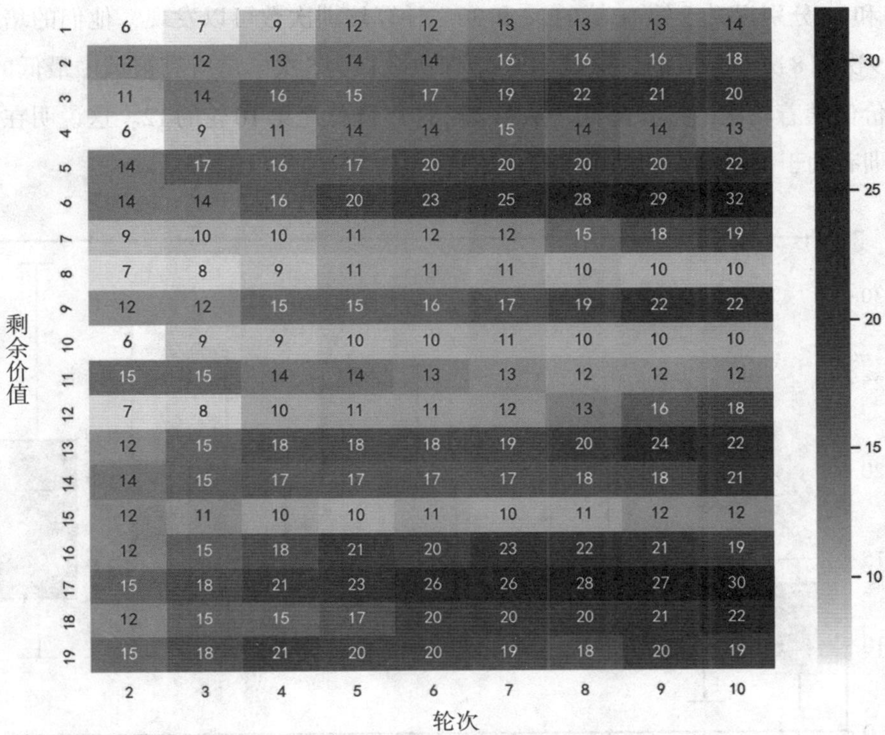

图5　剩余价值热力图

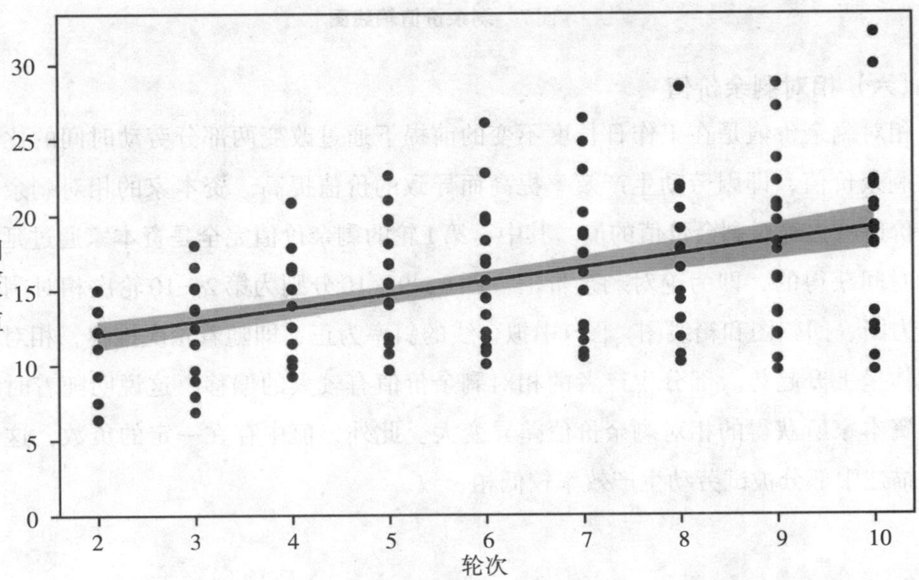

图6　剩余价值回归图

轮的14和15分别提升至第10轮的32和30。计算培训次数可以发现，他们的培训次数分别为9次和8次。相反的，被试11的培训次数仅为5次，是所有被试中最低的之一，其剩余价值随着轮次的推移降低，从第2轮的15降低至第10轮的12。这说明在该实验中，培训有助于提高工人的剩余价值。

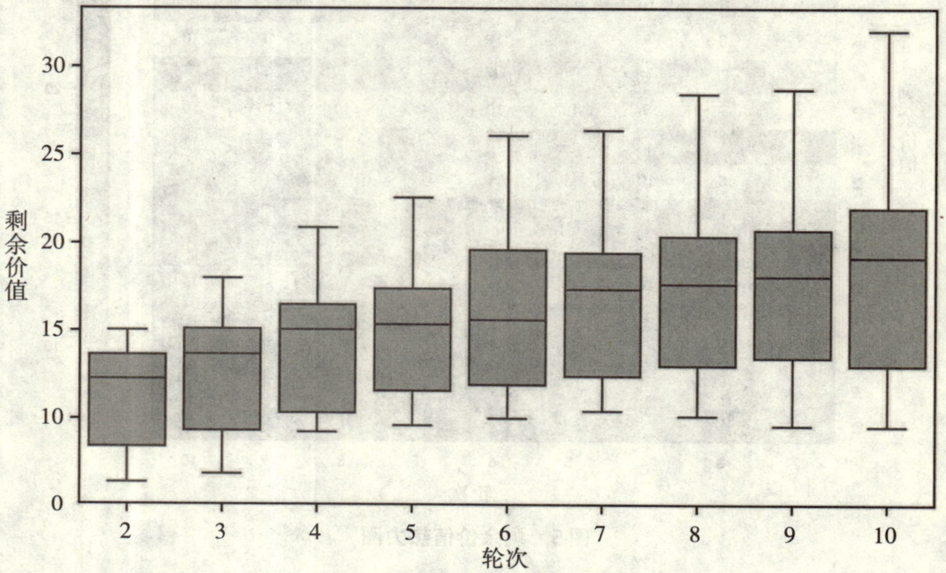

图7　剩余价值箱线图

（六）相对剩余价值

相对剩余价值是在工作日长度不变的前提下通过改变两部分劳动时间的比例来生产的剩余价值，即因劳动生产效率提高而导致的价值提高。资本家的相对剩余价值是剩余价值减去绝对剩余价值的值。其中，第1轮的剩余价值完全是资本家通过延长工人劳动时间获得的，即为绝对剩余价值。图8、9、10分别为第2—10轮次相对剩余价值的热力图、回归图和箱线图。图9中拟合线的斜率为正，即随着轮次推移，相对剩余价值总体呈上升趋势。部分生产者的相对剩余价值有较大的偏移，这说明随着时间的推移，资本家所获得的相对剩余价值差异变大。此外，值中存在一定的负数，这和剩余价值描述中部分被试劳动生产效率较低相一致。

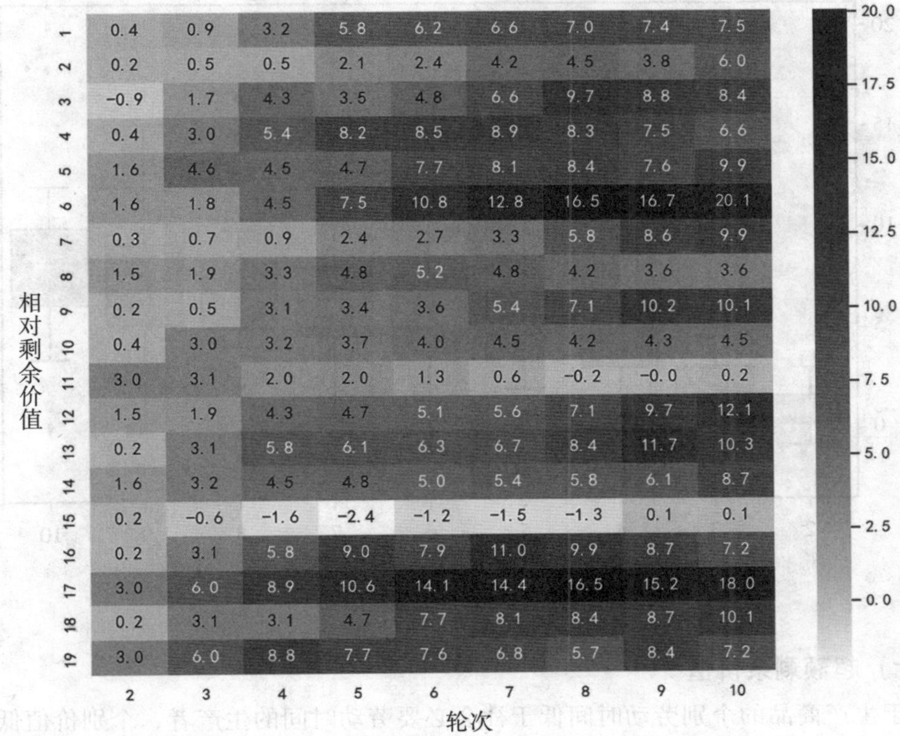

图8 相对剩余价值热力图

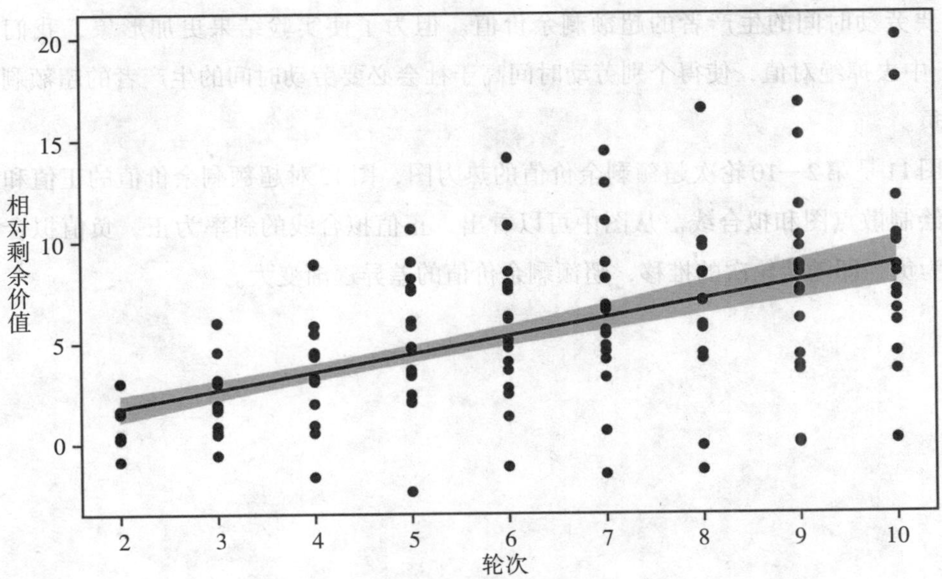

图9 相对剩余价值回归图

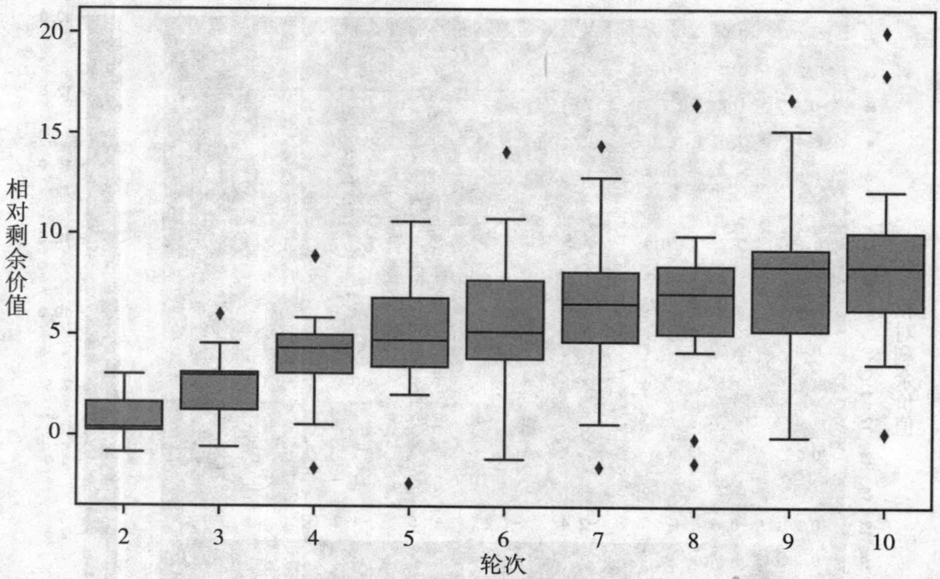

图10　相对剩余价值箱线图

（七）超额剩余价值

对于生产商品的个别劳动时间低于社会必要劳动时间的生产者，个别价值低于社会价值，可以获得超额剩余价值。在计算超额剩余价值时，我们通常只计算个别劳动时间低于社会必要劳动时间的生产者的超额剩余价值，并不计算个别劳动时间高于社会必要劳动时间的生产者的超额剩余价值。但为了使实验结果更加形象，我们在式（11）中去掉绝对值，使得个别劳动时间高于社会必要劳动时间的生产者的超额剩余价值为负。

图11是第2—10轮次超额剩余价值的热力图，图12对超额剩余价值的正值和负值分别绘制散点图和拟合线。从图中可以看出，正值拟合线的斜率为正，负值拟合线的斜率为负，即随着轮次的推移，超额剩余价值的差异逐渐变大。

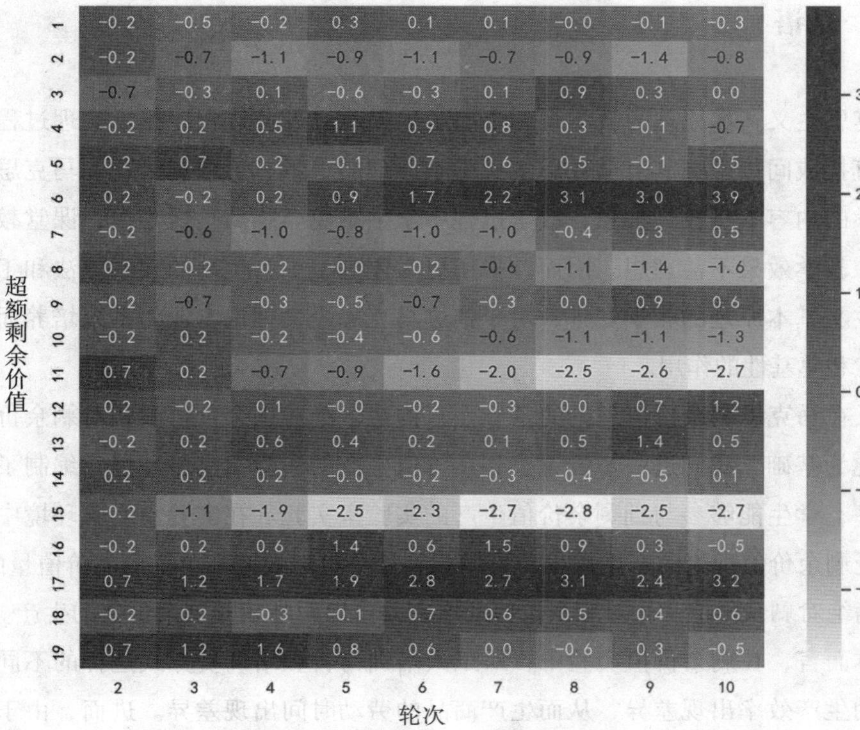

图11　超额剩余价值热力图

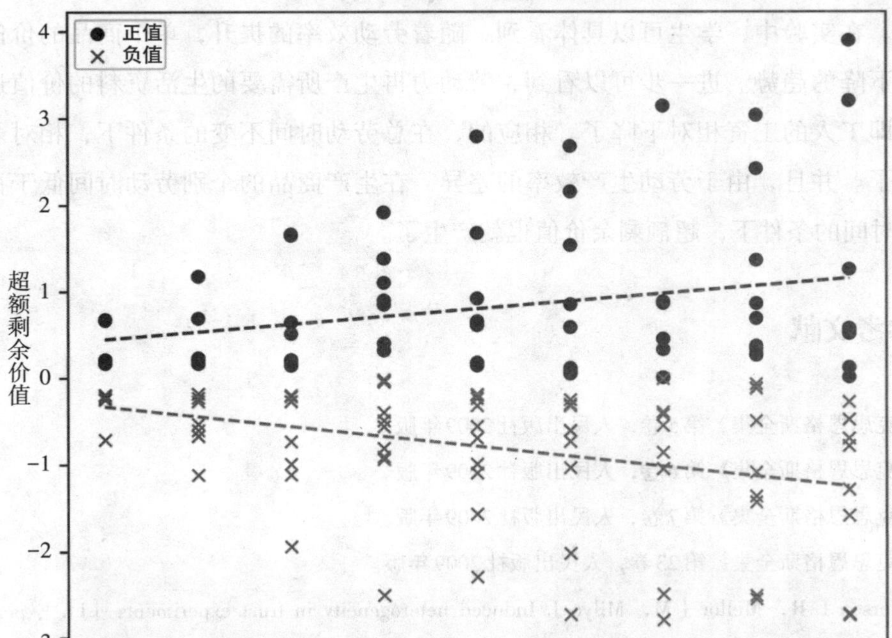

图12　超额剩余价值热力图正负值回归对比图

五、结语

马克思主义基本原理的教学是一个向学生揭示真理的过程，揭示真理过程的效果好坏会直接或间接影响其对马克思主义基本原理的思考、追求和笃行。马克思主义政治经济学的内容本身较为抽象，教学过程中学生难免会感到枯燥难懂，课堂教学气氛易沉闷，教学效果不甚理想。因而，采用更为先进、更为生动的教学方法和工具推进马克思主义基本原理的教学安排，对于推进马克思主义理论专业的系统培养而言，具有时代性和奠基性的作用。

本文在马克思剩余价值理论的基础上，构建了绝对剩余价值和相对剩余价值的模型。以此为基础，我们进一步设置了剩余价值生产的实验室实验环境，编制了相应的实验程序，学生能够参与到剩余价值生产的实验室实验。在实验室实验环境中，学生能够感受剩余价值理论的产生过程，可以看到社会生产效率和单个商品价值量的关系，可以明确绝对剩余价值和相对剩余价值的区别，可以明晰超额剩余价值的生产。

具体而言，在剩余价值实验中，对工人培训与否和培训费方式选择的不同，导致工人劳动生产效率出现差异，从而生产商品的劳动时间出现差异。进而，由于劳动效率的不同导致了商品生产的个别劳动时间不同，商品生产的社会必要劳动时间也发生了变化。在实验中，学生可以具体看到，随着劳动效率的提升，单个商品的价值量不断处于下降的趋势。进一步可以看到，劳动力再生产所需要的生活资料的价值进一步下降，即工人的工资相对下降了。相应的，在总劳动时间不变的条件下，相对剩余价值产生了。并且，由于劳动生产效率的差异，在生产商品的个别劳动时间低于社会必要劳动时间的条件下，超额剩余价值也就产生了。

参考文献

[1]《马克思恩格斯全集》第5卷，人民出版社2009年版。

[2]《马克思恩格斯全集》第6卷，人民出版社2009年版。

[3]《马克思恩格斯全集》第7卷，人民出版社2009年版。

[4]《马克思恩格斯全集》第23卷，人民出版社2009年版。

[5] Anderson L R，Mellor J M，Milyo J. Induced heterogeneity in trust experiments [J]. Experimental Economics，2006（9）：223-235.

[6] Alesina A，La Ferrara E. Who trusts others? [J]. Journal of public economics，2002，85（2）：

207-234.

[7] Balliet D，Van Lange P A M. Trust，conflict，and cooperation： a meta-analysis [J]. Psychological bulletin，2013，139 (5)： 1090.

[8] Buonanno P.，and Vargas J. F. Inequality，Crime，and the Long Run Legacy of Slavery [J] . Journal of Economic Behavior and Organization，2019 (159)：539-552.

[9] Cappelen A. W.，Konow J.，Sørensen E. Ø.，et al. Just luck： An experimental study of risk-taking and fairness [J] . American Economic Review，2013，103 (4)：1398-1413.

[10] Cherry T. L.，Kroll S.，and Shogren J. F. (2005) . The impact of endowment heterogeneity and origin on public good contributions： evidence from the lab. Journal of Economic Behavior and Organization，57 (3)，357-365.

[11] Cushman F，Young L，Hauser M. The role of conscious reasoning and intuition in moral judgment： Testing three principles of harm [J]. Psychological science，2006，17 (12)： 1082-1089.

[12] Dawes T.，James F.，and Smirnov O. (2007) . Egalitarian Motives in Humans. Nature，446 (7137)，794-796.

[13] Fehr E. (2018) . Is Increasing Inequality Harmful? Experimental Evidence. Games and Economic Behavior，107，123-134.

[14] Fehr E，Gächter S. Cooperation and punishment in public goods experiments [J]. American Economic Review，2000，90 (4)：980-994.

[15] Fischbacher U. (2007) . Z-tree： Zurich Toolbox for Ready-made Economic Experiments. Experiment Economics，10，171-178.

[16] Henrich J，Boyd R，Bowles S，et al. In search of homo economicus： behavioral experiments in 15 small-scale societies [J]. American economic review，2001，91 (2)： 73-78.

[17] Henrich J，Muthukrishna M. The origins and psychology of human cooperation [J]. Annual Review of Psychology，2021 (72)： 207-240.

[18] Levitt S，List J A. What do laboratory experiments measuring social preferences reveal about the real world? [J]. Journal of Economic perspectives，2007，21 (2)： 153-174.

[19] McCabe K A，Rassenti S J，Smith V L. Smart computer-assisted markets [J]. Science，1991，254 (5031)： 534-538.

[20] Smith V L. An experimental study of competitive market behavior [J]. Journal of political economy，1962，70 (2)： 111-137.

[21] Ramalingam A，Stoddard B V. Does reducing inequality increase cooperation? [J]. Journal of Economic Behavior and Organization，2024 (217)： 170-183.

行为政治经济学的思想史之维*

朱宝清**

摘　要　从思想史的角度看，经济学的研究对象不仅涉及宏观的国家和人口治理，同时也涉及社会资源配置、政府和官僚行为，以及个人选择和决策的认知和心理过程等微观层面。经济学研究对象的变化伴随着两条线索：第一，研究假设的演变，以经济人假设为例，其经历了“类心理因素”的退却与复归；第二，经济分析工具的迭代，这是衡量经济学科学化程度的重要标准。行为经济学的出现，不仅修正并放松了新古典主义的标准化假设，而且将心理学以及行为科学等分析工具引入经济学，指明了经济学科学化除数理化之外的第二条可能的路径，即行为科学化。行为政治经济学的出现和发展同样可以通过上述两条线索得到反映。行为政治经济学是行为经济学与以公共选择理论为代表的新政治经济学的合体，不仅研究政府决策和官僚行为，而且着重分析选民的投票行为和政治偏好的复杂性。在此知识基础上，行为政治经济学的未来发展可能涉及理论框架建构、“助推”的变体和强化，以及量化理性等方向。

关键词　经济人假设　经济学的科学化　公共选择理论　行为政治经济学

一、引言：再谈经济学研究对象

政治经济学在很长一段时间内以政治学和经济学共存为特征，这在古典时期尤为明显。自19世纪后期开始，研究对象逐渐变窄，“政治经济学”常以“经济学”的面貌出现。“政治”与其说是马歇尔后来有意去掉的，倒不如说是从卢梭1755年为《百科全书》撰写的有关“政治经济学”的论文开始就已经埋下了种子。卢梭开篇便指出，“ÉCONOMIE ou ŒCONOMIE（道德和政治）一词，意为‘经济学’”。①这种经济学有

* 本文系国家社会科学基金重大项目“中国经济学自主知识体系建构的方法论研究”（23&ZD129）、上海市哲学社会科学规划课题“中国超大规模市场优势对国内大循环内生动力的影响研究”（2023BJL002）的阶段性成果。

** 朱宝清，中共浙江省委党校（浙江行政学院）马克思主义研究院讲师，中共浙江省委党校浙江省“八八战略”创新发展研究院研究员。

① 卢梭：《政治经济学》，李平沤译，商务印书馆2018年版，第1页。

两条分支，一支是以家庭管理为特征的“家庭经济学”或“个人经济学”，另一支是以国家治理为特征的“公共经济学”或“政治经济学”。卢梭着重谈了后者。“他把政治学和经济学混合在一起，令人感到十分古怪。现在通常认为‘政治的’这个形容词是不必要的，并试图用‘经济科学’或‘社会经济学’等名称作为代替。可是上述论文清楚地说明它不是完全没有意义的……论文同时揭示一个有趣的事实，即这种科学总是主要涉及国家的事务方面，特别涉及人民的物质福利方面。”①与卢梭同时代的经济思想中，对此作出最明确的阐释的是重农主义经济学。②至此可以发现，政治经济学是一门研究如何治理国家的学问。但这只是故事的一部分。

在约翰·穆勒的《论政治经济学的若干未定问题》一书中，我们似乎看到了政治经济学“正确和完整的”定义，即“政治经济学研究由人类本质规律所决定的财富的生产和分配。或者——政治经济学研究财富生产和分配中的道德或心理规律”。③如果我们以约翰·穆勒的定义为基准，那么重农学派、卢梭的政治经济学意指国家治理的宏观层面，但不可否认，还存在关乎个人和企业的微观层面。边际革命的进步之处在于发现了边际效用及其可计算性④，并对个人选择、交换和定价等问题进行了形式上的数学化处理。伴随边际革命同时发生的是经济学职业的“制度化”。⑤学院派政治经济学家也接纳了马歇尔的“经济学”术语，而“政治经济学”后来就被当作异端者、思想怪异者和反叛者的舞台被废弃了。⑥换言之，经济学的发展摆脱了古典学派的“宏大动态”分析，向更具科学性、分析性的方向前进，研究对象也更加细致和具体。

“二战”以后，在理论上对经济学假设的运用和批判同时存在。依托经济人这一标

---

① 季德、利斯特：《经济学说史》，徐卓英、李炳焕、李履瑞译，商务印书馆1986年版，第13页。这同样类似于西斯蒙第对政治经济学研究对象的界定，他认为，生产和分配均是为了人类的物质福利，而不是空洞的国民财富，即便是增长的国家财富也应该落脚在人类的福祉上。参见颜鹏飞、陈银娥：《新编经济思想史》第3卷，经济科学出版社2016年版，第132页。

② 在很大程度上，重农主义经济学的意义是被福柯重新发现的。福柯倾向于认为，政治经济学实际上阐明了一种国家治理的自然机制和法则，他指出，在18世纪中期出现了一种能够代替“道德和立法”对于国家治理理由的知识性限制，即政治经济学。这种政治经济学正是指重农主义经济学，它正是从人口、领土和财富共同构成的新型三维网络出发，强调了这种以治理为特征的国家干预，即对经济和人口领域的干预。参见福柯：《安全、领土与人口》，钱翰、陈晓径译，上海人民出版社2018年版，第137页。至此，“治理、人口、政治经济这三个运动，自从18世纪开始构成一个坚实的系列，这个系列直到今天仍然连为一体”。参见福柯：《安全、领土与人口》，钱翰、陈晓径译，上海人民出版社2018年版，第140页。

③ 穆勒：《论政治经济学的若干未定问题》，张涵译，商务印书馆2012年版，第103页。

④ 可“计算”这一思想始于边沁，“他们把重点从土地、劳动和资本连同它们的阶级含义，转移到了关于无阶级的和非政治的具有大写的‘我’的个人的计算上”。参见海尔布罗纳：《改变世界的经济学家》，陈小白译，华夏出版社2016年版，第157页。

⑤ 瓦吉、格罗尼维根：《经济思想简史：从重商主义到货币主义》，彭哲译，电子工业出版社2017年版，第230—231页。

⑥ 汤吉军、戚振宇：《行为政治经济学研究进展》，《经济学动态》2017年第2期。

准化假设，经济学假设和研究方法也逐渐渗透到其他社会科学领域，模糊了经济学研究边界。①这种做法除了拓展经济分析的范围之外，与它并行的是为其他学科的进入提供了契机，如政治学、心理学和社会学等。诺贝尔经济学奖得主、美国心理学家赫伯特·西蒙最早提出了“有限理性”这一概念。在此基础上，行为经济学开始出现，它以人类真实的心理规律作为经济行为、经济现象和经济结果的解释基础，将主流经济学中的“经济人机械系统”扩展为“社会人生物系统”②，通过还原人的社会属性和社会性偏好，重新审视和思考了人类行为的内部动机。行为经济学的出现，具有重要的学科意义：它唤起了对经济学研究对象乃至整个经济思想谱系的严肃审视，“类心理因素”在经济学中重新抬头，并带来了经济分析方法和研究工具的更新。

由是观之，经济学的思想史谱系表明了经济学研究对象的多重性，不仅限于传统的政治经济学所研究的与国家治理或公共经济相关的议题，同时也研究诸如社会资源配置等量化经济问题、官僚行为和政府决策等集体行动问题，以及个人选择和决策的认知和心理过程等具身理论问题。其中，经济分析工具的迭代发挥了重要的作用，同时也是经济学科学化的重要表征——问题转化成了经济学如何科学化或存在几条科学化路径。在这个意义上，约翰·穆勒的定义经过适当修正后，几乎就是经济学的全部内容：经济学研究由人类本质规律所决定的财富的生产和分配，以及在这一过程中的道德或心理规律。以这种视角来看，行为政治经济学的产生和发展也符合上述判断。

二、理性之辩：以经济人假设的演变为线索

以马歇尔的新古典理论体系为代表的经济学坚持认为人类行为必然具备完全理性，经济人假设恰好迎合了基于理性前提和数理模型进行均衡分析的理论需要，自然也就成为新古典经济学的“硬核”之一。③然而，需要指出的是，在经济人假设固化之前，事实上关于人类经济行为的类心理分析早已在进行中了；伴随着经济学研究方法对其他学科的影响，借以其他学科对经济人假设的批判或修正也同时存在了。

① 如贝克尔、布坎南等经济学家“最先向经济学与其他社会科学这种特殊分工提出挑战。他们表明，你不应假定某些主题本身属于‘经济的’问题，而另外的主题本身属于‘社会的’问题”。参见格兰诺维特、斯威德伯格：《经济生活中的社会学》，瞿铁鹏、姜志辉译，上海人民出版社2014年版，第2—3页。

② 颜鹏飞：《新编经济思想史》第9卷，经济科学出版社2016年版，第240页。

③ 出自拉卡托斯的科学研究纲领方法论，其将这一方法论分为“硬核”和“保护带”，如新古典经济学的“硬核”是稳定性偏好、经济人假设和均衡；“保护带”是经济主体的环境约束、拥有的信息集和相互之间的作用方式。

（一）古典时期的经济人：经济利益与非经济利益的双重考量

洛克通过划分“快乐与痛苦的各种情状”，指出“快乐和痛苦，以及产生它们的那些善和恶，都是转动我们情感的铰链”[①]，这些不同的情状显示出，“我们的情感观念全是由感觉和反省得来的”[②]。这表明，产生这种主观体验是通过感官和内省的方法，但是实际存在的诸如能够满足“欲望”的各种物品，或他人的看法和评价也是其重要的客观素材。休谟认为，“关于人的科学是其他科学的唯一牢固的基础，而我们对这个科学本身所能给予的唯一牢固的基础，又必须建立在经验和观察之上”[③]，“一切科学对于人性总是或多或少地有些关系，任何学科不论似乎与人性离得多远，它们总是会通过这样或那样的途径回到人性”[④]。洛克和休谟对人类的内在情感的表达形式和不同分类的研究，为之后的古典作家们在进行经济分析时竖起了一杆“人学”的旗子，这使得他们在阐述经济思想时必须引入对人性等“类心理因素”的考察。

斯密的经济分析始于人性分析，即人性论引发经济论。在斯密的理论中，人性由“利己的经济人”和“利他的道德人”两部分组成。“利己的经济人”并非斯密原创，而是受到布阿吉尔贝尔、坎蒂隆、休谟、魁奈等人的影响。在斯密的早期作品中，他指出，分工可以增加物质生产以达到富裕，并进一步认为“分工的直接根源乃是人类爱把东西互相交换的癖性”[⑤]，而这种“癖性”表现为一种交换的倾向，对于这种倾向“是不是人性中一种无法深入解释的根本原则，或者更有可能是理性和语言出现的必然结果，这都不是我们的研究对象”[⑥]，这是斯密在《国富论》中“论造成分工的原由”一章中第一次提到“理性”，即理性表达了一种喜欢交换的倾向，虽然斯密无意考察理性是作为前提还是目的，但却被人们先验地将其当作一个假设前提去解读之后出现的“看不见的手”[⑦]。

就经济人假设的发展而言，大卫·李嘉图用“抽象-演绎”的研究方法彻底地改变了经济人的发展方向：经济人的社会性、多重人性等被抽离了。受此影响，沿用这一分析方法的传统可称为“李嘉图-穆勒-凯尔恩斯”传统。西尼尔曾明确写道，“每一个

---

① 洛克：《人类理解论》，关文运译，商务印书馆1959年版，第199—200页。

② 这些不同的“情状”，均是由善和恶引起的快乐和痛苦之感，洛克例举了如下几种：爱情、憎恶、欲望、欢乐、悲痛、希望、恐惧、失望、愤怒、嫉妒、羞耻等。参见洛克：《人类理解论》，关文运译，商务印书馆1959年版，第200—203页。

③ 休谟：《人性论》，关文运译，商务印书馆1980年版，第8页。

④ 休谟：《人性论》，关文运译，商务印书馆1980年版，第6—7页。

⑤ 坎南：《亚当·斯密关于法律、警察、岁入及军备的演讲》，陈福生、陈振骅译，商务印书馆1962年版，第188页。

⑥ 斯密：《国富论》，莫里译，中国华侨出版社2013年版，第3页。

⑦ 斯密：《国富论》，莫里译，中国华侨出版社2013年版，第149页。

人都希望用尽可能少的牺牲去得到更多的财富”[①]。然而，几乎被所有人忽略的是其接下来所解释的："可是切不可认为我们的意思是说每个人或任何人所想望的都是一切事物的无限数量，更不是说财富确实是或应当是人类欲求的主要目标。我们的意思是说，没有人会感到他的全部欲望已经获得充分满足，每个人总有些未经满足的欲望，觉得再多得些财富，才可以使他满意。"[②]可以看到，西尼尔的经济人除了追求经济利益之外，还有其他诸如"权势、名誉、闲暇"等非经济利益。这只是一种解读。相比之下，另一种解读更为重要，即经济人的行为目标不再是利益至上，其目标是达到"满意"。因此，在这里引入理性的概念更为恰当，甚至可以认为，虽然西尼尔的经济人概念抽象得并不彻底，但事实上已经出现了"理性-满意"行为模式的雏形。布劳格评论道，"西尼尔远为接近现代的观点，即认为经济人只是理性的一种假设，是对约束条件下将行为极大化的一种假定"[③]。可见，经济人似乎只是符合理性的一种抽象，而理性事实上可以有很多抽象，所以作为人类一切行为的前提均可划入理性这个宏大的框架中。但马上就应该说明，我们是理性的，但不一定是经济的。

（二）新古典时期的经济人：心理学的终结意味着经济学的开始

以奥地利学派为代表的边际主义心理派认为，人类生活和经济学的研究目的就是为了追求幸福，而幸福又是一种基于心理活动的主观体验，因此，幸福与否的判决标准就是人类的心理动机，因此，"政治经济学是实用心理学，所研究的是人们为满足欲望而展开其预筹活动的条件"[④]。例如，米塞斯学说的研究重点即在于"人的行动"，他明确指出，"自然科学研究的是因果关系；人类行动科学则具有目的论的性质"[⑤]。米塞斯的主要观点之一就是人类行为总是有目的的并且是理性的，这里的理性也可视为一种作为手段的"过程理性"。此外，米塞斯十分注重对人类行为动机的研究，他认为，价值评估问题不能回溯到消费者本身，而应以工商业者的行动为起点，工商业者出于贱买贵卖的商人心理将消费者的估价结果视为已知，因此，"如果我们接受这种过于简单化的说法，那就确实可以把商业行为（被误称为经济行为或理性行为）和由商业因素以外的其他因素决定的行为（被误称为非经济行为或非理性行为）区别开来"[⑥]，正是由于这种区分，经济学丧失了真实性，其研究的重点并非放在了事实上，

① 熊彼特：《经济分析史》第1卷，朱泱等译，商务印书馆1991年版，第316页。
② 西尼尔：《政治经济学大纲》，蔡受百译，商务印书馆2009年版，第39页。
③ 布劳格：《经济学方法论》，石士钧译，商务印书馆1992年版，第88页。
④ 颜鹏飞、陈银娥：《新编经济思想史》第3卷，经济科学出版社2016年版，第392页。
⑤ 米塞斯：《经济科学的最终基础：一篇关于方法的论文》，朱泱译，商务印书馆2015年版，第11页。
⑥ 米塞斯：《经济科学的最终基础：一篇关于方法的论文》，朱泱译，商务印书馆2015年版，第87页。

而是放在了导致这些事实的某些“力量”上，于是，经济学所探究的行为主体便不是一个实实在在的人，而是一个能概括、集结这些“力量”的“幽灵”，即经济人。

马歇尔式的经济人可看作是人类在面对各种决策行为时，将其对各种方案的选择看作是仅在可用货币量表示的经济利益方面的凝结。这对于新古典模型而言，的确是有利的：一个以经济利益为起点（亦是终点）的人，其行为被赋予一种“确定性”，因此为迎合模型需要的、最大化的均衡解（其自认为是最优解）也可以由此得到确定。[①]罗宾逊曾言，“在留传至今的均衡理论中，也存在一个心理学因素。均衡概念有一种无法抗拒的吸引力，即它有一个完美的静态运行机制，一个抵消各种压力的静态均衡，以及从偶然的扰动自动平稳恢复的机制。这或许就是弗洛伊德论述的某种东西？它与我们渴望回归母体的想法相关联？我们不得不寻找一种心理学的解释，来说明在知识上不能令人满意的思想之强大影响力。”[②]而事实上，经济学正是从心理学结束的那一点上开始的。[③]

19世纪中期由于自然科学方法的传播以及相应的研究技术和仪器的发展，人们对于心理现象的研究产生了极大的兴趣，而这种氛围导致英国经验主义哲学家强调感官的作用以及德国科学家想要探究感官的具体工作机理两种思潮的汇聚，而完成这一结合的就是威廉·冯特。冯特于1879年在莱比锡大学首建心理学实验室，标志着科学心理学的诞生，之所以称为科学心理学，是因为它将心理学的研究从哲学中抽离出来，并试图建立像自然科学那样具有客观性和严密性的统一的心理学学科。[④]然而，19世纪后期和20世纪初，与之对立的人文科学心理学才刚刚起步，并不具有很强的科学性和体系的完整性，加之英国经验主义哲学传统（事实上也包括法国）惯于将他们对诸如人性、伦理等心理学因素的考量应用于经济学分析，导致了心理学地位的弱化，更难成体系。因此，经济学家认为它无法为经济理论提供支撑，“导致了一场从经济学中摒弃心理学的运动”。[⑤]

然而，人类活动的心理因素应当成为经济学的研究课题，甚至是首要课题，经济

---

① 笔者认为，新古典模型强调的“均衡”或“均衡解”本质上是一种前提，即追求均衡。追求均衡与实现均衡存在区别，“解释追求最优效果的规律与假设人们实际上追求最优效果，是完全不同的两码事”。参见雷诺兹：《经济学的三个世界》，朱泱等译，商务印书馆2013年版，第15页。

② 罗宾逊：《经济哲学》，安佳译，商务印书馆2015年版，第93页。

③ 米塞斯：《经济学的认识论问题》，梁小民译，经济科学出版社2001年版，第3页。米塞斯认为，心理学在转向个人时，找到了正确的出发点。但是其作用路径却并不是人类行动本身，而是走向了上一层，即引起人类行动的心理事件。按照还原论的观点，可认为心理学在米塞斯笔下是位于其行动学的上一层级。

④ 郭本禹：《西方心理学史》，人民卫生出版社2007年版，第1、25页。

⑤ 贺京同：《行为经济学与中国经济行为》，中国财政经济出版社2006年版，第23页及注释。

学家应该像生物学家或心理学家那样研究“每个人身上都具有并起作用的那些东西”，而出于这种研究目的，使得一个真正的经济学家能够以独特的方式观察事物并思考原因，要做到这一点就要求在经济分析中实现诸如人性、道德等“类心理因素”的复归，而不是像数学家一样能够“坐在扶手椅上完成其工作”。[①]

（三）现代时期的经济人：心理学与行为科学的复归

随着经济学帝国主义的发展，经济研究领域扩大的同时也导致了经济学疆界的模糊化：经济学在侵略其他学科的同时也为经济学自身的沦陷打开了方便之门。以有限理性为前提的行为经济学以人类真实的心理规律作为经济行为、经济现象和经济结果的解释基础，以此来刻画一个真实的人的真实情况，即在面临环境的不确定性、信息的不充分性、对环境与信息的处理和计算能力以及认知能力的局限性等诸多现实因素时，人们总是表现得意欲理性，但却只能有限理性。通过还原人的社会属性和社会性偏好，对人类行为的内部动机进行重新审视和思考，事实上将经济学的研究视角重新拉回到微观个体和个体微观。

在讨论20世纪行为经济学的历史时，可追溯到20世纪40—50年代的旧行为经济学，以及20世纪70年代出现的新行为经济学。旧行为经济学的开端与战后形式主义革命的兴起以及新古典主义范式的日益巩固相吻合。这一时期见证了理性选择理论的兴起和定量工具的激增，强化了最优化模型可以解释人类各种行为的信念。新行为经济学的起源可以追溯到20世纪70年代，阿莫斯·特沃斯基和丹尼尔·卡尼曼在前景理论、启发式和偏见、框架效应方面的工作。塞勒在这一过程发挥了关键作用，使行为经济学逐渐被主流所接受。20世纪80年代，塞勒将他的研究扩展到金融以外的异常现象，并在《经济展望杂志》（*Journal of Economic Perspectives*）题为“异常现象”的专栏中推广了这一结果。

从21世纪初开始，塞勒和其他行为经济学家将新行为经济学扩展到一个突出的领域，包括决策之外的方法和研究路径。这项工作在概念上重新定义了这个领域，因为卡尼曼和特沃斯基的影响逐渐减弱，重点转移到工程学上的个人，以更理性的方式表达他们的偏好，符合完全理性而非有限理性；西蒙关于有限理性的工作被选择性地引入到新行为经济学中，沿着卡尼曼和特沃斯基的观点，将心理学见解添加到理性的主流概念中。由此产生的心理学使有限理性模型更接近于标准经济学，远离了西蒙的激进观点；神经科学和神经经济学也为这种心理学提供了信息，它们使用大脑活动的成

① 米塞斯：《经济科学的最终基础：一篇关于方法的论文》，朱泱译，商务印书馆2015年版，第90页。芝加哥学派的方法论和经济学被讥为“坐在轮椅里的经济学”。

像和其他技术来直接观察大脑这一“黑箱”。

当前行为经济学融合进金融、法律、公共政策等领域，衍生出许多新的研究方向，由此产生了许多基于并冠以“行为”的学科，如行为金融学、行为政治经济学等。但是，回归到这类研究的前提，面对理性还是非理性，仍不能区分。有一点可以借鉴并肯定，即卡尼曼所讲的“均值回归”效应。[①]姑且可以将非理性当作人们实现目的的一种即时现象，换言之，我们在短期内可以是非理性的，但从长期来看，终会回归到理性这一“平均值”上来。据此可以认为，人是理性的，但不是完全理性的，一切不理性的行为或现象均是为了实现一个理性的目标而经历的即时（短暂）过程。

三、经济学科学化的两条路径：数学化vs行为科学化

上文提到，经济分析工具的迭代在经济学科学化过程中发挥了重要作用。熊彼特坚信，数学将推进经济学的发展，他在《关于经济理论的数学方法》一文中论证到，数学对经济学已经做了重要的贡献，并且还将做更大的贡献。“我必须说，迄今还没有听到任何在我看来是强有力的反对意见，没有人……能动摇我的信心，那就是依赖于这种方法，将来的经济学是一门科学”，紧接着他援引了杰文斯的观点：“如果经济学要成为科学，它就必须是数学的。”[②]熊彼特对数学极为推崇，他虽然倾向于进化和历史的分析方法，但不排斥数学和数理化，而是反对数学的滥用。这也是为什么他把瓦尔拉斯视为有史以来最伟大的经济学家。然而，作为20世纪影响最大的行为主义心理学思潮的兴起和发展，也许对赫伯特·西蒙去“量化”人的理性、塞勒将经济学和心理学进行融合、卡尼曼和特沃斯基将心理因素用于决策领域，以及当前神经经济学领域的脑科学和实验室试验产生了一定程度的影响[③]，这对于我们理解20世纪心理学和经济学的发展史中的重合或断裂部分有很大的帮助。

（一）经济学数理化的问题——基于方法论的角度

西尼尔曾试图将经济学打造成实证的、演绎的“纯经济学”。西尼尔在定义经济学的研究边界时，认为如果政治经济学是研究财富的话，那么在研究方法中一定是不能，

① 卡尼曼：《思考，快与慢》，胡晓姣等译，中信出版社2012年版，第156—157页。

② 艾伦：《开门——创新理论大师熊彼特》，马春文等译，吉林人民出版社2003年版，第62页。熊彼特认为，还存在另一条经济学科学化的路径，即历史。但对熊彼特而言，这两条路径都失败了。

③ 实验室实验中使用的规则表明它事实上同样更倾向于严格的形式，而非内容。参见Tzotzes，S.，& Milonakis，D. 2021. Paradigm change or assimilation？ The case of behavioral economics. *Review of Radical Political Economics*，53（1）：173-192。

甚至无法涉及价值判断的，于是他笔下的政治经济学就变成“类似物理学、化学的纯粹科学”。西尼尔的公理化实际上是一种将经济学科学化的努力，熊彼特评价道，“西尼尔当之无愧地享有这样的殊荣：他是第一个试图自觉而明确地阐述四条公理，这四条公理是建立……普通称为经济理论的这个小小分析器械（或者换一个说法，为它提供一种公理基础）的充足必要条件”①。

值得一提的是西斯蒙第，他是以李嘉图为代表的抽象研究方法的有力反对者。西斯蒙第指责李嘉图的抽象法，他说“人们经常利用略去某些中间的某些环节的方法表现自己的学说的高深。我们这位作者（指李嘉图）好像很喜欢用这种令人一眼就可以看出的错误的假定来掩盖一种抽象的意义，使读者感到惊讶”②，而这里的“某些环节”，恰恰是以李嘉图为代表的古典经济学家所抽象掉的人性，或者称为良心、理智等。但穆勒给出了像李嘉图等将人性进行抽象的一个解释：“没有政治经济学家认为现实中除了财富再无其他欲望目标，或者所有的动机都要为卑微的金钱动机让路。但是他们做这样的假定是事出有因的，是为了他们的研究目的；因为他们在解释这部分人类行为时，只能将金钱至上作为直接和主要的目标；因为没有两个个体的情况是完全相同的，除非摒除一些特定的环境因素，否则，他们不能得出普遍的准则。”③事实上，穆勒所说的与西斯蒙第所表达的是同一个意思，他们在这里所批判的正是被熊彼特称之为“李嘉图的恶习”的东西。④

严格来讲，经济学家对心理学的排斥始于边际革命，确切地说是边际主义数理派。也许是因为他们把边际主义心理派所做的“首创”工作抢了过来，并用数理模型将其进行加工和包装，这一做法为经济学蒙上了一层形似自然科学般的严谨性和看似富有真理性的面纱。边际学派提出了从效用的角度刻画人们对商品价值的主观感受，即偏好，且这一时期盛行的以演绎为主的数理经济学对这些基数效用论者在工具方法上起到了很大的影响，加上功利主义在经济思想中的盛行，目的理性逐渐演变为边际学者们笔下的工具理性，即其将理性视为行为人在“给定”目标下的选择集合，由于这种工具理性方法和主观效用前提相结合，所谓的经济人就自然而然地成为选择内部一致性和行为目的最大化的“结合体”，而这一结合体的活动框架和活动载体就是数理

① 熊彼特：《经济分析史》第2卷，杨敬年译，商务印书馆1992年版，第315页。

② 西斯蒙第：《政治经济学新原理》，何钦译，商务印书馆2009年版，第487—488页。熊彼特也曾指出，“西斯蒙第利用一切机会赞扬亚当·斯密而诋毁‘新学派’（李嘉图派）。在方法问题上，他断定亚当·斯密的方法是真正科学的和‘实验的’（意指经验的），同时谴责李嘉图的方法是脱离实际的抽象空论”。参见熊彼特：《经济分析史》第2卷，杨敬年译，商务印书馆1992年版，第186页注释。

③ 穆勒：《论政治经济学的若干未定问题》，张涵译，商务印书馆2012年版，第113页。

④ 熊彼特：《经济分析史》第2卷，杨敬年译，商务印书馆1992年版，第153页。

模型。[①]

马歇尔的新古典微观经济学体系最重要的一个特点就是存在一个完美的均衡机制，尽管这种均衡结果的出现是从康德的先验理性出发通过数学推导出来的，尽管这数学推导的行为完全不是人的行为，但不可否认其在承认和解释市场的完美均衡机制方面具有像自然科学那般强大的解释力，但放在以研究人的行为为落脚点的经济学中，这些“数学”不过是“经济学自圆其说的形式话语而已”。[②]正如温奇指出，“1870年见证了政治经济学的没落和经济学的诞生……注意力转向……范围更窄、更细致的相对价格决定的研究。经济学成为一门类似数学的科学，其中，重要问题被表述为稀缺性问题或选择问题，并涉及策略性经济量在特定条件下的最大化或最小化”。[③]因此，经济学在数学工具的帮助下实现了“质”的发展，在既定的假设目的下，经济学变成一门高度演绎和实证且不涉及价值判断的科学，其研究范围聚焦于以稀缺性为前提的资源如何配置和市场供求条件下的相对价格如何决定。

然而，需要指出的是，新行为经济学并没有缓解主流经济学的数学化趋势。[④]尽管旧行为经济学家使用数学方法，但西蒙反对在没有经验基础的情况下滥用数学。对于新行为经济学家来说，数学的使用将他们的领域定义为经济学，将其与心理学区分开来。[⑤]换言之，新行为经济学不仅仅使用数学方法和模型，而且追求数学化，将其作为制定数学替代方案的目标，为“理性假设提供坚实的心理基础”。[⑥]数学和经济学的建模技术也是神经经济学的核心，神经经济学采用约束最大化和均衡分析来对大脑的某些部分进行建模，这些部分被视为大规模处理和分发信息的类似市场的网络。因此，应该认为，经济学科学化的问题并不在于数学和建模技术，而在于数学方法进而模型和统计方法的滥用，在于它们在多大程度上能够用于解释经济现象和人类行为。

（二）经济学科学化的第二条可能路径：行为科学化

1874年，弗朗兹·布伦塔诺出版的《经验观点的心理学》标志着人文科学心理学的开始。冯特的自然科学心理学以人的心理现象为研究对象，然而不可否认的是人的

---

① 朱富强：《现代主流经济学的“硬核”缺陷：“经济人”的基本含义、形成逻辑和内在缺陷》，《福建论坛（人文社会科学版）》2017年第9期。

② 博兰：《批判的经济学方法论》，王铁生等译，经济科学出版社2000年版，第10—11页。

③ 瓦吉、格罗尼维根：《经济思想简史：从重商主义到货币主义》，彭哲译，电子工业出版社2017年版，第226—227页。

④ Milonakis，D. 2017. Formalising economics： social change，values，mechanics and mathematics in economic discourse. *Cambridge Journal of Economics*，41（5）：1367-1390.

⑤ Heukelom，F. 2014. *Behavioral economics*： *A history*. Cambridge University Press：188.

⑥ Camerer，C. 1999. Behavioral economics： Reunifying psychology and economics. *Proceedings of the National Academy of Sciences*，96（19）：10575-10577.

心理现象兼具生物属性和社会属性，因此心理学也兼具自然科学和人文科学两种性质，而强调用实验方法研究人的心理现象的自然科学心理学则限制了心理学的范围，而相比之下，布伦塔诺认为心理学既是理论科学又是应用科学、既主张经验知觉（内省法或内部知觉方法和观察法）又不反对实验，体现了一种较为客观和中庸的态度，在方法论上有着经验主义的部分传统。[①]因此，与传统的经验主义者一样，布伦塔诺的人文科学心理学具有"人文价值和意义"。

受这种研究取向的影响，诸如精神分析心理学、格式塔心理学、行为主义心理学、人本主义心理学等，在某种意义上均倾向于一种理论研究。也许理性之概念在20世纪的经济学发展中是一个主旋律，那么与之并行的对人类动机和人类行为非理性规律的研究在一定程度上、不可否认地受到了这种人文科学心理学以及浪漫主义、存在主义哲学之传统的影响。弗洛伊德作为精神分析学派代表，承认人是非理性的，其在精神分析中表现出来的强烈的非理性主义倾向显然受到了叔本华和尼采的影响，但这种极端的倾向也导致其易滑向"非理性中心主义"的谬误以及陷入生物学化倾向的泥淖，在根本上来说，亦存在方法论个体主义的局限。与此相比，以韦特海默、苛勒、考夫卡和勒温等为代表的格式塔心理学家则主张采用整体方法研究人类行为或心理现象。在哲学层面，他们借鉴了康德的先验论和胡塞尔的现象学。[②]后者直接影响并导致了现象学心理学的出现。[③]

与上述两种流派不同的是由约翰·华生建立起来的行为主义心理学，该流派将外显的、可观察的行为视为研究对象，因此，在这个意义上，华生的行为主义实现了"由意识到行为"的革命。[④]华生"大胆地将一切心理学问题简化为刺激-反应（S-R）公式，使心理学专注于寻求刺激与反应之间联结的规律……从而达到预测和控制机体行为的目的"[⑤]，其过分强调关注"肌肉、骨骼运动和腺体分泌"，说明由华生创立的古典行为主义心理学本质上隶属于自然科学心理学，而其忽略意识等人类内部因素的

① 布伦塔诺并不反对实验法，他也多次引用费希纳和冯特的研究，其认为实验法分为"决定性的"（crucial）和"系统性的"（systematic），他提倡前一种而反对后一种。布伦塔诺强调决定性的实验法依附于思辨，而系统性的实验法较为局限，而且往往过于强调方法本身，往往看不到心理学的主要研究问题。参见郭本禹：《西方心理学史》，人民卫生出版社2007年版，第175页。

② 胡塞尔将现象学运用到心理学问题上，倡导"对所经历、体验到的心理活动采取详细而复杂的描述"，"现象学改变了格式塔学者对待心理意识及心理学本身的态度，鼓舞着他们去反对冯特的传统，去探讨心理学研究的新的途径"。参见郭本禹：《西方心理学史》，人民卫生出版社2007年版，第257—258页。

③ 郭本禹：《西方心理学史》，人民卫生出版社2007年版，第293页。

④ 华生认为传统心理学的"意识"与古代的"灵魂"同质异构，"是一种受制于心灵体验的宗教哲学"，而放弃了"灵魂"（即"意识"），打破这种主观主义，心理学才算是科学。参见华生：《行为心理学》，刘霞译，现代出版社2016年版，第10—13页。

⑤ 郭本禹：《西方心理学史》，人民卫生出版社2007年版，第84页。

研究也容易使心理学成为“无头脑”的科学，这是其缺陷所在。华生坚持认为心理学只能研究行为而非意识，研究方法应以客观而非主观的观点遭到一些心理学家的批评。遵循华生的行为主义传统的基本立场，出现了新行为主义心理学，其中包括赫尔的逻辑行为主义[①]、托尔曼的认知行为主义和斯金纳的操作行为主义等，新行为主义者打破了古典行为主义的“唯行为”的研究对象局限，也强调机体内部的心理过程，在方法上他们注重试验和量化而非仅局限于理论思辨或提出观点，极大地推动了20世纪心理学的发展。[②]

但事实上，以冯特为代表的自然科学心理学一直是主流，而现今经济学领域中运用脑科学、脑成像技术等技术手段的实验经济学、神经经济学实际上也是对人类的心理因素进行生物学隐喻上的定量化研究，这的确是对自然科学心理学的研究方法的运用，这种方法摆脱了先验意义上的对人类心理因素的哲学考量，因此从这个角度上体现了心理学的科学性一面，但是“心理学无须为它的非科学性方面辩白，因为那些方面经常为理解人类作出了重要贡献，通常，由非科学取向的心理学家们发展出的概念后来仅受到使用科学方法的心理学家们的‘微调’”。[③]这一点在经济学领域也一样。随着经济学研究方法的固定化以及精神分析法、行为主义心理学等的不断发展，有经济学家已经意识到，或者重新回到“思考问题”的阶段——在经济学“去心理化”完成之时也蕴含了“再心理化”的种子。

因此，行为经济学的研究方法也是多元化的、跨学科的，既可以采用社会学、心理学、人类学等社会科学的经验方法，也可以采用脑科学、生物学、模拟实验室等自然科学的实证方法。但是，正是由于行为经济学在方法论的可行性上极大程度依赖心理学等社会科学的可靠性，加上有限理性人的行为决策的互不相同和不确定性，导致其在方法论的选择和确定上面临较大的困难，作为行为经济学的方法论依据之一，还原论是目前较为流行的一种观点。[④]熊彼特曾经指出，“心理学实际上是任何社会科学

---

① 赫尔是唯一试图用综合的、科学的理论来研究S–R联结的人，并创立了高度复杂的假设–演绎理论。他认为，“假设演绎法是最有价值的发现科学事实的方法”，而这一方法的步骤是“引入定义—选择前提—推出定理”。参见郭本禹：《西方心理学史》，人民卫生出版社2007年版，第98—99页。

② 郭本禹：《西方心理学史》，人民卫生出版社2007年版，第107页。

③ 赫根汉：《心理学史导论》，郭本禹等译，华东师范大学出版社2004年版，第33—34页。

④ 借用卡尔·亨普尔的观点，社会科学中的可还原性问题与方法论个人主义相联系，“按照这种学说，所有的社会现象都可以用涉及这些现象的个体行动者的情景以及参照有关个体行为的规律和理论来进行描述、分析和解释……因此，方法论个人主义学说可看作蕴涵着这样的观点：社会科学的特殊概念和定律（在广泛意义上包括群体心理学、经济行为理论等）可还原为个体心理学、生物学、化学和物理学”。参见亨普尔：《自然科学的哲学》，张华夏译，中国人民大学出版社2006年版，第162—167页。

出发的基础，所有根本性的解释都要以此为依据”。[①]对于还原论有多种解读方法，而威尔金森所指出的适应于行为经济学的版本称为“解释性的和层级的”还原论。[②]按照层级还原论的观点，每一种现象可被低于该层级的观点来解释，且在每一层级上的解释都是恰当的，只不过所用到的学科和解释方法不同，即按照他的观点，心理学可作为经济学可还原到的最后一层（最底层）。就目前来看，还原主义是较为合理的且能够得到普遍认同的，比如神经经济学作为行为经济学的实践层面之一，也明确指出其所使用的方法论为还原主义。[③]通过使用脑科学技术以及认知心理、认知决策理论，对具身理论（theory of embodiment）框架下个体经济心理及行为进行解释的神经经济学取向占有一席之地。[④]此外，通过实地实验、实验室科学和仿真模拟技术进行的实验经济学亦为行为经济学在实践层面提供了丰富的案例。

四、公共选择理论与行为政治经济学

弗里德曼工具主义的方法论是否成为问题取决于人们的“眼前目的”，如果不是人们在研究方法或方法论上的各取所需，而能够使得方法论成为问题的或许是弗里德曼的追随者们造成的。[⑤]运用经济人范畴来分析社会科学中的一切问题、将经济学可解释的范围拓展至人类所有行为的做法，被称为“经济学帝国主义”，其做法通常是将以经济人假设为特征的理性行为理论囊括在各种不同的效用函数下以解释人类的各种行为。这也是斯蒂格勒所称的“芝加哥信条”。斯蒂格勒指出，“芝加哥学派的经济学家拥有一个坚定的信条：人们行为的效率在于自身的利益……信条基于这样一个简单的事实，

---

① 熊彼特：《经济分析史》第1卷，朱泱等译，商务印书馆1991年版，第53页。维塞尔批评熊彼特拒绝在经济学中接受心理学的做法。熊彼特后来也改变了对心理学的观点，承认心理学可以支持经济学家对人类行为关系的估计。但是，熊彼特一生都不愿意相信心理学定律。参见艾伦：《开门——创新理论大师熊彼特》，马春文等译，吉林人民出版社2003年版，第92页。

② 威尔金森：《行为经济学》，贺京同等译，中国人民大学出版社2012年版，第18—19页。

③ 格莱姆齐：《神经经济学分析基础》，贾拥民译，浙江大学出版社2016年版，第40—45页。

④ 窦东徽等：《经济心理与行为研究的新取向：具身经济学》，《华东师范大学学报（教育科学版）》2015年第1期。

⑤ 博兰认为，弗里德曼的实证经济学所做的大多数简化的假设，均把现实世界的复杂性或变量抽掉了，而这么做的唯一优势在于，人们在建模时所需的变量信息减少了，从这种意义上说，“在经验的应用所需的先验的信息量方面，简化的假设具有节约的作用”，而假设是为特定模型服务的，只要这个假设适用的模型可用，那么假设是无关紧要的，因为在弗里德曼看来，重要的只有论据的充分性和结论的真实性。但是，问题出现了，博兰指出工具主义最重要的一个特点是，它所强调的结论（预测）仅仅是“（即刻的）实际成功”，而不是在通常意义上的长时期的预测，甚至，连短时期的预测都做不到。参见博兰：《批判的经济学方法论》，王铁生等译，经济科学出版社2000年版，第32—48页。

即一般的经济行为者深知自己的行为所处的环境以及行为可能的后果"①，基于这一信条形成的理性理论为解决新问题提供了前提，于是"理性行为理论已经拓展到人类行为的各个领域"。②

贝克尔曾认为，经济学"基于稀缺资源和各种可供选择目标"的定义太过笼统③，经济学应该作为一种"问题导向"的科学，凡是与人类行为有关的问题都应该成为经济学的研究对象，经济学的分析方法也同样应该适用于能够分析与人类任何行为相关的现象。而"最大化行为、市场均衡和偏好稳定的综合假定及其不折不扣地运用便构成了经济分析的核心"④，运用这一经济分析方法，可以解释其他诸如犯罪、家庭决策等非经济问题。

公共选择学派作为新政治经济学分支之一，强调经济学应该是一门交易科学或市场理论，而不应该是一门选择科学或资源配置理论。该学派的领袖人物詹姆斯·布坎南认为，"经济学家应当研究的特定主题就是人们在市场关系中的行为，这种行为反映了交易和交易物品的倾向，并研究这些市场关系在结构上能采用的多种变化形式"。⑤这无疑是完美借鉴了斯密的观点。交易特点和交易行为也充斥于政治市场，政治是个人或组织之间出于自利动机进行的一系列交易过程，这种利益的互换，同样见于经济过程。换言之，公共选择理论倾向于把政治制度化约为政治市场；集体行动就是一种以个人行为为基础、体现个体或组织之间的复杂交易或契约。市场则是促使这种交易过程自动实现的制度中介。

在公共选择理论模型中，个人或组织都是具有利己心、追求自身利益最大化的个体。不论个人的身份如何变化，其"人性"并不会发生改变。⑥因此，对政治中个人行为的解释应依赖于与指导市场行为的经济学分析相同的动机假设。而产生政治结果的系统性过程应当被理解为反映了供求的相互作用。这就是公共选择理论——将其理解为经济分析在研究政治过程中的应用——的全部意义所在。当然，在新古典主义的标准化变体中，调整动机假设意味着要将代理人模型化，使其不仅在市场中，而且在政治领域也最大化其预期效用。布坎南将经济分析用于政治领域，如政府决策、官僚理

① 史库森：《朋友还是对手：奥地利学派与芝加哥学派之争》，杨培雷译，上海人民出版社2006年版，第76页。

② 史库森：《朋友还是对手：奥地利学派与芝加哥学派之争》，杨培雷译，上海人民出版社2006年版，第77页。

③ 贝克尔：《人类行为的经济分析》，王业宇、陈琪译，上海人民出版社1995年版，第6页。

④ 贝克尔：《人类行为的经济分析》，王业宇、陈琪译，上海人民出版社1995年版，第8页。

⑤ 布坎南：《经济学家应该做什么》，罗根基、雷家瑞译，西南财经大学出版社1988年版，第3页。

⑥ 方福前：《公共选择理论——政治的经济学》，中国人民大学出版社2000年版，第21页。

论和寻租等，布坎南明确指出“对不同规则对社会互动”的参与者的预设，基本上就是经济人预设，而经济人模型运用于非市场领域——尤其是政府行为、政治过程、集体行动等——在他们（布坎南、布伦南、图洛克等）看来也是正确的[①]，这无疑也是对“芝加哥信条”的坚定捍卫。布坎南站在方法论而非经验的立场上对经济人进行辩护，其将经济人建构视为在立宪模型中一个“有用的虚构”[②]，并主张将政府也视为一个经济人行事，因此他们的论证纯粹是出于分析目的的需要，而不是经验、事实的。可以发现，公共选择理论的研究对象主要在政府及其代理人一方。

西方传统的经济学和政治学倾向于认为，政府是由一些追求社会福利最大化的仁慈政治家治理的；公共选择理论则指出，面对社会成员的异质偏好和不同集团/组织的压力，政府不可能计算出社会福利函数的最优解。政府及其他社会机构的人员一样，具有自利动机，这些人员在代表性决策中不免会考虑到个人利益，于是，同新古典的市场失灵相对应，政府失灵就是必然发生的。[③]对此，公共选择理论提出了两种矫正政府失灵的途径，一是芝加哥学派提出的“重新创造市场”，二是弗吉尼亚学派的“宪政经济学”。

然而，随着行为经济学的兴起，历史会重演：假设认知偏见存在于市场，但不存在于政治领域，行为经济学家往往呼吁政府以一种“仁慈”的方式进行干预。然而，最近政治经济学家们开始将行为经济学的见解应用于政治过程的研究中。如果说公共选择理论是斯密式的古典政治经济学与新古典经济学的合体，那么首先要明确的是，行为政治经济学（Behavioral Political Economy，下称BPE）就是行为经济学与公共选择理论的合体，是将行为经济学的观点和方法运用于新政治经济学（尤其是公共选择理论），而非应用于传统意义上的政治经济学。施内伦巴赫和舒伯特在《行为政治经济学：一个综述》一文中将BPE定义为“行为的心理认知、经济分析及其在政治领域中的影响”。[④]该文不仅十分详细地梳理并介绍了BPE的发展脉络及其主要面向，也是为数极少地明确以“行为政治经济学”为题发表的文章。文章区分了弱BPE和强BPE两个“变体”。前者只是改变了代理人的认知能力、意志力或效用函数内容的具体辅助假

---

① 参见布伦南、布坎南：《宪政经济学（规则的理由）》，冯克利等译，中国社会科学出版社2004年版，第54—56页；布坎南、图洛克：《同意的计算：立宪民主的逻辑基础》，陈光金译，上海人民出版社2017年版，第16—18页。

② 布伦南、布坎南：《宪政经济学（规则的理由）》，冯克利等译，中国社会科学出版社2004年版，第59页。

③ 方福前：《公共选择理论——政治的经济学》，中国人民大学出版社2000年版，第197页。

④ Schnellenbach, J., & Schubert, C. 2015. Behavioral political economy: A survey. *European Journal of Political Economy*, 40: 395-417.

设。比如，选民在投票时不仅关心政治结果，还关心他们的“公民责任”。换言之，弱BPE研究了非标准偏好或认知偏差（以前被称为“异常现象”），以及注意力和自控力的局限对活跃在政治领域中的人的行为的影响。强BPE超越了这一点，并试图真正解释（而不仅仅是假设）标准模型的动机和其他心理认知上的外延。比如，它可能会试图检视导致代理人对某些偏见敏感程度存异的心理过程。用西蒙的话讲，弱BPE与正统经济学一道将理性选择当作“思想的产物”，而强BPE则考虑到了选择本身潜在的和之前的心理过程。①表1给出了BPE与公共选择理论的比较。

表1　　行为政治经济学与公共选择理论的比较

	假设	本质	对象	失灵类型	内容	
BPE	非标准假设	心理过程	政府/选民	选民失灵	弱BPE	认知偏差、注意力和自控力的局限
					强BPE	选择本身潜在的和之前的心理过程
公共选择理论	标准假设	政治过程	政府	政府失灵	利用非市场决策的方式来配置资源	

资料来源：作者自制。

BPE不仅研究政府行为，而且也聚焦选民的维度。这也是BPE的主要贡献之一。选民行为受到了涉及心理认知的政治经济学的广泛关注，这尤其体现在选民的投票行为上。然而，许多关于投票行为的实证观察很难与标准的理性选择模型相一致，除非继续补充新的假设，而这些假设在很大程度上是从心理学和政治学中借鉴来的。例如，通过引入从投票行为中获得的各种直接利益的方式来处理“投票悖论”、表达性投票和追溯性投票、“理性的非理性”等现象。②抛开研究领域或研究对象问题，BPE对选民政治偏好的决定因素的研究仍然很少，很大的原因在于所研究的因素的复杂性。投票悖论涉及再分配偏好，但在很大程度上，仍然不清楚到底是什么决定了选民潜在的个人偏好，而其他偏好则可以部分地在实验室实验和田野实验中得到确证，但这在多大程度上转化为更现实的投票环境是一个有待解决的问题。强BPE侧重于导致通常带有偏见的投票行为的心理过程，它表明，即使在社会化之后，政治偏好也往往远未确定。

① Simon，H. A. 1978. Rationality as process and as product of thought. *American Economic Review*，68（2）：1-16.

② 对于各种投票行为的详细探讨，参见Schnellenbach，J.，& Schubert，C. 2015. Behavioral political economy：A survey. *European Journal of Political Economy*，40：395-417。

投票行为遭遇两种常见的阻碍：第一，个人容易根据过去经验的偏见和不完整的看法调整私人偏好，进而可能会影响偏好的公开表达，这反过来可能影响决策本身，“这使得整个进化过程内在地不可预测，即使在社会集体选择的实施中没有错误”。[①]第二，个人极易受到框架效应的强烈影响，即描述替代选择的方式。框架效应打破了理性选择理论中的标准化假设，政治供给方可以很容易地利用众所周知的偏见，如损失厌恶或现状偏见，以操纵参照点，进而形成对替代方案的评估。[②]

五、行为政治经济学的可能前景

公共选择理论继承了新古典主义的标准化假设及其研究方法或分析工具。新行为经济学家试图通过证明人类行为如何以各种可能的方式偏离新古典规范来挑战基于经验的理性假设，随后他们试图将个人建模回到理性的主流规范中。[③]行为政治经济学无疑是行为经济学在公共选择理论中的运用，或者称之为行为公共选择理论。因此，在未来可能的发展方向中，首要的工作就是行为政治经济学理论框架的建构。就假设和研究对象而言，拓宽标准化假设是理论发展的必然，实际上这同经济学科学化问题具有一致性。新古典经济学未来一定会在数理化道路上越走越远，而行为科学化和数理化两种科学化途径表明，“经济学的健康发展最终将要求在‘经济学家’和‘数学家’之间划出一道明显的界线”；[④]行为经济学仍然存在体系完整性方面的缺陷，其之后的发展一定是在理论整合和体系建构的方向上逐渐完善。但如果我们仍看重政策问题和“当下的实际成效”，而不注重经济理论的发展，那么弗里德曼的方法论就将继续被许多经济学家视为是令人满意的方法论。[⑤]

其次，“助推”的变体和强化。行为研究一旦接触政治权力，就能够广泛应用于许多政策领域，对于这一点公共选择理论和行为政治经济学已经提供了大量的例证。行

① Kuran，T. 1991. Cognitive limitations and preference evolution. *Journal of Institutional and Theoretical Economics*（*JITE*）*/Zeitschrift für die gesamte Staatswissenschaft*：241-273.

② Quattrone，G. A.，& Tversky，A. 1988. Contrasting rational and psychological analyses of political choice. *American Political Science Review*，82（3）：719-736.

③ Gigerenzer，G.，& Berg，N. 2010. As-if behavioral economics： Neoclassical economics in disguise？. *As-if Behavioral Economics*：1000-1033.

④ 埃克伦德、赫伯特：《经济理论和方法史》，杨玉生等译，中国人民大学出版社2017年版，第544—545页。

⑤ 博兰：《批判的经济学方法论》，王铁生等译，经济科学出版社2000年版，第60页。

为政策的社会变革方向主要源于塞勒和桑斯坦的“助推”策略，①包括锚定、简化、提醒和类似的承诺手段，以推动人们在不“显著改变其经济激励”的情况下作出更好的选择。②这种规范性方法产生了选择架构政策模板，表现为“自由主义家长主义”：介于国家主义和新自由主义之间的第三种方式。虽然行为经济学家已经在经济人经验批判上做了大量的工作，但自由主义家长主义支持者仍然相信，在理想状态下，个人应该表现得像他们在传统意义上是完全理性的。此外，他们相信“选择架构师”应该引导个人进入预定的方向，在大多数情况下，通过有意地设计选择情境，使个人“被助推”，从而按照完全理性的方法行动。因此，个人理性和集体理性之间的冲突可以通过“选择架构师”的帮助来弥补，尤其是当人们“不后悔的非理性”并且无法改变自己的行为时。

然而，从BPE的角度来看，最重要的问题是：自由主义家长主义者不会问我们是否可以期待真正的政治家在真正的政治过程中真正地执行那些被认为是有效的政策。这里的一个问题是，政客们也遭受着作出有偏见的选择的痛苦。特别是，家长式的计划者自己可能会受到自己的可得性偏见的困扰，他们会关注在特定时间点特别流行的问题。③

第三个可能的领域是，理性的计算，或量化理性问题。④集体理性不是个体理性之和，甚至不是个体理性的函数。理性之所以符合个体利益，一个重要原因是制度框架与规范许可。换言之，理性行为受到制度框架的制约；制度决定着人类个体的理性方向。徐晋给出了一个量化理性的设想，用给定区间的具体数值来刻画理性。首先，通过定义“有限的绝对理性”，他指出，“理性是绝对的”意味着决策者的行为受到人类物种和自然进化的宏大背景的影响，“理性是有限的”则是因为决策者的知识、参照系和行动空间均是有限的，因此理性表现也是有限的。在此理论基础上，个体的理性一定是发生在具体领域、具体事项上的。于是，在特定事项上，可以通过包含于区间［0，1］的数值θ或区间［0，θ］表达，理性越强则理性数值或区间的上限θ越趋近于1：达到1代表完全理性，0则代表无理性（$0<\theta<1$）。量化理性，是指在现代经济背景

① Thaler，R. H.，& Sunstein，C. R. 2008. *Nudge*：*Improving decisions about health*，*wealth*，*and happiness*. New Haven，CT：Yale University Press：252-253.

② Thaler，R. H.，& Sunstein，C. R. 2008. *Nudge*：*Improving decisions about health*，*wealth*，*and happiness*. New Haven，CT：Yale University Press：5-6.

③ Schnellenbach，J. 2012. Nudges and norms：On the political economy of soft paternalism. *European Journal of Political Economy*，28（2）：266-277.

④ 徐晋：《后古典经济学原理：离散主义、量化理性与制度价值论》，中国人民大学出版社2015年版，第97—98页。

下，个人的理性决策依赖于数据技术，并且个人理性可以通过数据技术进行模拟与表达。这一思想或许会成为未来理论研究的重要方向，甚至会对现实经济产生一定的影响，比如平台经济如何计算并“控制”理性。

经济思想史与经济史研究

经济史与经济学*

罗伯特·M.索洛　著

杨麒渊　谭美容　译　李睿君　郭梦瑶　校

我曾认真琢磨过经济学到底是一门什么类型的学科？或者说，经济学能否发展成我所想象的那个样子？如果经济学已发展成我脑海中所期待的那样，我想，经济学与经济史之间相互成就的关系将不会再被人质疑。经济理论为经济史提供了什么，经济史又为经济理论提供了什么，这些都会非常清楚。下面我将尝试阐述我对这个问题的看法。

然而，无论好坏，经济学都走上了一条不同于我心目中所期望的道路。其中一个后果（虽然不是最重要的后果，但对我们的讨论很重要）就是经济理论从经济史中学不到任何东西，经济理论既充实了经济史，也破坏了经济史。我稍后也会谈到这一点。

你们会注意到我言辞激烈，我也乐于承认这一点，我的判断也许大错特错。但是，畏首畏尾是没有意义的。直言不讳可能会引发有趣的讨论。毕竟，如果不是因为著名的方法论之争（Methodenstreit），没有人会记得德国老历史学派。事实上，反正也没人记得他们。（这其中一定有教训）

言归正传，我认为，试图将经济学构建为一门以公理为基础的硬科学注定是要失败的。有许多理由支撑我的这个观点，但由于这不是今天讨论的主题，我没有必要逐条列出这些理由。我希望以下的一些杂谈可以表达我的意思。现代经济是一个非常复杂的系统。我们无法对其局部进行控制实验，甚至无法对其进行独立观测，故而我们无法使用以往用于区分竞争性假设的那些经典硬科学方法，对此，主要的替代方法是对历史时间序列（historical time-series）进行统计分析。但是，另一个难题也随之而来。竞争性假说本身就是复杂而微妙的。我们在开始之前就知道，所有假说，严格说来至少是存在很多假说，都能够以一种粗略的方式来拟合数据。然后，为了作出更精

---

* 原文载 *American Economic Review*，May，1985，Vol. 75，No. 2，Papers and Proceedings of the Ninety-Seventh Annual Meeting of the American Economic Association（May，1985），pp. 328-331。中译文于2023年11月24日发布于微信公众号ECONOMICS RULES，本译文是在其基础上根据原文校对修改的版本。译者杨麒渊（重庆大学管理学硕士）、谭美容（重庆财经学院讲师，重庆交通大学管理科学与工程博士研究生），校对修改者李睿君、郭梦瑶（云南大学经济学院博士研究生）。

细的区分，我们需要在稳定条件下观察到较长的时间序列。

遗憾的是，经济学是一门社会科学。它受制于达蒙·雷恩定律（人与人之间没有超过三对一的关系）（Damon Runyon's Law，nothing between human beings is more than three to one）。为了更正式地表达这一点，我们所观察到的许多现象都不能被视为稳定随机过程，如果它是稳定随机的过程，这才是荒谬的。此外，所有狭义的经济活动都植根于社会制度、习俗、信仰和（个人）观念的网络之中。具体结果不可避免地受到这些背景因素的影响，其中一些因素会缓慢且循序渐进地变化，另一些则变化无常。当时间序列变得足够长，能够辨别复杂的假设时，时间序列保持稳定的可能性将逐渐降低，噪声水平将相应增高。在这种情况下，只要有一点聪明才智和坚持不懈的精神，几乎可以得到任何你想要的结果。我想，这就是为什么很少有计量经济学家迫于事实而放弃坚定信念。事实上，《财富》（*Fortune*）杂志的热门作者已经写了几十篇实证文章，却从未觉得有必要报告与他们先前的偏见相悖的结果。

如果我在这一点上是正确的，那么采用一种相对温和的方法将更有利于科学的经济学。我们要做的事情已经够多了，不需要假装达到我们无法达到的完整度和精确度。在我看来，分析经济学的真正功能最好以非正式的方式描述：构建我们对经济的必然不完整性的认知，去发现外行人可能会忽略的联系，借助一些核心原则讲述看似合理的——有时甚至是令人信服的——因果故事，并对经济政策和其他外生事件的后果作出粗略的定量判断。在这种情况下，经济分析的最终产物很可能是一系列根据社会环境——抑或说是历史背景——而定的模型，而不是一个适用于所有环境的单一整体模型。

我不希望有人认为，这种对经济分析本质的低调看法，是对不严谨思考的许可。逻辑严密性在这一计划中与有意识地追求科学方法同样重要。计量经济学的奥妙与精妙之处便在于此，甚至会更重视这一点。我刚才提到了"粗略的"定量判断，但那只是为了表明，如果我们对自己和他人诚实的话，无论如何，在宏观经济学中，我们所能达到的最好水平都不可能是精确的。经济学家实际上应该相信他们所做的实证判断，这是一个有用的原则。当许多实证论文看上去更像钢琴大师的手指练习，而非其他的东西时，就要求我们比现在大多数人表现出更强的纪律性。我想强调的是建立经济模型的范围和雄心，而不是智力和技术标准。

在我看来，如果经济学家给自己设定的任务是对特定的偶然社会环境进行建模，并对环境背景保持一定的敏感性，那么他们就可以向经济史学家提供其所需的解释性帮助。模型直接适用于组织历史叙事，如果经济学家能够意识到不同的社会背景可能需要不同的背景假设，因此需要构建不同的模型，那么这种模型则会更具适用性。

另一个影响方向，即经济史对这种经济理论的影响，则更为有趣。如果选择一个合适的模型取决于制度环境，并且理应如此的话，那么经济史就发挥了扩大经济理论观察范围的良好作用。只有了解了人类社会的各种可能性，经济理论才能有所收获。对于一个经济理论家来说，最有趣的事情莫过于有机会观察社会制度与经济行为在时间和空间上的相互作用。

我将以W. H. B. Court的著作为例进行说明，这不仅仅是因为他的书《中部工业的崛起》（*The Rise of the Midland Industries*）在20世纪40年代末我选修A. P. Usher的课程时被列入了阅读书单。我之所以选择Court，是因为我在1982年的《英国科学院院刊》上偶然看到了一篇关于他的讣告文章。（Court于1971年去世，命运似乎真的在捉弄我们。）下面这段文字摘录自英国官方二战史中Court编写的关于煤炭的一卷。

> 观察者们对矿工的行为感到困惑。他们认为，通常情况下，一个面临更高收入机会的人会愿意付出额外努力去争取这些收入。然而，对个人行为的假设通常也是对他所生活的社会的某种假设，因为他也是这个社会的一员。个人对收入的需求，对金钱的获取和消费的看法，通常是由与之联系最密切的社会阶层形成的。对于大多数人来说，无论他们所处何种时代、所生长于何地，社会准则都是他们理所当然地接纳的东西，这几乎没有什么异议或质疑。在假定矿区存在额外收入的需求，并很容易将其转化为额外的工作之前，我们必须问一问矿业界是否有这些标准或习惯。如果没有，并且无法在短时间内培养起来，那么即使工资水平迅速提高，也不能显著改变该行业的工作习惯。

Court在自己的方法论著作中明确指出，“生活在不同社会中的人……根据不同的价值体系以及他们所处社会的习惯和结构作出决策”。因此，经济史学家应该是“由人们创造的、对他们来说与物质条件一样真实的、具有规范性、忠诚度和组织性的观察者和再创造者”。再加上如果愿意尝试并精通两阶段最小二乘法，你就成为了最值得他们学习的经济史学家。我之所以引用这段关于劳动力市场的论述，自然是因为这是我现在正在研究的理论分支，但毫无疑问，这一思想同样适用于消费者支出或企业之间的竞争。当我再次讲解关于工资谈判的时候，我要求我的学生们必须阅读Court的*British Economic History，1870–1914：Commentary and Documents*中关于“The Wage Bargain”和“The Concept of the Minimum ”的章节。我想知道他们会怎么看。

至于规范性的问题，如果我们阅读了相同期刊，你可能会注意到现代经济学有着与我所倡导的截然不同的抱负和风格。在我的印象中，经济学界的精英们把经济学当作社会物理学来研究。世界上有一个放之四海而皆准的模型，只需加以应用即可。你可以在任何时间、任何地点，把一个现代经济学家和他或她的个人电脑一起，从一个时间机器——也许是一架直升机，就像投放钞票的飞机——投放到任何地方；他或她甚至不用费心去问是什么时间、什么地点，就可以开始工作了。用不了多长时间，经济学家就会将一个熟悉的现值积分最大化，做一些熟悉的对数线性近似，并进行必要的回归。这些常见系数具有较差确定性，只有二十分之一的系数在5%水平上是显著的，其他二十分之十九的系数则不必公布。通过反复多次的数据挑选，就会发现数据只是勉强符合你的论文导师的假设，即货币在任何地方和任何时候都是中性的（或非中性的，任你选择）等等，别担心，你会想到的。

好吧，我夸大其词了。你会发现其中的真谛。我们被社会化了，只要我们对明显缺乏说服力的计量结果赋予适当的假设，证明它是有效的，那这个模型就有它存在的必要性。

当然，也有人坚持反对这种做法，祝福他们。

当我审视当前的经济史研究时，我有一种不祥的感觉，其中很多看起来与我刚刚提及的那种经济分析如出一辙：同样的积分、同样的回归、同样用t值代替思想。除此以外，读这些东西也毫无乐趣可言。这种经济史非但没有为经济理论家提供更广阔的视野，反而把经济理论家给历史学家的东西还给了理论家。我为什么要相信这种方法应用于难以获取数据的18世纪，比应用于容易获取数据的20世纪更加可信?

这种情况让我想起了一位人类学家曾经讲过的一个故事，她花了几个月的时间记录新墨西哥州一群阿帕奇人（Apache）的神话和传说。一天晚上，就在她计划结束田野工作离开之前，印第安人对她说："这几个月来我们一直在向你讲述我们的传说，你为什么不给我们讲一个你们的传说呢?"人类学家想了想，然后作出了精彩的回答，给印第安人讲了一个贝奥武夫（Beowulf）的故事。多年后，她拿起一本人类学杂志，在目录中发现了一篇文章，题目是"论在阿帕奇人中出现的贝奥武夫式的传说"。如果经济史变成了可以描述为"17世纪那不勒斯人中出现了一个类似于代际重叠的传说"的东西，那么我们就到了这样的地步：经济学非但不能从经济史中学到任何东西，还会因其坏习惯影响到经济史。

让我扼要重述一下。如果把经济学变成一门硬科学的计划能够成功，那肯定是值得一做的。毫无疑问，我们中的一些人应该继续努力。如果它真的成功了，那么除了数据来源之外，经济学和经济史之间将没有任何区别，就像研究现在发生的天文事件和中世纪发生的天文事件之间一样，没有任何差别。在这种情况下，经济史学家不过是一个对灰尘有较高耐受力的经济学家，或者是一个掌握一门外语的经济学家——这在当今是比较罕见的。

不过，我们也有理由对该计划持悲观态度。处理复杂系统的硬科学——但可能没有美国经济那么复杂——如氢原子或视神经，似乎取得了成功，因为它们可以分离，可以实验，可以在受控条件下进行重复观测。其他科学，如天文学，之所以成功，是因为它们可以在自然但基本静止的条件下进行长时间的系列观察，并且因为这些研究足够权威，并不会因为被批判而不复存在。这两条成功之路都不适合经济学家。

在这种情况下，我们需要一种不同的方法。在这种方法中，经济学家的职能仍然是尽可能地建立模型并对其进行检验，但是仅限于局部范围模型，且适用性有限。“检验”必须少一些机械性，多一些机会性，包含更广泛的技术集合。我们必须认识到，经济模型的有效性可能取决于社会环境。今天在这里的东西，可能明天就会消失，即使不是明天，也可能是十年或二十年后。在这种情况下，经济学家和经济史学家之间存在着明确而富有成效的分工。经济学家关注的是建立并检验经济世界的模型，就像现在这样，或者像我们认为的那样。经济史学家可以考察在早期时期或其他地方应用时，这个故事是否成立，如果不成立，为什么不成立。因此，经济史学家可以使用经济学家提供的工具，但还需要有能力想象事物在变成现在这个样子之前可能是怎样的。这些就是Court在上文引用的段落中提到的敏感性。我认为（可能比较天真），它们代表了史学家的相对优势。

作为回报，经济史可以让经济学家感受到社会安排的多样性和灵活性，特别是可以让经济学家更好地理解经济行为与其他社会制度之间的相互作用。我认为这是一种有意义的分工。曾有一种说法是，分工受到市场规模的限制。我刚才所做的或许可以被定义为一种推广行为。

定位微观经济学*

本·法因 著

时令丰 译 马梦挺 校**

一、概览

本文旨在用多种方式来阐明主流微观经济学的本质，尤其是通过将其置于经济思想史中以对它进行定位（本文第二节）。从某种意义上说，了解主流微观经济学的起源与发展史，将有助于我们把握其理论本质。

首先，我们未必要严格地按照时间先后顺序，事无巨细地讲述。我们需要做的，只是追溯微观经济学是如何发展成今天的样子的，即呈现从19世纪70年代的边际主义革命（marginalist revolution），到20世纪50年代的形式主义革命（formalist revolution）之间的历程。

第二，我们要对上述思想革命进行介绍。边际主义革命提出了许多现在被主流经济学认为理所当然的概念。它还涉及到与古典政治经济学之间的断裂，这一点在许多关键要素上都有所体现（本文第三节）。形式主义革命是在边际革命的基础上发生的，这大大提高了数学在经济学中的地位（本文第六节）。在边际革命与形式主义革命的共同支撑下，生产函数、效用函数这样的技术工具（technical apparatus）和一般均衡的技术框架（technical architecture）得以被创造出来，这两者都将在后面进行更全面的解释和探讨。

第三，我们会明确说明，在形式主义革命之后，技术工具和技术框架在扩大微观经济学对整个经济学（甚至包括宏观经济学）以及其他社会科学和议题的影响方面起了决定性的作用，这个过程在这里被称为经济学帝国主义的历史逻辑（本文第七节）。简而言之，从狭窄的基础问题和有限的应用范围出发的——给定效用函数和生产函数，

---

* 本文为本·法因所著的《微观经济学：批判伴读》的第一章。Fine，B.（2016）. *Microeconomics：A Critical Companion. Pluto Press.*

** 时令丰，美国德克萨斯农工大学（Texas A & M University）计量与金融经济学专业硕士；马梦挺，复旦大学马克思主义研究院讲师。

个人与厂商作出最优决策，进而对市场需求与供给进行解释与说明——微观经济学的范围几乎变得无限。

第四，我们要强调主流经济学展现出的号称"还原主义"（reductionism）的特点：这其中既包括其狭隘的、有瑕疵的方法论内容（它们被不自觉地、不加批判地视为理所当然）；也包括从其他社会科学里得来的、高度脱离现实的概念与假设；同时，还有根植于主流经济学自身框架中，并使得主流经济学的技术工具及建构得以流行的至关重要的技术性假设。

第五，通过以上种种，我们看到了今天"内裂"的微观经济学。一方面，它仍牢牢地基于个体最优决策这一核心原则，以及效用函数、生产函数、效率以及均衡等核心概念上；同样地，它也未曾将理论中心偏离供求和（均衡）市场价格、数量的确定这一议题。在此，主流经济学与19世纪70年代边际革命时期经济理论的核心关注并无二致。另一方面，它随心所欲地将对于自己有利的内容和要素纳入它的体系，尤其是在适用于数学建模和计量研究的地方，这给它内部带来了巨大的混乱甚至逻辑不一致。这些现象揭示着主流经济学在思想上以及分析上的弱点：它无力基于自己的核心原则与概念，解释理论体系中最基本的主题——经济，以至于它只能不断吸纳外来概念以拯救自身。换句话说，这些特点恰恰揭示了主流经济学的学科力量与压制性。正是因为这些原则是如此稳固，主流经济学才得以将理论运用到任何它想运用的地方上。在附录中，我们附上了一些讨论，以展示经济学家们如何为自己对理论的使用做辩护，尽管在实践中，这些对理论的应用往往是任性且不加深思的。

二、从经济思想史角度来看微观经济学

微观经济学教科书往往从个体的最优选择开始讲述。消费者，有时也理解成家庭（household）——尽管家庭成员之间的利益往往会有冲突——被假设在现有价格水平的约束下，追求效用最大化或最优偏好水平。这样，个体就有了对消费品的需求；以及，相应地，生产者就获得了劳动力供给（当然，也与个体持有的任何其他资产有关，主流经济学称为"禀赋"）。厂商则被假定在当下可用的技术和原材料、产品的价格水平下追求利润最大化。

消费者与生产者行为将在后面详细讨论。我们将会看到，由于经济学与经济学家逐渐不加反思地习惯于使用微观经济学的整个框架——或者，至少将此框架不加反思就视为分析的起点，而导致的一系列严重的疏忽。本文的写作目的，正在于揭露这些

问题。

首先我们要认识到，微观经济学是一个相对年轻的学科。事实上，它名义上只有不到一百年的历史。有着微观经济学（microeconomics）和宏观经济学（macroeconomics）两个主要分支的经济学学科，直到20世纪30年代才出现，尤其是凯恩斯主义形式的宏观经济学——在大萧条（the Great Depression）时期，凯恩斯主义宏观经济学，试图解决大萧条带来的大量失业问题。自然，这正是我们将要涉及的经济思想史领域，也正是现代微观经济学（更一般地说，经济学）所刻意忽略的。深入我们学科的历史，并不仅仅是为了基于时间顺序，简单地叙述过去发生的事情，这种论述往往预先持有这样一种假设，即理论在过去思想的基础上发展得越来越好，尤其是在数学工具的日益广泛运用下。然而，随着讨论的深入，我们将会越来越清楚地意识到，给予微观经济学历史定位这一工作所能得到的成果将会愈发广泛、有益，且同时是（在经济学内）具有颠覆性的。我们终将得以了解到微观经济学如何发展成它现在的样子、这种转变在何时发生、微观经济学被应用到了哪些领域，以及它在多大程度上与相关领域融合在一起。这样一来，我们也可以更好地理解当今微观经济学的本质。

以上问题需要在知识社会学的层面上理解：微观经济学是如何出现，又是如何演变成现在的样子的？至少有两条大致的路径用以对此问题进行思考。第一条路径，或者说"绝对（absolute）"路径：强调学科的内部发展，因为它提出并解决了自己的问题。第二条路径，或者说"相对（relative）"路径则认为，外部因素在理论发展中发挥了作用，尽管外部因素可能是环境（凯恩斯主义是基于大萧条的外部环境应运而生吗?）或者是既得利益者、意识形态等（货币主义是对新自由主义和/或金融利益的回应和/或支持吗?）。

如果我们认为微观经济学的出现与发展是基于内部因素和外部因素的共同作用与相互制约，那么我们或许不必在两条路径之间踌躇不定。然而，通常来说，找出学科理论的发展逻辑往往比解释外部因素如何支持或允许理论的生成与广泛传播要容易得多。后者总是要求我们对经济、政治、意识形态甚至高等教育机构进行详细的考察。

三、从边际革命说开来……

实际上，对微观经济学发展史的描述是一个"超纲"的任务，我们在此处的讨论只是想强调，微观经济理论的历史与内容不能被简化为一个无可辩驳的理论体系以仅供现代教科书发掘与完善。人们面对微观经济（microeconomy），有时保持着开放心态面对质疑，而有时却又好似患了健忘症！（我们也要记得）微观经济学这一称呼不仅是晚近的（源于20世纪30年代），而且，用以支撑微观经济学这一学科的学科基本原则在五十年前或者更早的19世纪70年代边际革命时期才刚刚被创造出来。“边际主义者”（marginalist）的标签来源于最优化的理念（例如消费者或生产者的决策），即在其他条件不变的情况下，某项决策（例如生产或消费多少）的微小或“边际”变化，并没有使最优决策者的状况得到任何改善。“边际”通常通过微分来捕捉，从而产生了边际成本、边际产品或边际效用等概念。

历史上关于边际这一概念的“革命”究竟包括了什么，值得我们在此重温一下，因为在当下经济学历史的教学中，这一点被忽略了，也因为这场革命确实建立了与之前人们认识中的“经济学”不尽相同，但广泛支配当下主流经济学科的原则。在此前的“经济学”与此后的“经济学”之间，正是边际革命导致了经济学的巨大转变，这一转变，包括了此前、此后，以及两者之间的过渡。在边际革命发生之前，“经济学”这一称呼实际上指的是亚当·斯密、大卫·李嘉图、约翰·斯图亚特·穆勒，以及卡尔·马克思等经济思想家的“古典政治经济学”（尽管上述代表人物的思想可能有极大差异）。边际革命后建立起来的经济学，是主流的、正统的、新古典的（neoclassical）经济学（我将会交叉使用这些名称，尽管大多数时候我会用“主流经济学”这一称呼），这才是现在人们口中的经济学。这种转变并非是一蹴而就的，而是在19世纪70年代前后数十年间的历史中不断延伸，经由各种问题的探讨后慢慢发展出来的（也有人认为，这种转变早在19世纪初就出现，且在20世纪50年代业以完成，见下文讨论）。

上文所述观点导致了一些争论，一些人认为根本不存在所谓的边际革命。但是，如果对古典政治经济学与主流经济学的基本要素做一些简单对比，我们就会明白，这种观点并不能站得住脚。

第一，微观经济学的基本分析单元是个体的最优选择，政治经济学则将视角聚焦于阶级关系，尤其是资本、劳动与土地之间的关系。

第二，微观经济学十分注重均衡（equilibrium）这一概念，即使在处理整个经济系统的增长时也是如此［即所谓的稳态均衡（steady-state balance）］。相比之下，古典政治经济学更关注增长与变化的过程（尤其是因为其一直致力于适应工业化新时代带来的经济与社会变化）。也就是说，微观经济学更多是在静态地思考，或者就经济系统的稳态以及趋于稳态的过程进行考察；古典政治经济学则是更多地对经济系统的历史性与动态性进行考察。

第三，微观经济学致力于在给定生产条件的背景下，考察给定资源的有效配置与利用。在这方面，微观经济学是非历史的（ahistorical），因而它倾向于忽视（在不同的社会与经济关系下）资源的有效配置能否实现这一问题（尽管它假设市场行为在任何社会中都普遍存在）。古典政治经济学，则对不同历史条件下组织起来的经济系统的差异更为敏感——毕竟，在封建社会或奴隶制社会意义上的“有效配置”，与资本主义社会意义上的不同。

第四，正如今天学生们所熟知的，微观经济学建立在演绎法基础上，即在“寻求最优选择的个体”等假设的基础上以得到后续的种种结论。古典政治经济学的方法论更倾向于归纳法，也即试图将理论置于对社会的密切经验观察（例如社会的阶级性质）上。

第五，微观经济学对“价值”（包括价格）的理解基于主观价值论。最终，事物的价值就被归结为个体主观上、在其消费边际上愿意为其付出的价格［尽管，这也是一种主体性（subjectivity），然而这种主体性与后现代主义意义上的主体性十分不同，后现代主义的主体性是被创造出来的，与个体被给予的身份等因素紧密联系，而不是微观经济学中的效用函数给予的］。古典政治经济学则更忠于客观价值论，基于生产的成本而非需求的理论，尤其是它所秉持的劳动价值论，这种理论认为生产商品所需要的劳动时间决定商品的价值。

最后，微观经济学是极端的内部学科（intradisciplinary to the extreme），这一学科遵循的准则与其他社会科学相去甚远（例如，其他社会科学不仅会将阶级纳入考察，同时还会考察权力、冲突，以及意识形态等因素的影响）。古典政治经济学则十分不同，正如其名字所表现的那样，它考虑到更广泛的经济与社会因素——不仅仅是市场，且不将自身局限于经济学的传统主题中。

四、穿过方法论的迷雾……

微观经济学在某些方法论问题上有着特定立场，至少在我们之前的叙述中可得以一窥。在方法论上，它选择个人主义（individualism）（一种特定的个人主义，即效用最大化，这种特定的方法论，与心理学等学科将更广泛的行为或动机当作决定性因素的做法不同）而不是整体主义（holism）（首先将研究对象看成一个整体进行研究，其次才对系统中的个体组成部分开展研究）；选择演绎法（deduction）（尤其体现在对数学技巧的吸纳与应用上）而非归纳法（induction）；采取学科内生（intradisciplinary）而非跨学科（interdisciplinary）方法；以及对一种非历史的或者（不顾历史、时代背景而）具有普遍性的方法论的选择，而非选择与特定研究对象相适应的理论（例如，如前文所述，资本主义与奴隶制的问题在微观经济学视角下可以拿同一套框架处理）。此外，微观经济学假定了有实证（positive）理论和规范（normative）理论这一区分，预先假设了事物现状和应该是什么需要分开研究，同时，假定此学科的原则是道德中立的，或去价值化的（value-free），无论（其研究结果）是对还是错。

在一些哲学家眼中，这种分离无法实现，因为我们对事情的叙述会无可避免地涉及到伦理维度——例如，"生产"这一概念，我们是将其仅仅理解为投入与产出之间的关系，还是将其理解为以阶级关系展现的剥削？同样地，"证据可以独立于理论，同时作为检验理论正确性的基础"这一假定也是错误的——我们至少需要一个概念框架以决定证据的构建，例如，在计算GDP或者失业人数时，哪些需要、哪些又不被纳入到这一指标的测算中？

我们上面提到的每一个关于方法论的问题都极具争议。诚然，我们可以将每一个问题单独拿出来讨论，但是我们无法确定它们能否在单独讨论中得以解决，同时，人们对上述方法论的认识也未尽相同。几乎可以肯定的是，任何方法都有可能将这些独立的元素复杂地结合起来，但同时却不一定由这种组合来定义，即使添加了一些成分(来帮助我们进行这项工作)。但微观经济学的突出之处在于，它的每一个要素都在贯彻方法论的应用中被推向极端。在此，我们工作的重点不在于基于方法论本身抑或其他社会科学的视角（以及经济学经常试图与之比较的自然科学)，证明这是完全不可接受的（无论从原则上还是实践上）——市场体系不可能来自个人，我们参与其中所倚靠的语言也并非来自个人，更别提讨论它了；市场不可能独立于社会被单独研究；没有去价值的概念供我们进行分析；它也无法仅靠演绎法的原则进行研究（"个体最优选择"这一概念最初是从哪里来的?）；基于系统外部给定的数据来评估市场也行不通。相反，我们要重申，重点是观察微观经济学在方法论上被推向的极端，然后揭示这些极端的应用与理论的实质性内容之间是如何联系起来的。

因为边际革命基于个体最优选择（消费者最大化其效用函数，生产者选择生产函数上最优要素组合），相应地，后来的微观经济学就以两个重要目标为己任。其一，聚焦于市场关系以研究经济，这种对市场关系的过度关注，相应地使其缺失社会的、历史的和制度的视角。故而，微观经济学的研究聚焦于供给与需求。这种特点其实也是一种还原论的表现，也即窄化对"什么是经济"以及"什么因素组成经济并起到决定作用"等问题的理解。其二则是另一种还原论在微观经济学中的体现：不仅将问题简化至"个体"(前文已有讨论)，而且也把个体视为"理性"的，即致力于一种纯粹且简单的自我利益追求。经济人（homo economicus），或者说经济理性，甚至更狭隘地与效用最大化相联系，成为个体动机和行为的唯一因素。

某种程度上，或者至少一般而言，对这种理性的关注可以被认为是一种，对“市场本身逐渐作为经济关系的主要形式出现”这一现象，引发的合理反应。当然，这一事实本身确实激发了个人的一种特殊的动机和行为，即使在生活的其他领域（作为人类、作为公民和家庭成员处理日常事务），我们可能更全面，甚至非理性。尽管如此，对也好，错也罢，微观经济学开始关注（经济）理性的概念，并假设其他形式的行为（特别是在市场关系中表现出的），都应该被归为“非理性”。这种带有贬义的术语暗示了这种行为应该留给其他学科去研究，而且可能是非系统的、不具有很大的意义，同时还会受到竞争过程的侵蚀（如果在生产领域比在消费领域更容易受到影响）。

五、走向核心的技术工具与技术框架

倾向于在市场关系的背景下、以这种形式关注经济理性，将会给微观经济学带来一些无可避免的问题：经济理性，对于个体需求与供给意味着什么？价格提高，必然会使得供给增加、需求降低吗？同时，在更理论一些的层面上，考虑到供给曲线和需求曲线是从个体最优选择推导而来的，那么它们的数学含义又是什么？

这些问题的答案将在后面进行详细讨论。然而，至少在当前，我们首先要强调，这些问题是微观经济学自己给自己带来的麻烦。同时，我们要强调，为得出一个解决方案，微观经济学做好了任何牺牲的准备——或者，按照它自己的说法（如果它不常用“牺牲”这种说法的话），作出任何必要的补充假设。

为达目的，微观经济学牺牲巨大。例如我们前文指出的关于消费者的假设，给定消费者对特定商品的特定偏好，消费者在单一动机驱使下展现单一行为。其结果是，物品除去物理属性不带有任何其他含义，除去给定的效用函数，个体也没有主体性可言，因而被剥夺了创造自己身份的可能性（诚然，作为消费者，个体可以自由选择；但是个体被预先决定的效用函数决定了个体会选择什么、效用水平几何）。个体之间的差异在这个过程中被抹杀——更不必说他们的个性以及个性的形成了。他们的国籍、地区、性别、种族、民族，乃至于（市场中的）行为动机的差异都消失了，留下的只有效用函数。当然，其他非个人主义的（non-individualistic）方法也在一开始就抹杀了部分或全部差异——例如，那些处理阶级或性别的方法，这些方法在分析或因果关系上比个人分析更优先。但是，主流经济学中，上述因素的抽象或假设的特殊之处在于，个体在微观经济学中被设定为一个特殊概念，但是却被抽离了所有个人特征。

进一步说，正如各个层次的学生们将会意识到，但是习以为常的那样，在微观经济学的框架中，具体的技术假设对于供给、需求的问题的提出与解决是十分必要的。简单来说，除了可以有效地从分析中消除时间和空间等目的之外，这些简化的假设还包括边际效用递减（为了能够为效用最大化的消费者推导出合理的数学解决方案）。这些假设从任何经验观察中都找不到依据，但却是这套理论想要正常运作的必然结果。事实上，就像经济学中经常出现的说法那样，世界的运行必须符合这一理论，如果不符合，世界就会变得更糟。而且，虽然主流经济学在作出假设时犯了一两次错误，但只要可以为理论或其他可能的目的提供方便（例如简化实证工作或能够得出和/或支持特定政策的结论），分析就会被不假思索地继续推进下去。

在这种和其他情况下，就会自然而然地引出微观经济学（以及更广泛的经济学）的“现实性”（realism）问题。时至今日，“现实性”这一概念十分棘手且富有争议性，不同视角的人们可能持有不同的立场。因为它同时涉及到本体论（ontology）与认识论（epistemology）问题。从本体论角度而言，我们要问：“现实到底是什么样子的？——是一系列等式还是数学模型？从物质世界和社会环境的意义上说，‘现实’代表的含义是一样的吗？另外，与结果的规律性相反，如果试图超越对概率论意义上的不确定性的理解，我们如何理解不确定性？”从认识论角度讲，我们会思考：“我们对世界的认识的本质是什么？此外，我们是通过观察还是推理获得这些知识的？我们又如何知道自己是对还是错？”

与方法论一样，上文涵盖本体论和认识论的辩论超出了本文范围。更确切地说，我的目的是再次强调，微观经济学被推向了多么极端的境地。可以说，正是理论的需要，使得微观经济学不惜以牺牲其他一切为代价，包括现实性——无论在何种意义上理解这个词语。经济学家（尤其是微观经济学家）甚至很少花功夫去破译并找出他们在这些方面的立场与其他持明确方法论的社会科学研究者有什么差别，更别提为此做出辩护了——尽管在后者眼中，这些所谓的区别可能不存在。

在某种程度上，这些问题在微观经济学的建立和发展中可能已经得到承认但被搁置。但是，时至今日，微观经济理论已经成为经济学普遍信念的一部分，从普罗大众到经济学研究人员，已经习惯于假设有一些潜在的方法论和现实性的概念可以支持它。一些公理导出结论的组合被缺乏合法性地纳入理论中，这些公理被认为是无可争辩的，同时，某种形式的可证伪性（如果在经济学的理论体系中，我们的公理是错误的，我们的结论也将会出现错误，并与观察到的经验事实相悖）也被纳入其中。

无论在原则上还是实践中，微观经济学立场的错误已是清晰可见的了。如前所述，例如，没有先入之见不可能构建证据，也几乎不可能通过证据来反驳一个理论（这在经济学中很少发生），因为它通常可以被修改，以将反例纳入理论体系中。例如，如果我们对需求的估计与实际不符，我们可以声称理论仍是正确无误的，只是潜在的效用函数改变了。

另外，（微观）经济学的批评者经常指责它对数学的过度依赖。在某种程度上，这种指责没有批评到点子上。数学推理没有错：它可以澄清我们的论点，甚至可以作为一种工具来帮助我们呈现看起来不那么明显的结果。但是，数学推理的形式和内容都有局限。它很难处理诸如权力、阶级、冲突等总体意义上的概念，更不用提处理涉及信仰和意识形态的国家和流动性等概念。不过，正如前文强调的，数学推理与微观经济学的方向极为吻合，但这是理论的问题，而不是数学本身的错。

出于同样的原因，值得注意的是，尽管它声称严谨，因为它在理论中使用数学，在检验中使用经验数据，并且声称与自然科学的方法相似，但这是不正确的，而且这么说也不合适，因为经济学关注的是社会而不是自然界，因此它们的方法有理由且必然彼此不同。物理学确实使用数学推理和模型，并让理论时刻接受经验观察的检验。然而，那些研究科学方法论的人会对微观经济学的天真和极端姿态感到震惊。在任何情况下，自然科学中使用的理论和假设都受到相关经验观察的重大影响；与之形成鲜明对比的是依附于微观经济学的（或多或少的）武断假设（特别是关于“个体”这一概念，我们知道不是，也不可能是真的个人），这些假设是由其自身的内在目标驱动的，而不是与其研究对象相对应。

此外，如前文提到的，在市场供给与需求的语境下，微观经济学的“个体行为”带有相当程度的还原论倾向。在许多方面，这将被称为其核心方法和假设的“内部清洗”（implosion）（译注：原意为“内爆”，此处形容核心技术工具和技术在微观经济学内获得核心地位），导致理论不再考虑那些妨碍获得预期结果的因素。这变成了一个从个人优化行为中尽可能反向求解出一套合理含义的问题，而不考虑这样做所必需的假设。进一步来看，这样做的后果是加深了（微观）经济学和其他学科之间的鸿沟，从它自己的角度来看，这些学科“瓜分”了与非经济或非理性行为和社会因素有关的问题，无论这些因素是否与非市场或非个人因素有关（制度、政治、意识形态、法律等等，尽管这些都是公认的市场先决条件并对市场功能起到重大影响）。尤其是在两次世界大战之间，微观经济学的核心结论在此时正在建立，它与当时盛行的经济学有着巨大的差别。这门学科似乎沉迷于在自己狭窄的领域内进行“内部清洗”，同时继续从事自己更重要的工作，即研究整体经济的运作。

在当时，制度经济学与应用经济学种类繁多，经济史在当时影响很大且十分依赖于归纳方法，它们常致力于分析垄断和工会的兴起、商业周期的模式和原因、收入和财富分配的变化等等。值得注意的是，在大萧条之前，没有人指望微观经济学可以对出现大量失业的原因进行解释。所以，（凯恩斯主义）宏观经济学与微观经济学一起出现并不令人意外。有些人声称，过高的实际工资是导致失业的原因，这个理由对于标准的微观经济学来说是十分直观的。同时，在20世纪30年代早期大规模失业的背景下，莱昂内尔·罗宾斯（Lionel Robbins）试图将经济学定义为在相互竞争的双方之间分配稀缺资源，当然，人们广泛接受这一定义要到几十年后了。

到了20世纪50年代，微观经济学为自己设定的目标终于实现。首先，（前文已经讨论过的）对个体优化的含义进行详细叙述，产生了斯勒茨基-希克斯-萨缪尔森条件（Slutsky-Hicks-Samuelson conditions）。这些条件的提出，为从最优化导出的（个体）需求与供给曲线提供了必要、充分的支撑。然而，在阿尔弗雷德·马歇尔（Alfred Marshall）启发下产生的、与局部均衡分析相关的边际革命相比（这一分析包括了为现在经济系学生所熟知的许多概念与技术工具——如边际成本、效用、外部性、垄断价格、消费者剩余等），上述条件的提出为理论带来了第二个亟待完成的目标，即如何将整个经济中的个别供给和需求曲线放在一起，并在一般均衡中找到使所有市场的供给和需求同时相等的价格向量。

在20世纪50年代初，肯尼斯·约瑟夫·阿罗（Kenneth J. Arrow）和罗拉尔·德布鲁（Gerard Debreu）完成了对一般均衡存在性的证明。实际上，这代表微观经济学的最终成就，因为从这时开始，它将既依赖于个体最优选择，又依赖于个体加总而形成的整体经济。然而，再一次地，对一般均衡理论建立的渴望涉及到理论自己的内部清洗——尽管与个人优化的渴望重叠。除去所谓“完全竞争市场”假设（所有厂商都被看作是价格接受者），为了保证一个稳定的帕累托有效（Pareto efficient）一般均衡的存在唯一性，还需要保证市场规模收益不变，没有外部性，市场上所有商品或多或少都是彼此的总替代品——当然，围绕个体最优选择的标准方法和假设自然不可或缺。

到了20世纪50年代，微观经济学理论内部清洗这一任务已经完成，同时产生了被称为技术工具和技术框架（technical apparatus and technical architecture，TA^2）的东西。技术工具包括围绕效用函数U以及生产函数f而作出最优选择。在技术工具的基础上，技术框架主要关注经济整体或局部的效率与均衡。正如前面强调的，在建立技术工具以及技术框架的过程中，微观经济学的内部清洗涉及在特殊假设和方法的背景下将分析还原到一种特定类型的行为，同时，内部清洗将理论的关注局限于市场供求。

六、从技术工具与技术框架的内部清洗到经济学帝国主义

前文已经提到了允许微观经济学出现并蓬勃发展的历史环境和条件，其范围显然局限于分析纳入的内容、如何纳入，以及相应的应用范围。但是，有些反常的是，虽然技术框架本身是为市场关系而发展并应用于市场关系的（以供求的形式作为对价格变动的回应），技术框架在原则上却没有包含这样的界限。恰恰是因为其脱离了社会的、历史的背景，效用函数与生产函数得到了广泛的应用。它们可以在不考虑所处环境的前提下表达个体的需要以及个体如何（通过市场，为他人）生产，就像它们以数学形式进行的表达一样——无处不在的效用函数与生产函数。因此，技术框架的逻辑是，它应该具有普遍的适用性，即使促使其诞生的历史环境将其限制在市场的供求关系上。

因而，微观经济学的历史局限下的应用——我们可以称之为其历史逻辑，与其潜在逻辑（至少就其本身而言）之间就有了一种张力。从历史角度看，其理论有内部清洗，而其潜在逻辑则指向相反方向——没有假设微观经济学只局限于市场，甚至不局限于经济，这同样导致了其支持者和批评者所称的经济学帝国主义。

因为微观经济学在经济学内部以及外部（与其他社会科学）将自己隔绝，微观经济学发现自己有潜力将其应用范围扩展到其主学科和其他学科以及市场供求以外的主题（并且，正如我们将看到的，超越优化个人、总体或其他）。通过拙劣的模仿，它在多大程度上可以这样做，取决于人们对思想的“供给”和“需求”的看法。但是，以一般均衡为顶峰的微观经济学的技术工具与技术框架，它的历史运动逻辑在多大程度上与其潜在逻辑相吻合，同时，又在多大程度上可以叛离其建立之初的历史，一方面取决于微观经济学家的努力（也即他们的产出——“供给”），另一方面也与经济学家、社会科学家同行们在多大程度上可以接受他们的成果有关（“需求”）。

简而言之，是微观经济学的历史逻辑决定了，它首先应该在技术工具和技术框架上爆发，然后逆转方向，在更广泛的经济学和社会科学领域爆发。在某种程度上，这涉及到技术工具与技术框架在（作为市场供求科学的）经济学这门学科中核心地位的巩固，这在战后时期随着宏观经济学和微观经济学之间的标准化划分而迅速发生，辅以一系列其他主要应用领域和专业化的发生（如宏观经济学，作为微观经济学核心的技术工具和技术框架被认为不适用于此学科）。此外，在战后时期，在一场称为形式主

义的革命中——微观经济学和宏观经济学都参与了这场革命——经济原理的数学表达从不常见演变为一种标准，并最终或多或少成为必需（计量经济学作为提供证据的方式，其发展紧随其后）。

因此，或者至少说在最初，微观经济原理应用的扩展与其说有限，不如说是十分缓慢的。其主要成就在于：经济史（以“计量史学”的名称广为人知，例如，在其中，奴隶制的废除被认为是个体利润最大化的结果）；人力资本理论（不同的技能应该或多或少地，同其他要素一样被视为投入和产出）；公共选择理论（此理论认为政治似乎是以效用最大化为基础的，其最臭名昭著的观点是，在战争与和平之间作出选择就像在苹果和梨之间作出选择一样）。

然而，这种经济学帝国主义在应用范围和可接受性上受到许多因素的限制。首先，微观经济学在这两个领域（TA^2）的层次结构中仍然从属于宏观经济学，而宏观经济学在凯恩斯主义分析中仍然保持着对微观经济学技术工具和技术框架的疏远，尽管在战后繁荣时期主导宏观经济学的标准教科书IS/LM框架中，其技术工具与技术框架被形式化了。第二，出于同样的原因，经济学家由于接受的训练和学术倾向（部分来自应用经济学）而意识到，不应把更广泛的问题的分析原则，与那些决定个体内在、或跨个体和个体市场（individual market）的供求原则混为一谈。尽管如此，在早期，宏观经济学有时确实在某些地方完全折服于微观经济学那远称不上微妙的“魅力”下——尤其在用生产函数表示整个经济体的产出这一点上，最出名的例子莫过于20世纪50年代中期的增长理论，此理论解释了：为什么站在宏观角度考察总体生产函数，总是与微观视角考察得出的结论具有一致性。第三，特别要指出一种几乎恰到好处的观点：拒绝非市场（non-market）问题应该由假定有一种类似市场理论（as-if market theory）的分析来决定，并且在一般情况下，这种市场可以或多或少地完美运行。此外，以广泛且日益增长的国家干预（被视为凯恩斯主义/福利主义/现代化）为基础的战后繁荣，几乎无助于经济学内部的个人主义分析，更不用说延伸影响到其他社会科学领域内了。

尽管如此，经济学帝国主义确实做到了一些事情，也在经济学内部建立了自己的立足之处［上述提到的三个主要应用（译注：即计量史学、人力资本理论和公共选择理论）最终都获得了诺贝尔奖的多次认可，以表彰对应方向上前沿经济学家的贡献］。从本质上讲，一些反常的、甚至是不连贯的事情正在发生。技术工具与技术框架只能通过排除一系列的考虑因素来建立：从社会到历史，从个人的本质到商品的本质，甚至从外部性等到关于收益递减的严格技术性假设。因此，它在成立时必然极易忽视对它的严肃批评。它只能根据其假设的条件，或者至少在它们被认为足够重要，从而可以忽略其他考虑时，具有有限的适用性（甚至可能完全没有）。

然而，在忽略了上述因素从而建立起自己后，在从内部清洗到向外扩张的过程中，经济学帝国主义忽略使其成为自己的那些因素，开始使用其技术工具与技术框架来分析它们。可以说，为了建立技术工具与技术框架，先是排除了政治这一因素，现在又用它们回过头来分析政治。这个过程是一种BBI（bringing back in，BBI），也是经济学帝国主义的重要组成部分——微观经济学展现出的这一特点，值得我们仔细分析其初建过程和它的种种组成元素。恰恰是由于BBI，人们一直认为，微观经济学，尤其是广义上的经济学，不受批评的影响，因为它排除了政治、制度、社会和历史，因为它们现在是其分析的重要组成部分。

尽管经济学最初并没有承认这一点——与其说这是BBI问题，不如说是技术工具与技术框架向新领域的简单扩展——但这种说法必然有一定的道理。在相当广泛的范围内，BBI成为当今经济学的显著特征，其原因将会在后面讨论。几乎任何主题和因素都可以在经济学中找到，这一点可以从以“经济理论”为后缀的各种各样书籍的出现及其受欢迎程度就可以明显看出，其中最著名的是《魔鬼经济学》（*Freakonomics*）。值得注意的是，在经济学和新制度经济学中寻找“制度”一词的定义，你会发现，它或多或少被定义为尚未被纳入技术工具与技术框架的其他所有东西（社会资本也是如此，它已经成为经济学和其他学科的热门话题，作为一个概括性术语，涵盖了所有可能被原理论排除在外的东西）。然而，这种包罗万象的观点并不是在否定BBI对技术工具与技术框架的依赖，而只是证明了，后者本身依赖于理论建立之初就被抽象掉的许多范畴。因此，经济学上的BBI具有两个重要特征。首先我们看到的就是概念上的不一致性——考察个体偏好的变化，例如，基于技术工具与架构，偏好给定且固定不变。

有人可能会说，这和力学中无摩擦运动的假设（为了研究摩擦力的作用），或者关于真空假设一样，然而这是不一样的。毕竟，在开始研究之前，我们总是要首先精简表述我们的假设，当然，事先解释清楚这些假设是什么以及它们是如何形成的也是十分有必要的。

例如，我们不会试图在摩擦力不存在的基础上理解摩擦力，即使我们可以试图在此基础上理解其他事物。所以，我们也许可以把政治理解为供给和需求之间的摩擦，但我们不能基于在没有政治的情况下，构建供给和需求来告诉我们政治是什么以及它会造成什么影响。除非——作为BBI的第二个特征，我们给予技术工具与技术框架以特权，使其成为一切解释的逻辑起点，这是经济学帝国主义不可避免地要采取的立场。然而，这是武断的、极端的和错误的，我们在先前已经围绕方法论对其错误原因进行了讨论，加之，无论如何，它最终能提供的解释很少或根本没有。将世界解释为给定效用函数、个体最优选择的结果只是一种无谓的重复：如果这样做是最优的，那么他们自己可以改变效用函数，并且服从于他们最初可能拥有的任何偏好。

我们对勾勒微观经济学的发展图式的讨论可能已经有点走得太远了。然而这可能是合理的，因为在紧要关头，主流经济学家确实倾向于为自己辩护，常见的理由是，这只是他们作为经济学家而不是其他学科专家所该做的事情，以及/或者个体偏好及其满意程度是理解整体经济（如果不是更广泛的世界）的基础。即使是在微观经济学短暂的历史跨度内，经济学家们也逐渐开始认为，他们所做的（个体最优选择等）是相对较新的一些事情。

七、从旧经济学帝国主义到新经济学帝国主义

关于BBI的信念变得愈发强烈，以至于超过了学科内的其他种种。在问题的这个方面，二战后繁荣时期的结束、20世纪70年代凯恩斯主义的崩溃及其被货币主义取代，都需要我们高度重视。其重要性体现在三个方面：首先，尽管与我们对微观经济学的说明本身并没有直接关系，但是，货币主义（monetarism）的兴起以及最终向新兴古典经济学（new classical economics）的过渡，在很大程度上巩固了微观经济学在该学科中的地位，因为宏观经济学开始将分析建立在个人优化行为（包括理性预期的形成）的基础上。所谓宏观经济学的微观基础，这一基础进而在宏观理论中占据同样核心的地位，正是经济学帝国主义成功的标志之一。第二，新自由主义（neoliberalism）的兴起，相应地，也为微观经济学原理向学科内的应用分支与政策分支的扩展作出了贡献（具体地说，从产业经济学到发展经济学，无一例外）。第三，也是最重要的一个点，不是经济学帝国主义在其（看似完美运作的市场）基础上推广微观经济理论逻辑所获得的成功，而是在其最极端形式中对此的部分反应。这种原始的、旧式的经济学帝国主义被一个新阶段补充甚至取代，新阶段所强调的不是把非市场因素当作可以分析的对象来对待——好像它们可以像完美运作的市场那样，而是将非市场因素理解为不完美运作的市场的结果或对市场的反应。因而，在这一转变中重要的是，市场失灵（market imperfections），尤其是不对称信息（asymmetric information）引发了学科的极大兴趣。

恰恰基于“市场失灵”这一概念，基于对自由放任主义（laissez-faire）的完全支持这一立场，微观经济学内部的新发展体现了其对新自由主义意识形态的背离。但是

我们同样要强调，新自由主义完全将微观经济理论的技术工具与技术框架作为其分析基础（还有，宏观经济学也开始逐步接受“理性预期”这一概念）。尽管如此，以及它对方法论上个人主义的相应承诺，它还是能够基于简单的前提得出一些显著的结果，也即一些个体进入市场时拥有的信息与其他人不同。

首先，如前文所述，市场不完全。第二，“不完全”有三种表现形式：市场可能出清（即供求相等），但是帕累托无效率（不损害其他人前提下，一些人的境况可以变得更好）；市场可能不出清（供求不相等，但是价格不变，所以仍旧可以有交易发生，使得供求双方互惠互利）；市场可能完全没有形成。第三，尤其是考虑到后两种可能的结果，即便经济学是基于理性个体的最优选择行为，它仍然可以对上述市场结构（structures）的存在性作出解释，而其他经济思想流派或社会科学学科无法做到这一点，这些学科将结构作为给定的基础来解释个人能做什么或不能做什么。这是因为，例如，如果劳动力市场不出清（尽管有失业现象的存在，工资也不会下降，这基本上是因为雇主想要更忠诚、更有生产力以及更富责任心的雇员，这种要求只能通过支付高于本该支付的工资来实现），这里产生的（而不是假设出的）结构是就业-失业之间的划分，并不能为工资下降提供解释。

劳动力市场并不是前文可以举出的唯一例子，这类例子是广泛存在的。前文列出的三种可能市场情况，不对称信息经济学可以为整个经济中（可能低效）的市场结构提供一个解释（在宏观经济学的层面也是一样，基于微观基础来恢复凯恩斯主义宏观经济学的面貌）。但是要解决的问题不仅仅是经济结构以及相应的低效率问题。诚然，这些因素构成了解释非市场因素的基础，因为它们可以被视为是非市场（或者说，集体的）行为的根本原因。这方面的经典例子是阿克洛夫（Akerlof）的“柠檬市场”（二手车市场）。不对称信息意味着质量更好的车子无法被溢价交易，更差的车无法被折价交易，这样，市场就无法完美运作（因为买家无法分辨车的好坏）。对于合法的经销商来说，为车子提供保证——也就是非市场的体系是有道理的。这样一个寓言之生动，足以代表所有非市场结果，更富有戏剧性的是，它解释了国家是作为所有市场失灵的最大纠正者而存在的。

然而，我们不应高估伴随这种新微观经济理论而来的干预主义（interventionism）的应用范围。它是零碎的，取决于市场不完全的程度以及干预（仍然是出于在干预中形成与表现出的个人所得驱动的）是否可以带来更好的结果。与观察新的不对称信息微观经济学（同样吸引了一大批诺贝尔经济学奖得主）在多大程度上推动了经济学帝国主义的事业相比，这一点在这里不那么重要。它确实同时在“供给”与“需求”两侧同时起了作用。在“供给”一侧，同时指涉经济与社会结构的“市场缺陷”这一概念使得经济原理几乎可以没有边界地不断延伸。就其他社会科学而言，也即在“需求”一侧，经济学家对看似完美运作的市场这一概念的背离，以及以某种戏剧性的方式，发现制度和更普遍的结构等事物在相当程度上的重要性，则增加了经济学帝国主义的吸引力。

这个经济学帝国主义的新阶段，从旧阶段中得到启示，通过对市场不完全的引入，带来了旧应用的复兴，同时也引入了一系列通常以“新”开头命名的新领域——新发展经济学、新经济社会学、新制度经济学、新福利经济学、新经济史、新金融经济学，等等。值得重申的是，在最早建立经济学帝国主义时所倚靠的BBI此时却被遗忘，经济学帝国主义借由技术工具与技术框架，使得它的应用在经济学内部和其他社会科学的研究主题中不断扩张，一块块新的殖民地由此不断建立起来。

在某种程度上，这意味着，除了概念上的不一致之外，微观经济学的不足之处也得到了不同寻常的承认。因为它承认微观经济学原理本身不足以解释经济（即使在技术工具与技术框架的基础上适当地选择所涉及的主题），但加上其他因素后则可以。如前文所述，例如，机构可以作为一个替代品，解释以前未能解释的一切。而主流经济学越是涉及其他学科的主题，就越容易受到批评，因为它从其他学科的角度出发，对自己的方法、理论和概念始终持有狭隘的还原论思维。

然而，这种弱点的另一面则是技术工具与技术框架地位的巩固。无论问题是什么，我们的出发点可以始终是效用函数和生产函数，以及将个体优化、效率和均衡作为核心考量因素。此外，对这些概念的关注是以与日俱增的对数学模型的依赖为代价的，即分析的类别，对建模者本身以及他们所建立经济主体的意义。在BBI的总体趋势中，这些概念上的考量是值得注意的禁区，因为它们无法与已有的技术工具与技术框架相容。权力和冲突等概念也是如此，尽管这些概念也可以被强行简化为与技术工具和技术框架相容的模型。

然而，矛盾的是，微观经济学的双重弱点——既需要依赖于其直接范围之外的因素，同时又无法避免这些因素与技术工具和技术框架的冲突——也赋予了它在应用范围上相当的优势。因为，当人们对这些弱点司空见惯，它们就会被忽视，并且人们会开始简单地假设技术工具与技术框架的普适性——无论是否增加其他方法或因素、它们是否兼容。似乎已有的技术工具与技术框架带来的问题可以被悬置，以适应任何或多或少、任意选择的解释元素的合并。情况并非总是如此，特别是在经济学帝国主义发展的第一阶段，至少有一些对于理论一致性的坚持，即致力于将一切都还原到技术工具与技术框架。随后，除了其学科声望之外，本身作为允许其他因素的起点的技术工具与技术框架的特权地位是被武断地指定的，但尽管如此，它在学科中仍然享有特权（尽管有些人会认为它的主导地位正受到威胁）。

结果，当微观经济学在该学科中获得这种地位时，符合满意原则（satisficing）的行为或有限理性的观点被拒绝了——如果它们在技术工具与技术框架足够安全之前被接受，那么有限理性的可接受性就会受到质疑。同样，博弈论等技术最初并没有被微观经济学所采用，是因为它涉及到战略制定和对其他人的偏好（和观点）可能是什么的判断，因此偏好将取决于他人的偏好，而不是外生给定。特别是在2008年金融危机后的今天，微观经济学的技术工具与技术框架似乎愈发受到质疑。微观经济学更愿意将其他解释因素纳入其中，尤其是那些与某种行为经济学相关的因素，尽管这些因素以前或多或少受到微观经济学的完全忽视（如果不是敌意的话）。

简而言之，微观经济学和经济学帝国主义已经进入了第三阶段，它们遵循，或更确切地说，它们处在一个基于看似完美运作的市场的阶段、同时以一个基于看似不完美运作的市场的阶段作为其补充，而这两个阶段都完全依赖于技术工具与技术框架。目前，解释性成分及其应用的范围被进一步扩大，允许技术工具与技术框架和其他因素被纳入理论大杂烩中，但技术工具与技术框架在其中的地位仍然不会被撼动。

八、进一步的思考与拓展阅读

本文的写作主要参考了Ben Fine和Dimitris Milonakis（2009），这本书概括性地论述了主流经济学发展至今所抛弃的一些理论路径以及微观经济学在主流理论中地位的擢升。也可以读Robert Heilbroner（2000），这本书中的观点也具有代表性。Robert King（2012）提供了对宏观经济学中为人们普遍接受的微观基础的广泛论述。主流经济学的伦理内容来自Ben Fine（2013a），这些伦理性内容，以与市场或多或少和谐协调的个体最优选择来解释经济与社会。Ben Fine（2004）以库恩（Kuhnian）科学革命的术语，分析了经济学帝国主义不断变化的特质。关于数学在经济学中扮演的角色，Ben Fine（2011b）基于个人主义方法论背景下展开叙述，Bigo和Negru（2014）则基于全球性危机开展叙述。同样可以读Chick和Dow（2001）以及Dow（1998）。想要了解经济学的物理学嫉妒（Physics envy），可以读Mirowski（1989）。Lawson（2003）基于批判实在论（critical realism）路径，批判了主流经济学的本体论。Lee（2009）提供了一种非主流（heterodox）解释用以替代主流解释，同时，Lee（2013）贡献了关于这些替代方案应该如何与主流经济学关联的叙述，以及，鉴于经济学帝国主义的最新阶段，上述问题的出现以及替代性解释的提供，是否应被视为微观经济学在统一性和完整性上出了问题。对微观经济学缺陷的流行解释以及可能的替代方案，可参见Chang（2014）。至于一些方法论问题，可以选择Keen（2011）、van Staveren（2014）和Birks（2015）的文本。

九、附录：为主流经济理论辩护是可能的吗？

为技术工具与技术框架在微观经济学中的有效应用的辩护，常见的至少有三种。第一种是，接受大部分批评，但坚持该理论提供了个人行为的初步近似，或者，在某种程度上仍可以代表个人行为的核心要素。换句话说，（他们认为）微观理论的这种取向是有一些现实意义的。第二种则是，像在物理学中，研究运动之前首先要研究无摩擦下的运动一样，持这种观点的辩护者将全部或至少一部分技术工具与技术框架视作一个标准，以作为现实世界的参考，从而得知现实世界在多大程度上偏离了标准。因此，现实世界的人类活动被认为是由理性和非理性元素组成的，但是技术工具与技术框架只关注理性部分（也关注那些不太反映现实性的假设，例如完全竞争与一般均衡，因为给定这些假设的目的是创造标准）。第三种则由米尔顿·弗里德曼（Milton Friedman）大力提倡，他认为假设的现实性与理论的经验预测是否有效无关。

对技术工具与技术框架的这三种辩护并不完全一致。例如，第一种观点认为框架在某种程度上具有现实性，但第三种观点完全拒绝了假设的现实性。它们的共同之处在于，都是在技术工具与技术框架已经存在后再为其提供解释的。就像前面已经提到的那样，技术工具与技术框架源于微观经济学的内部清洗，内部清洗又与边际主义在解决特定问题时制造的框架与工具密不可分：个体最优化的含义是什么？将这种优化在个人和市场间进行加总会带来什么后果？

这些目标促成了技术工具与技术框架的出现，但并非出于参照现实的愿望，也并非出于为除去非理性行为外的所有行为设定标准，或给出正确的经验预测的愿望。后面这些动机可能并非完全不存在，但它们并不是驱动理论发展的主要因素。相反，当标准假设和方法偶尔遭到质疑时（通常是由他人而非自我批评提出），就会有一种心理上的本能反应去捍卫这些假设，而非仔细审视它们。这就是为什么从其他社会科学的视角看，经济学家所做的很多事情看起来很奇怪。

然而，有趣的是，阿尔弗雷德·马歇尔确实希望创建一套标准的微观经济原则，以抓住（人们）通过市场追求自身利益这一本质，但他认为这样的工具（马歇尔称之为“organon”）只是个人行为的一小部分，且远不如影响经济及其前景的更丰富的动机和活动那么重要。但他同样未能建立将此工具转化为关于整体经济运作的理论，（此理论）依赖于局部均衡而非一般均衡。尽管一般均衡确实可以将局部均衡组合在一起，但至少对于马歇尔而言，由于排除了一些因素，它几乎无法捕捉整体经济的运作。

更具体地说，第一种方法之所以失败，是因为技术工具和技术框架的推导不可避免地在作出假设的过程中远离现实，它并非提取现实的核心方面，而是有意地，甚至武断地将这些方面放在一边，以追求自己的目标。实际上，通过类比，基于人类活动与气候变化完全无关这一假设来研究气候变化，可能是研究的起点，但这往往被证明是错误的，而且是一个不合适的出发点，无法研究手头的问题。例如给定个体偏好（作为研究起点），情况与前例大体相同。第二种方法在不考虑其内容的前提下无法被证明。为什么技术工具和技术框架被作为标准并享有特权，而不是上帝决定经济，现实偏离上帝的蓝图？（一般均衡与现实经济之间的关系，就像通过独角兽去了解马）故意采用不现实的假设并采用经验证据来检验它们的一个主要问题是，假设本身会作为理论最直接的经验结果而被拒绝。个人偏好是固定的——不，它们不是。

自然，我们不能仅仅因为这些合理化（解释）是事后提出的，且彼此之间不一致，就认为它们都是错误的（尽管我们可能会产生怀疑，并留意那些为了方便而从一个转向另一个的辩护）。还应当注意到，这些为方法论所作的辩护往往是随意的、幼稚的，且在某种程度上忽视了方法论文献和它带有的对更广泛问题的考量（本文第四节提供了一些开胃菜）。

调研报告

通过长短期资金转换构建房地产发展新模式，实现促消费拉增长的可持续经济发展

冯万奇*

中央金融工作会议于2023年10月30日至31日在北京举行。结合党的十八大以来的金融工作，会议分析了金融高质量发展面临的形势，部署了当前和今后一个时期的金融工作。针对房地产行业，会议提到，“健全房地产企业主体监管制度和资金监管，完善房地产金融宏观审慎管理，一视同仁满足不同所有制房地产企业合理融资需求，因城施策用好政策工具箱，更好支持刚性和改善性住房需求，加快保障性住房等‘三大工程’建设，构建房地产发展新模式”。

土地是经济活动中重要的生产资料和要素，土地之上的住宅和商业物业也是老百姓的消费要素和消费场所。如果能够有效降低老百姓的购房成本和商业物业的购置成本，则可以增加老百姓的消费能力，达到促消费拉动经济增长的目的。

本文试图从土地成本的源头——土地一级开发项目的成本构成结构分析住宅和商业物业高成本的原因，建议通过长短期资金的转换构建房地产行业的新发展模式，力求构建可持续的发展模式，有效降低住宅和商业物业的成本，从而增加老百姓的消费能力，达到促消费拉动经济增长的目的。不足之处敬请指正。

一、土地一级开发项目的三个样本

（一）关于土地一级开发项目的三个样本

本文选择了某一线城市土地一级开发项目的三个样本，前两个项目为一线城市的区级政府下属的村级集体土地一级开发项目，假定代号分别为A和B；最后一个项目的开发主体为国有企业，假定代号为C。三个项目所处的区域位置均较好，故具有较强的代表性。

---

* 冯万奇，立信会计师事务所合伙人。

表1　　土地一级开发成本构成明细表

序号	科目	成本审定金额(万元)			三个样本总额（万元）	平均金额（万元）	占总成本比例（%）
		A项目	B项目	C项目			
1	前期费用	3007.25	3708.67	1222.02	7937.95	2645.98	0.00
2	征地补偿费	243151.39	184597.92	192133.25	619882.56	206627.52	20.00
3	收购补偿费、房屋征收（拆迁）补偿费及相关费用	378871.66	450250.58	671960.31	1501082.55	500360.85	48.00
4	市政基础设施建设费用	24195.25	39208.92	16600.38	80004.55	26668.18	3.00
5	其他费用	5568.43	7545.53	1602.52	14716.47	4905.49	0.00
1—5项小计		654793.98	685311.62	883518.48	2223624.08	741208.03	72.00
6	财务费用–审计的利息支出	150115.17	314928.35	67712.07	532755.59	177585.20	17.00
7	利润或管理费	36012.33	53952.40	14016.04	103980.77	34660.26	3.00
8	两税两费	15733.83	33334.52		49068.35	16356.12	2.00
9	审计费	315.00	804.88	702.26	1822.14	607.38	0.00
10	委托入市交易服务费及地价评估费		421.27	282.81	704.08	234.69	0.00
11	其他费用	116135.45		69453.53	185588.98	61862.99	6.00
	总计	973105.77	1088753.04	1035685.19	3097543.99	1032514.67	100.00%

（二）对三个样本项目的相关说明和分析

第一，土地一级项目地块一般为分期开发、分期上市挂牌交易。上述三个样本也属于此类。三个样本中包括棚改项目样本、城市连片开发样本。

第二，根据国家关于土地一级开发的相关规定，国家将拆迁后的土地收储后交由指定的开发主体进行开发，当地的土地储备部门负责支付拆迁款等款项，国家对于能够计入土地一级开发成本作为挂牌成本的支出项目有详细和严格的规定。比如财务费用，只有不超过银行同期贷款利率的利息费用才能够计入土地一级开发成本。不符合相关规定的成本支出项目由开发主体自行承担，也即上述三个样本实际发生的利息费用、总体费用是超过上述表中列示的总成本的。

第三，当地的土地开发监管部门或开发主体单位会委托会计师事务所或造价咨询机构对土地一级开发项目进行全程跟踪审计，故上述表列数据系经过相关中介机构审计并且经过监管部门审核认可后的数据，相关支出的列报符合国家的相关规定。

第四，上述土地一级开发的成本明细均系当地的土地开发监管部门要求的明细项目，开发主体单位及中介机构对成本明细项目列报不得擅自增减，每个大项下属的明细项也需要按规定列报，不得擅自增减，故上述成本构成明细项目具有较强的代表性。

第五，三个项目均使用了银行借款、其他机构融资，利息费用占比较高.在项目立项时，三个项目均面临资金不足的情况，因此三个项目均使用了银行借款，部分项目除了银行借款外还使用了非金融机构融资，因此整体看融资金额较大，利息费用较高，从三个样本项目看，财务费用占开发总成本的比例平均为17%。

第六，开发成本中拆迁补偿成本和利息费用成本为主要成本支出项目。除了财务费用占总开发成本的比例平均为17%以外，征地拆迁补偿成本占比平均为20%，居民及企业房屋等拆迁补偿平均达到了48%，此三项成本平均占比达到了开发总成本的85%。

二、三个土地一级开发项目的基本情况

（一）三个土地一级开发项目的基本情况

表2　　三个土地一级开发项目的基本情况表

序号	科目	项目基本情况			备注
		A项目	B项目	C项目	
1	开发周期	2012—2023年，11年	2008—2023年，15年	2009—2023年，14年	
2	土地总面积(米²)	2154776.85	1086100.77	1045922.70	

续表

序号	科目	项目基本情况			备注
		A项目	B项目	C项目	
3	规划建筑面积（米²）	551860.00	1500000.00	1746110.00	
4	规划用途	居住及配套、综合性商业金融服务业、绿隔产业	居住及配套、综合性商业金融服务业、绿隔产业	居住用地、商业金融用地、混合用地、住宅混合公建（F1）、市政用地	
5	截至2023年10月末挂牌前开发总成本（万元）	973105.77	1088753.04	1035685.19	
6	按建筑面积计算每平方米开发成本（挂牌前）（元）	17600.00	7300.00	5900.00	
7	按土地面积计算每平方米开发成本（元）	4516.04	10024.42	9902.12	
8	政府承担利息费用占开发成本比（%）	15.00	29.00	7.00	超过银行一年期贷款利率的利息部分政府不承担
9	每建筑平方米实际承担的利息费用（元）	2720.17	2099.52	387.79	

（二）对上述三个项目的情况说明和分析

第一，三个项目的开发周期均超过10年。土地一级开发项目涉及收储、城市整体规划、各类审批和评估（如规划、环保、交通影响、水务、文物考古、地震抗震、地质灾害、地铁振动等审批和研究评估）、拆迁安置、市政建设、中介机构审计、政府监管审核、挂牌上市交易等多个环节，涉及多个政府部门协作和审批，因此开发周期普遍较长，一般均会超过10年。

第二，三个项目的土地开发面积和建筑面积情况分析：因三个项目的政府规划不同，项目容积率也不尽相同，因此审批后三个项目的代建面积占比均不相同，导致三个项目的建筑规模最高上限也不尽相同。对于住宅和商业占比较大的项目，规划的建筑面积较大，对于承担绿地、公益规划职能较多的项目，规划的建筑面积较小。因此三个项目按建筑面积计算的每平方米开发成本差异较大，并且按土地面积计算的开发成本和按建筑面积计算的每平方米承担的利息费用占比会出现较大的差异。

三、三个样本项目的挂牌成交情况

（一）三个样本项目挂牌成交基本情况

根据国家的相关规定，三个项目均为土地一级开发项目，出让时需要按照土地出让的相关规定由当地规划和自然资源管理部门组织挂牌出让，三个样本项目的挂牌成交情况如下表：

表3　　三个样本项目中部分地块挂牌成交明细表

序号	科目	项目基本情况		
		A项目	B项目	C项目
1	土地开发程度	五通一平	五通一平	五通一平
2	土地总面积（米^2）	35886.585	33600	58485.047
3	建筑面积（米^2）（控规不超过此面积）	78828	86400	125684
4	规划用途	R2二类居住用地	R2二类居住用地、A33基础教育用地	R2二类居住用地、A61机构养老设施用地
5	起始价格（万元）	301500.00	545000.00	520000.00
6	成交价格（万元）	315000.00	561200.00	534000.00
7	成交时间	2023年6月20日	2023年2月17日	2023年10月31日

（二）三个样本项目的挂牌成交情况和分析

第一，笔者对个别数据进行了加工和修改。鉴于项目本身数据保密的要求，笔者对部分数据进行了较小幅度的修改，确保在相关网站上无法找到一一对应的项目，以满足项目本身数据保密的需要。同时较小幅度的修改不会影响到项目数据的有效性和逻辑性，也能够满足分析研究的需要。

第二，对相关价格的说明：起始价格为政府挂牌的底价，成交价格为经过多轮次竞拍，最终由摘牌企业竞得的实际成交价格。因政府要求参与竞拍的房地产开发企业缴纳巨额保证金，因此上表中的成交价格为真实的成交价格，不会发生摘牌企业违约而影响到成交价格的代表性。

第三，关于成交时间的说明：上述三个项目样本均为2023年度成交的项目，因此其成交时间满足及时性，能够满足分析研究的时效性。

第四，关于挂牌成交进度的说明：上述三个项目样本均为分期开发、分期挂牌，故上述成交明细表中成交的面积和成交金额均为项目其中一部分地块的成交信息，但因其成交的时效性、项目的区域位置、项目最终的市场价格等信息均具有较强的代表性，故上述成交信息及数据能够满足分析研究的需要。

第五，关于政府确定的挂牌底价的说明：三个项目先进行土地一级开发，形成挂牌前的开发成本；经过政府监管部门审核后进行挂牌出让，政府确定一个挂牌底价，即起始价格。根据三个项目的实际情况，最高的挂牌前开发成本金额接近每平方米2万元人民币，因出让的地块主要功能为住宅和商业，因此其对应的开发成本平均按2万元人民币估算。即政府确定的挂牌底价相对于挂牌前开发成本大约产生每平方米2万元人民币收益，但此部分收益仅是针对挂牌用于住宅和商业建设的建筑面积部分，因项目配套有代建道路、绿地、公益职能等，故并不是所有的建筑面积和土地面积政府都能取得平均每平方米2万元人民币收益，此处特别提醒读者注意。另每平方米2万元人民币的收益为估算的收益，并不一定十分准确，笔者根据自身的经验认为其具有代表性，仅为分析假设之用。

第六，关于成交价格形成的说明：上述三个项目样本在成交后形成房地产开发商的土地原始取得成本，即地价，经过开发过程，增加了开发商的建安成本、人工成本，以及其他配套开发成本，在项目竣工后形成开发商的开发成本。

四、由三个案例展开的土地及房地产定价过程分析

（一）三个样本居民承担的最终利息成本分析明细表

表4　三个样本居民承担的最终利息成本分析明细表

序号	科目	项目基本情况		
		A项目	B项目	C项目
1	每平方米土地成交价格(万元)	8.7777	16.7024	9.1305
2	每平方米建筑面积成交价格(元)	39960.42	64953.70	42487.51
3	销售指导价或市场价格(元)	60000.00	80000.00	92000.00

续表

序号	科目	项目基本情况		
		A项目	B项目	C项目
4	按每平方米2万元估算政府收益(万元)	19960.42	44953.70	22487.51
5	地块承担的利息费用占开发成本比(%)	15.00	29.00	7.00
6	每平方米开发成本中的利息成本(元)	2720.17	2099.52	387.79
7	土地出让收益及利息成本之和(元)	22680.59	47053.22	22875.30
8	土地出让收益及利息成本之和占市场价之比(%)	56.76	72.44	53.84
9	开发商购地成本与售价之间的空间(元)	20039.58	15046.30	49512.49
10	居民利息-贷款利率按3.5%计算，10年期(不考虑本息还款方式导致的本息还款额递减)(万元)	14700.00	19600.00	22540.00
11	利息总成本(万元)	17420.17	21699.52	22927.79
12	居民承担的利息总成本占房价比例(不考虑开发商承担的利息)(%)	29.03	27.12	24.92

（二）现有土地出让定价模式

第一，关于销售指导价格或市场价格形成的说明：上述三个项目样本在成交后形成房地产开发商的土地原始取得成本，经过开发，增加了开发商的建安成本、人工成本，以及其他配套开发成本，在项目竣工后形成开发商的开发成本。再加上开发商的市场营销、管理费用、财务费用等期间费用，形成销售价格即市场价格，销售价格减去开发商的开发成本和费用最终形成开发商利润。根据我国现有的房地产定价政策，当地政府在挂牌拍卖时确定了挂牌土地的成交最高限价，防止因竞争激烈导致土地拍卖价格过高，在进行房地产销售时要在政府监管部门备案，政府实行销售指导价格监管来引导市场。

第二，关于三个样本销售指导价格或市场价格取得情况的说明：笔者根据上述三个项目样本所在的区域，通过查看相关网站或市场询价，取得了三个项目的市场销售价格，分别约为6万元、8万元、9.2万元/米^2，基本符合项目所在区域的市场销售实际情况。

第三，关于政府取得的土地出让收益及利息成本占市场价格比例的分析：根据上述三个样本的数据分析和计算，政府取得的土地出让收益及利息成本占市场价格的比例从53%到73%不等，但均超过了50%。当然也有部分地区的政府部门为了招商引资、产业发展等限制或降低挂牌出让价格的情况，导致出现政府出让土地的收益很少或亏损等情况。从长期看，政府取得的土地出让收益及利息成本占市场价格的比例较高。

（三）三个样本项目成本中居民最终承担的融资成本即利息成本构成分析

第一，关于居民购买住宅的资金来源中贷款情况的分析：从目前情况看，居民购置房产可以用自有资金、公积金贷款、商业银行的商业贷款来支付购房款。从实际执行的情况看，以公积金贷款和商业贷款为主。一般的利率早期接近5%，经过数次利率调整后房贷利率一般在3%—5%之间，贷款期限在10—15年之间的成交案例较多。

第二，关于居民购买住宅承担的成本中利息成本占比情况的分析：经过测算，居民承担的利息总成本占房价的比例在20%—30%之间，笔者以自己购买的房产情况进行了验证：所购买的房产房价总额约为246万元，建筑面积102平方米，2015年购买，每月等额本息还款约12850元，贷款期限15年，首付30%，则利息总额约为59万元，占房价比例约为24%，与上述测算结果基本相符。

因上述三个样本中包括了商业写字楼房产，因此利息总成本占房价的比例会略高一些，符合实际情况。上述利息暂不包括房地产开发商开发住宅过程中发生的贷款利息，如果加上该部分利息，则利息成本占比会更高。

五、房地产行业相关发展模式的政策建议

（一）关于现行的土地房产开发及定价模式的利弊分析

1.有利方面分析

现有土地房产开发的发展模式有利于各级政府迅速积累较多的土地出让收益（土地出让收益30%归中央，70%归地方），有利于中央和地方各级政府获取较高的税收收益（主要税种有增值税、城建税及教育费附加、土地增值税、房地产企业的企业所得税及个人所得税、个人购买房产涉及到的契税印花税、转让房产过程中形成的个人所得税印花税等），有利于居民迅速改善住房条件，通过土地开发和房地产开发过程中的配套设施（如道路、绿化、幼儿园、商业中心等）的建设，最终有利于经济的快速发展和居民生活质量的快速提升。

2.不利方面分析

现有土地房产开发的发展模式虽然有众多的有利方面，但也带来了诸多不利影响，主要有：

随着房地产总体供求关系的变化，政府能够以较高价格转让的土地逐渐减少，居民的购房意愿和能力下降，在没有开征房产税的情况下，各级政府的土地出让收益大幅度下降，严重影响了地方政府的税收等财政收入，进而影响了地方政府管理地方事务的财政能力。

居民背负了较为沉重的利息压力，特别是在全球经济下行的影响下，部分居民失业或收入降低，还贷压力巨大，一定程度上影响了居民的生活质量和幸福感，一定范围内造成了不同程度的社会问题。

银行等金融机构坏账增多，金融风险快速增加。因出现销售不畅等问题，再加上美元加息等外部环境因素的不利影响，银行等金融机构对房地产开发企业出现了较大金额的贷款坏账，银行对个人的房贷也出现了坏账增多的情况，因房地产行业涉及面较广，一定程度上造成了较大的金融风险，也一定程度上影响到了其他行业。

（二）构建房地产长期发展新模式的建议

鉴于我国经济发展阶段以及房地产总体供求关系的重大变化，现有房地产发展模式需要进行改变，即将短期过度集中社会资金和居民资金的、偏重短期利益的发展模式调整为更长期间内筹集社会资金和居民资金的发展模式，降低房地产开发企业的土地取得成本，降低居民个人的购房成本和负担的利息成本。通过降低居民的购房资金支出从而提高居民的消费资金支出比重，提升居民的消费能力，拉动消费进而促进经济的持续增长，具体建议如下：

第一，国家统一滚动发行房地产发展专项债券，期限不少于10年，建议为15—20年，通过转移支付方式支付给地方政府，以解决地方政府因土地出让收益减少形成的资金缺口。此部分资金仅应用于更好支持刚性和改善性住房需求，保障性住房等工程建设，通过国家注入长期资金替换地方政府通过出让土地所取得的短期资金，实现长期资金对短期资金来源的替换，构建房地产发展新的资金来源模式。国家偿还此部分债券本金及利息的资金来源为地方政府因居民减少购房支出而增加的消费能力形成的上缴中央的税收收入增加部分。因国家注入资金减轻了地方政府的财政压力，地方政府就可以将土地的开发成本和挂牌成本进一步压低，从而最终降低居民和企业的购房成本。

第二，适时开征存量房产的房产税。存量房数量巨大，建议对于人均住房面积远超平均数的住宅征收房产税，面积较小的一般居民住宅比如家庭人均住宅面积低于100平方米的不征收房产税，形成地方政府稳定、可持续的替代土地转让收益的财政收入来源。尽管我国部分房产为小产权房（大部分为城郊农村集体土地上所建房屋），尚不能办理房产证，但数量较小，总体影响不大，可以暂时不征收房产税或仅征收过渡性的土地使用税。

第三，适当降低房地产开发企业和房地产交易环节的总体税负。在目前情况下，房地产开发企业负担的各种税收成本较高，房产地开发行业的整体税收贡献远超烟草行业，因此在条件具备时建议适当降低或减免涉及房地产开发行业的增值税、土地增值税等，适当降低或减免涉及房地产交易环节的个人所得税及契税。税负成本的降低有利于从总体上降低土地及房产的购买及交易成本。

六、促进民营企业可持续发展、拉动居民消费的政策建议

（一）当前形势下促进民营企业可持续发展的政策建议

2023年7月，中共中央、国务院发布了关于促进民营经济发展壮大的意见。意见从持续优化民营经济发展环境、加大对民营经济政策支持力度、强化民营经济发展法治保障等八方面提出了31条具体要求。

近期民营经济遇到了一些困难，各种生产要素价格较高是重要原因，涉及面较广的生产要素主要有贷款利息、房租或折旧、电力、燃气、汽油柴油、钢材等各种原材料，以及物流成本。

我国不同于西方发达国家的一个重要特征是国有经济的占比较高，国有经济在保基本保民生保稳定方面发挥了重要作用，因其大多处于基础地位，多位于产业链的上游，故上游国有经济控制的生产要素的价格直接对下游消费品和服务形成了重大影响。

在当前经济形势下，基于我国独特的制度优势，建议将国家能够控制和影响的产业链上游的生产要素价格适当下调，国有经济让出的利润可以补贴给民营经济，比如降低银行贷款利率，适当降低电力、汽柴油、燃气等各类能源价格，适当降低钢材、煤炭等原材料价格，等等。

（二）将国有经济中的生产要素价格调整上升为宏观经济调控工具和手段的建议

通过上文的分析，我们能够清楚地看到土地生产要素、利息生产要素的定价政策统筹安排对居民重要消费支出的重大影响。从房地产行业推而广之，推广到其他相关

行业，基本的逻辑是相通的，也是适用的。

从长期来看，建议将国家能够控制和影响的、产业链上游的国有经济中的生产要素价格调整上升为宏观经济调控的重要工具和手段，充分发挥我国独特的制度优势和经济结构优势，从而实现促进民营企业发展、增加就业、增强居民消费能力实现经济长期可持续发展的国家战略目标。

书　评

理解政治经济学时代

——《致广大而尽精微》序言

卢周来*

一

农历正月初二的上午，我迫使自己冷静下来为将要出版的此书（《致广大而尽精微》）写序言，却很难摆脱昨晚中国男足失败带给我的沮丧。表面上看，这是一场足球赛，一场也许因为各种偶然因素而失败了的足球赛。这些偶然因素包括教练排兵布阵不当、球员场上状态不佳、主力球员因伤缺席、域外环境不够友好等等，但是，如果仅仅是如此，那么，为什么就因为一场足球赛，却足以让我、我周遭朋友甚至全国人民如此沮丧呢？

就因为，一场看似偶然的失败球赛背后，潜藏着更宏大的历史背景与现实存在。

2006年在德国举办的世界杯足球赛期间，我写了那篇《足球与经济学》，就收在这本集子里，在那篇札记中，我梳理了足球发展的历史，特别是“阶级政治”如何把一个曾在贫民区流行的游戏，一步步变成世界上观众最广也因此最能赚钱的赛事；我同时还警告道，如果资本用力过猛贪婪过甚，未来亦可能毁了这个赛事。

亦是在那篇文章里，我回忆了中国足球改革设计者的初衷。1992年6月，决定中国足球未来的“红山口会议”在我老单位召开之时，中国男足至少还是亚洲劲旅，但让人担心的是制度的僵化。改革者以为，引入职业俱乐部体制后，中国足球既可以保持一贯的纪律性与血性，同时还将兼具市场激励而带来的活力与技术上的进步。但是，谁也没料到，引进俱乐部体制后，市场优势未见多少发挥，但其阴暗面——假球、黑哨、赌博、腐败——却放大到了极端！我当时的观点是，改革的初衷是发挥两种体制的优长，但结果却是集中了两种体制的缺陷。中国足球不仅未克服僵化，其仅有的纪律与血性，还被市场体制下的资本给玩坏了！

---

* 卢周来，国家创新研究院研究员。

记得2006年此文发表后，在“百度”某吧引起一场争论。最具批评性的观点是，此文小题大做。足球就是足球，不应该附加那么多其他因素。否则看似“微言大义”，实则会降低足球赛事的纯粹性以及给球迷所带来的快乐的纯粹性。

我当时是这样反驳的：如果说，今日世界真有自发的纯粹性的足球运动，但绝对没有未经利益关系覆盖并渗透过的正规足球赛事。也就是说，我们眼里每一场看似偶然的赛事，背后都涉及到资本、权力甚至国家间关系问题。

十五年过去了，壬寅年开局，中国男足对垒越南失利的一幕，让我这样的伪球迷再次难过得不行。但聊以自慰的是，这再次证明了我十几年前的观点是对的。其中一个非常有力的例证就是，作为这次国足失利的副产品，关于如何避免“国足现象”向其他领域蔓延，成为一个热门话题。随着话题往深里说，其终极讨论果然再次浮出水面：关于权力与资本在当今社会中的角色问题。而如此宏大的话题，竟然就真由一场足球比赛这样看似微不足道的现象所承担起来了。

真是“一花一世界，一叶一菩提”。

何止是足球赛事？还有我们吃的食物、我们穿的衣着、我们中最为流行的观念等等，背后都隐藏着过往历史的印记，特别是具备“强加”能力的社会力量所留下的印记；与此同时，社会、国家甚至人类未来发展的趋势，也可能早已在其中“草蛇灰线伏脉千里”了。当然，更不用说类似“社会公平”“民族主义”“民粹主义”这些学界热议的宏大话题，它们自然更具时代与未来的表征性。

而我的文字，就是企图能够揭示出那些看似庸常的现象以及诸多宏大话题背后的政治与经济关系，以努力在穿透历史、记录时代并启迪未来方面，贡献出作为一个思想者与写作者的微薄之力。

之所以怀有这样的写作初心，原因是多重的。首先，当然是因为自己身为教师，肩负为学生“解惑”的职能使然。其次，在经济学专业之外，我一直深受英国著名社会学家齐格蒙特·鲍曼的启发，在我心目中，鲍曼也许是最具洞察力的学者。经济社会中任何一个日常现象，经他解读，都蕴藏着极深的资本对社会的异化。比如，从SUV车型畅销中，他看出了新自由主义泛滥导致“社会型国家”解体后欧美城市的衰败与动荡。

对我这一写作初心影响最大的，也许仍然是中国传统文化中关于君子的说法。《中庸》有言，君子应“尊德性而道问学，致广大而尽精微，极高明而道中庸”。其中，对“致广大而尽精微”的一般解释是，君子既要达到宽广博大的境界，同时又要深入到细微之处。但我更倾向于另一种解释，即君子欲达到宽广博大的境界，必须能够对世事洞悉入微，鞭辟入里。正如君子要达到极端的高明，必须遵循中庸之道一样。

这就是中国古人关于宏观与微观的辩证法，亦是古君子“格物致知”的理路。正如朱熹所言，“天下之物莫不有理”，“是以《大学》始教，必使学者即凡天下之物，莫不因其已知之理而益穷之，以求至乎其极。至于用力之久，而一旦豁然贯通焉，则众物之表里精粗无不到，而吾心之全体大用无不明矣。”也就是说，日常生活与现象中都潜藏着道理，学者需要做的，就是从自己已掌握的知识出发，去更深地思考和探索，达到自己思维的极致水平。用功日久，必定会有一种豁然开朗之感。在这个地方，格物，就是“尽精微”，而致知，就是“致广大”。

于我来说，我的专业是政治经济学，尤其是以亚当·斯密、马克思、熊彼特、布罗代尔、布坎南、诺斯等为代表，以历史社会学为分析框架，以权力、资本与市场和社会之间的关系为研究对象，以解决“利益不一致”为目的的新老政治经济学谱系，更是我所钟爱。因此，我亦从政治经济学框架出发，以“尽精微”之精神，开启了一个个“格物”之旅，以求更好地理解并帮助他人一起理解我们身处的世界，并企图从极其微小的边际上，对这个世界的向好向善有所裨益。

这便是我将此书冠名“致广大而尽精微”的原因所在。

二

此书还有一个副标题：理解政治经济学时代。

这是对一个时代的判断。兹事体大。

不得不走进一个长长的学术甬道。

今天的主流经济学，聚焦于研究如何提高资源配置效率。它用一套复杂而精妙的算术与逻辑术，论证了市场机制的完美性。近些年来，尽管因全球性金融危机引发经济学家对新古典经济学的全面审视，但至多认为，理性经济人及完全信息假定，妨碍了主流经济学与真实世界的契合性。

而主流经济学另外一个隐藏更深的假说，却极少有人反思。这个假说就是：无论是自然人之间、群体之间甚或国家之间，只要是非强制性、自愿的市场交易，那么，这种交易就是平等的。

在我的博士论文及公开发表的诸多论文中，我多次提醒过这一点。上述假定排除了利用单边优势进行“敲竹杠（hold up）”的可能性。而现实中的市场，几乎所有看似自愿交易或自发秩序的背后，都隐藏着因双方不对等的谈判权而导致的“强制”。

为使我的观点多一些支持，我亦反复“拉大旗做虎皮”，援引布坎南（James M. Buchanan）的观点为我服务。布坎南因其强调对私人财产权的保护，在中国主流经济学界地位非常高。而我想提醒主流经济学界的是，布坎南如此重视保护私人财产权，恰是因为他注意到市场交易背后谈判权的不对称性。

在布坎南看来，现代市场经济条件下，专业化分工，使得任何个体都只能依赖于其他个体。布坎南称之为“后伊甸园”式状况，而农业社会自给自足式的生存状态，被他称之为“伊甸园式”。但是，市场中的依赖性是“不对称的”，很多交易看似是自愿的，但实质是因为其中一方“不得不”交易，否则就活不下去。正是这种不对称性，使得“一些参加者甚至是在完全自愿的交换当中，也可能受到他人的剥削，正是这种依赖关系为剥削创造了潜在条件”。

如何摆脱因依赖不对称性而导致的交易实质不公正呢？布坎南提出，唯一的办法在于参与者拥有“退出的自由（Freedom of exit）”，即“当个人认识到参与缔约受到了伤害时，他可以选择退出市场依赖关系，即使是放弃一些由专业化所带来的收益”。

但这种“退出的自由”同样是需要保障的。布坎南认为，这种保障就是个人拥有不可被剥夺的财产权。只有这样，个人才不会为了“活下去”而忍受不公平交易。这就是布坎南强调“无财产不自由”的真正原因。

那么，市场经济条件下最大的“依赖不对称性”存在于哪里呢？

存在于三对关系之中：资本与劳动、国家（政府）与公民、国家与国家。

其中，资本与劳动，是传统政治经济学讨论的话题，以马克思为代表；国家与公民，则是以公共选择理论为代表的新政治经济学关注的对象，布坎南是其中具有代表性的经济学家；国家与国家之间的关系，李斯特的《政治经济学的国民体系》开创了先河，当代“激进政治经济学”流派亦予以了关注。

在资本与劳动之间的关系中，马克思反复强调的是，资本将凭借其掌握生产资料，对“除了人身自由之外一无所有”的劳动进行剥削。因此，表面看，契约是自由的，工人有选择企业主的自由。但实质上，因为工人“没有任何生存保障”，除了出卖劳动力之外，别无他途。因此，资本可以利用强势地位，把劳动的报酬压低到仅维持劳动力再生产的水平即生存水平，而拿走所有利润。所以，契约是不平等的。

布坎南尽管重点关注的是公民与国家之间的关系，但却是从讨论资本与劳动之间的关系开始，且与马克思进行了一场隔空对话。不同的是，他用的是当代主流经济学话语体系。

布坎南承认，在资本与劳动的相互依赖中，资本是强势。因为资本可以与资本持有者分离，可以四处流动，还可分散投资以避免风险，且最终表现为货币（钱）这一交易媒介，因此，资本家离开劳动力，是能够活下去的。因为“有钱就有饭吃”。而且，资本不断离开低利润处，往高利润处流动，这是本性。因此，资本持有者即资本家是完全拥有“退出的自由”的，即不会被劳动力所“要挟”。

相反，劳动因其与劳动力捆绑在一起，流动性差，无法分散风险，“必须在这里”是劳动的特性。更重要的，劳动如果无法兑现成货币（钱），劳动力连活下去都成问题。因此，劳动力相对于资本家，的确是弱势的。所以，布坎南同意马克思关于“资本剥削劳动”的观点。

然而，布坎南又认为，马克思讲的，是早期资本主义的情况。资本主义在一开始，“的确造成了独立的个人不可能拥有不动产”，使劳动者失去“退出自由”所需要的生产性资料，但在资本主义生产模式下，“革新、提高资源的生产率，以及提高收入的增长幅度方面的潜力”，将使得即使是劳动者也可以“实现财富的积累”，并最终达到可以“自由退出”的程度。而要保证“实现财富的积累”，就只能依赖于对私人财产的严格保护，即任何力量都不能随便剥削私人财产。特别是，必须保证私人财产继承权，这样才能使劳动者最终积累的财富，达到拥有“退出的自由”所需要的量。这就是布坎南“私有财产神圣不可侵犯”的逻辑。

所以，从这个意义上讲，布坎南的“初心”，与马克思是一致的：人的自由。且逻辑前提是一致的，那就是，他们都认为劳动者拥有“退出的自由”很重要，而“退出的自由”又在于劳动者拥有足够财富。

也因此，表面上看布坎南与马克思的观点相反，但布坎南的确堪称马克思的知音。他说，“我们可以把马克思的理论，理解为对个人因进入市场交换关系而失去自由的过于敏感。因为进入市场意味着远离自给自足的个人、家庭或小社会的田园诗般的独立生产。由于这种敏感性，马克思成了古典政治哲学的一部分。”

布坎南与马克思真正的分歧，在于如何保证劳动者拥有私人财产上。

布坎南认识到，如真像马克思讲的那样，劳动工资仅能维持生活，那么，财富的确无法积累。因此，他说，“为了获得财产这个对工人们意义重大的目标，工资必须不仅仅足够维持生计水平”，这样才能保证有积累。而资本主义的进步，以及对私人财产的保护，既能使劳动所得高于使劳动力维持生计的水平，而且能够使所积累的财产足以保障工人。

而马克思认为，资本趋利的本性，会使其把劳动者工资压低到维持生计的水平，劳动力不可能靠劳动获得积累。更要看到，市场竞争，将使得资本本能地倾向于扩大规模，推动垄断，这一资本积累过程，将是不断消灭小私有财产的过程；即使是工人能够积累一些财富，也将被信用制度卷入大资本积累过程之中；同时，资本主义的私人财产继承权，又在继续扩大不平等。所以，马克思才提出，只有消灭资本私人占有制以及私人财产继承权，因财富不平等造成的剥削才能真正被消除。

布坎南不是没意识到马克思提出的问题：即劳动者积累的财富可能再次被掠夺的可能性。不过，他生长于资本主义高歌猛进的时代，二战后发达国家劳工收入不断提高，劳动保障与社会福利越来越普及，且在当时似乎已制度化。因此，他并不担心劳动者的财富被资本积累再次掠夺。

但他高度警惕政府力量对私人财产的掠夺。特别是，苏联的体制的确表明，如果私人财产处置权被以暴力为后盾的国家所剥夺，公民将可能更缺乏自由。这也是他为何将研究的关注点转向国家与公民之间的关系的原因。

而在国家与公民这对关系中，有相互依赖的一面。国家的有效运作，依赖于公民两方面的支撑：一是纳税，二是“承认”即在合法性上的支持。而公民之间的交易，有赖于国家作为“第三方”来提供产权保护，并且维护交易的公平性。

但国家与公民之间的依赖关系的不对称性也是很明显的。同样作为新政治经济学的代表人物，诺斯（Douglass C. North）在论及政府（国家）的作用时曾经认为，国家要作为一个有效、公正的契约第三方执行者，就必须足够强大，这样才能有效监督产权、强制实施契约。但他紧接着却悲叹道，在现阶段，以我们现有的知识，还无人知晓如何创建这样一个实体。其原因是，如果一个国家（政府）一旦具有了这样强制的力量，那么，那些管理该国家（政府）的人，便可能利用这种力量来谋取自身的利益，而以牺牲社会其他人的利益为代价。这就是有名的“诺斯悖论”。

的确如此。布坎南认为，国家剥夺公民的财富非常容易。强制是一种方法。最极端的，就是国家对私人财产权的剥夺。他认为，不允许公民有任何私人财产，将造就最大的不自由。还有“非强制”的方法，就是对货币政策的干预。因为货币是最重要财产形式，且最容易由于政府造成的通货膨胀等因素而被化为乌有。所以，他的后期理论反对一切形式的政府干预，因为他认为，政府的任何干预都可能打断私人财产积累的过程。

今天我们回看马克思与布坎南两种观点，马克思在洞察资本与劳动之间的矛盾后，关于“私有制下将因为财富分配不平等而使穷人失去自由”的警告，与布坎南在分析国家与公民之间的矛盾后，提出的“国家将可能因滥用权力导致公民因没有私人财产而更缺乏自由”的警告，同样具有振聋发聩的意义。

但两相比较，我始终认为，马克思的观点更具远见，布坎南的观点则有局限。

马克思的远见在于，他首先是“实践派”。他主张，政治经济学是历史科学，一切随着实践的发展而变化；因此，他为自己的所有观点留了“后门”。同时他又是“学院派”。他认定私有制一定会消亡，但他拒绝对未来进行具体设想，而是提出了一个令后人有足够解读空间的观点：他理想的社会，是“自由人联合体”，“在协作和对土地及靠劳动本身生产的生产资料的共同占有的基础上，重新建立个人所有制”。

显然，在马克思的理想社会中，不仅没有私有制，亦没有给国家留位置。当然，在他的国家理论中，国家是与阶级共存共亡的。资本对劳动的强制，与国家对公民的强制是一体的。因为国家就是资本的国家。未来社会，阶级消亡，国家自然没有存在的必要。这的确意味着人的主体性确立，将彻底打破资本与国家对个人的任何形式的强制，“每个人的自由发展成为一切人自由发展的前提”！

布坎南的观点局限性在于，他不仅没有为未来留余地，而且也没有为历史的“反趋势”发展留余地。

的确，从第二次世界大战、甚至从更早的18世纪中叶的资本向全球扩张开始，欧美主要国家的劳动收入与劳工福利在不断改进。但是，根据皮凯蒂（Thomas Piketty）的研究，20世纪70年代始，资本利得在不断上升，而劳动收入反而在下降。同时，由于发达国家的劳工财富依赖于资本市场，马克思担心的“一夜之间化为乌有”的情况，在周期性金融危机中不断上演。

更有，从全球范围看，资本在向全球利润高的地方流动，早已跨越国界，一方面，把国家内部资本与劳工之间的矛盾，转化为全球范围内国家与国家之间的不平等；另一方面，发达国家资本转移导致的产业空心化，尤其是移民与资本利得在国家内部分配的不平等，使得发达国家内部亦再度出现鸿沟。这就是全球范围内民族主义，以及欧美主权国家内部民粹主义兴起的内在动因。

这使得布坎南的观点，在某种程度上有些反讽的意味：因为无论是民族主义还是民粹主义，都在主张强化国家的权力，固化国家之间的“界限”。

这正好涉及政治经济学研究的另外一对关系：国家与国家之间的关系。

以1841年李斯特的《政治经济学的国民体系》为标志，到1941年桑巴特（Werner Sombart）离世，德国政治经济学的历史学派，一直把国家之间的经济关系作为研究对象。

主流经济学认为，存在一个世界自由市场，且在这个自由市场上，国家之间是平等交易。但实际情况完全不是这样。李斯特认为，英国推动自由贸易，是因为英国站在世界分工体系的顶端，可以凭借其工业品垄断地位，压低德法等大陆国家相对低端且替代性强的产品价格，获得超额利润。同时，亦利用这种不平等贸易，踢开了德法等国进行产业升级的“梯子”，把德法等国锁定在低端产品供给国的位置上。

尽管李斯特的理论已经揭示，国家之间由于发展梯度的不同，依赖性亦是不对称的。但李斯特并没有注意到另外一方面：国家间发展梯度的不同，本身是资本在全球内扩张的后果。

关于资本全球化所造成的国家之间的不平等关系，又有一个长长的学术谱系，特别是激进政治经济学。从马克思晚年研究世界市场提出此问题，一直到以萨米尔·阿明（Samir Amin）和保罗·巴兰（Paul Alexander Baran）等为代表的依附理论学派，他们都意识到，资本扩张的渐进与非匀质性，造成了广大发展中国家对发达国家的依附关系。这种关系进而形成了全球范围内“中心—外围”式的经济结构以及“霸权—被支配”的政治结构。

《世界发展报告》提供的数据表明，20世纪70年代以来，少数国家富起来了，但100个以上的发展中国家比以前更穷了。1971年联合国把25个发展中国家定为最不发达国家，1981年增加到31个，1990年增至43个，到2021年则为46个。

令局面更为复杂的是，一方面，不少发展中国家的上层集团，他们的基本利益也依附于中心国家的资本集团，因而会抑制国内体制向着有利于大多数人民的改革努力。但另一方面，他们把持着国内政治，因此，又可能以民族主义作为工具，巩固其国内权力，延续其“掠夺型政府”（Plundering type government）类型。与此同时，发达国家国内资本向国际流动后，产业出现空心化，加之资本利得分配仍然主要倾向于资本，造成发达国家内部劳工相对收入下降，甚至出现再贫困化。

也就是说，在当代世界，三种不对称性关系——资本与劳动、国家与公民、国家与国家——仍然广泛存在。不仅如此，在“依赖不对称”背景下，资本、政府权力与国家霸权，作为现实世界中的三种强势力量，在形塑当今社会中一切“存在”中越来越发挥着主导作用。“百年未有之大变局”，亦是三种强势力量相互激荡的一种结果。

这一事实提醒经济学家，我们仍然处于政治经济学时代。也必须运用以正义为中心的政治经济学视角，来观察和分析一切社会经济现象。

其实，有这样一个关于经济思想史的常识：以罗宾斯和马歇尔为代表的以效率为中心的经济学，其实是20世纪30年代之后的事。罗宾斯在其《经济科学的性质》一文中，将经济学定义为研究稀缺资源配置的学问之后，主流经济学才逐渐形成了关注效率的新传统，而关于社会公正及其他规范的研究就越来越成为支流。

但是，我们必须注意到，在西方，从以关注公正为中心的传统政治经济学，到以关注“效率”为中心现代经济的转变，其背后有很深刻的历史背景。这就是，在经过了近三百年的斗争—妥协—再斗争—再妥协的反复后，典型资本主义国家内部的权力结构与各利益集团之间的关系，已经走向了一种较为稳定的有秩序状态。如果说在资本主义初期，契约自由已经证明了各集团之间形式与起点上的平等，那么，到了20世纪中期，各主要资本主义国家已经以累进税制及各种劳动权利与社会底线保障，使其国内已经接近了这种制度所能容纳的最大限度的分配平等，各种利益集团之间已形成某种相对均势与相互制衡的局面，权力界定或广义的产权界定已近完成。

与此同时，在历经了18世纪末开始的大规模商品与分工全球化、20世纪初开始的资本全球化，以及两次大规模世界性战争之后，全球秩序亦处于相对稳定阶段，国家之间的矛盾虽存在却处于被霸权支配下的冷和平状态。

正是在这种背景下，政治经济学的使命，一度西方资本主义社会几近结束。而曾被讥为“庸俗的赚钱术”、以研究“如何摊大饼”为己任的现代经济学越来越成为主流。

总括起来就是：马克思开创的政治经济学传统，讨论的就是国家内部各阶层间的资源分配秩序问题，目标是实现社会公正；在国家内部秩序建立之后，就要研究世界范围内国家间竞争与合作的关系，这是李斯特《政治经济学的国民体系》所开创的国家经济学传统；后来，以罗宾斯和马歇尔等为代表的现代经济学体系，则是国家内部秩序已基本落定、世界贸易和金融体系已基本建立之后，专注研究功利主义的“个人福利最大化”。

但历史的发展并没有终结。

包括罗宾斯以及布坎南在内，他们一定没有料想到，20世纪后期开始，资本与劳动、国家与公民、国家与国家之间的矛盾，重新激化。在这个时候，资源配置的效率再度退居“二线”，而如何在博弈中争取到未来更高更主动的谈判地位，成为各利益群体最大的关切。因此，世界重回政治经济学时代。

在政治经济学时代，节制资本、划清权力越界与反对霸权欺凌，是维持社会秩序基本理性、可预期并且公平公正的前提性条件，亦是经济学者面临的主要论题。

也正是意识到这一点，这些年，我的兴趣点一直放在政治经济学上。借助传统政治经济学与新政治经济学各种知识资源，我试图分析清楚各种庸常现象背后的资本和权力操控术，我试图唤醒社会对于市场“黑暗面”的警惕和对“公平”的重视。特别是，我特别想通过努力，与我尊敬的政治经济学前辈学者们一样，能赋予经济学以温情和道德的一面，而主流经济学者曾一度主张“经济学不讲道德”。

三

无法回避当代中国面临的政治经济学问题。

实际上，最初触发我重视政治经济学的，还不是中国所处的世界环境，而是中国本身。

自20世纪90年代中期开始，我一直关注转型期中国社会公平问题，并在中国发展基金会赞助下，持续就此问题进行了调查研究。除就问题而道问题之外，对中国社会公平问题的研究，自然而然将我引导到了更深微的思考。

2004年，借阅读姚洋先生主编的《转轨中国的社会公正》，我第一次使用了这样的标题——《中国还处于政治经济学时代》，这篇文章发表于《洪范评论》。

在文中，我表达了这样的意思：改革开放以来，我们一直将“解放与发展生产力”作为主题，主流经济学家也一直在强调“效率优先”。为什么到了现在，我们不得不重新面对“社会公正与平等”这个规范层面的话题？其原因就是，分配差距扩大的问题，逐渐唤醒了那些原本在“低头推车”的人们。于是，经济学所强调的“生产性努力”，某种程度上被政治经济学所关注的“分配性冲突”所替代。中国已经重返政治经济学时代。

后来，在为周建军先生《赶超的阶梯》写作的一篇书评中，我再次明确提出，当代中国处于改革开放时期，大改革的本质是重塑生产关系，所以我曾断言“中国仍处于政治经济学时代”。而与此同时，大开放则是处理好中国与世界尤其是先发达国家的竞合关系，在不损坏他国利益的前提下实现赶超，因此，这一时代也特别需要以国家为中心的经济学。这种以国家为中心的经济学，并非专指增强国家能力，而更多的是指如何构造一个“有为政府”，来实现那种与全体公民共同利益相容的积极的国家目标。

总之，在当代中国，资本与劳动、政府与公民、国家与国家之间的关系，亦十分复杂。“效率与公平”“市场与政府”“开放与安全”等问题交织在一起，厘清这些关系，同样迫切需要用“政治经济学”时代的视角。

四

让我非常欣慰并且感到十分幸运的是，近二十年的政治经济学视域中的写作，得到了学界与媒体的支持与呼应。

应该就是在世纪之交，北京海淀区玉泉路上还有很多茶馆。某天晚上，与高全喜和程亚文两位学者相谈甚欢，我们谈到了政治经济学传统，一致同意“政治经济学”

思维并未过时。

2004年5月，受吴敬琏老师之邀，我在一次研讨会上发言，题目就是“政治经济学时代”，从经济思想史角度介入，关照当代中国与世界的现实，第一次完整表述了我的看法。后来，在多个场合，吴敬琏老师都力荐我的观点。

此后，我有多篇学术论文发表。其间，《战略与管理》时任主编余世存和高超群先生、《新政治经济学评论》的汪丁丁先生、《洪范评论》的梁治平先生、《政治经济学报》的孟捷先生，以及《政治经济学评论》的邱海平先生等，都给出显著版面，用于安排我的论文。一直到2021年，受《经济研究》邀约，我为正在编撰中的《中国经济学手册》写作了“改革的新政治经济学”词条，初稿达四万余字。

特别要感谢《天涯》杂志。

《天涯》原本是一本文学期刊，但对前沿思想与学人的重视，是这本杂志迥异于其他文学杂志的最显著标识。我于2000年在《天涯》上发表了一篇文章。此后，几乎每年都会在该刊发表一到两篇文章。亦是在发表这些的过程中，我有幸结识了非经济学圈内的一批学者型作家，特别是《天涯》的四任主编——韩少功、李少君、孔见、林森。尽管他们或许没有受过经济学专业训练，但他们对中国问题的敏感、对前沿思想的捕捉，以及对不同观点的包容，给我留下了十分深刻的印象，亦是我所效仿的榜样。《天涯》作为一本文学期刊，其影响远溢出文学界，为思想界所尊崇，其原因就在于这四位主编的编辑风格吧。

文字能结集，当然还得感谢商务印书馆的友人。2005年至2011年之间，我保持了每年一本专著与一本译著的出版速度。后由于身份的变化以及各种原因，我写得少了，发表得少了，更未再有结集出版过。但我骨子里仍是书生本色，并时时有一种冲动，想有更多公开的表达。商务印书馆的朋友们及时予以了鼓励。他们的这种“知音”与“知己”之情，我将终身铭记。

马克思曾表达过这样的意思：历史中的人无法摆脱所处的历史多说一句话，所以不需要让思想者为他本人的观点负责，因为他的文字无非是记录了他的时代。秉承这一理念，我对自己的文字的局限性有自知之明，何况是跨度达二十年的文字。因此，我将虚心接受不同观点的批评。我过去的文字已无法“与时俱进”，但我将提醒自己永远保持自我反省的能力。

2022年2月21日初稿

6月29日改定于北京

劳动价值论的数理基础及在大数据时代下的理论意义

——纪念藤森赖明教授的《价值理论的现代分析》[*]

骆　桢[**]

马克思主义政治经济学在科学的方法论基础上，对经济运行中的数量关系做出了丰富且系统的描述与分析。大量学者在马克思原有的理论基础上进行了卓有成效的创新和发展，形成了体系化的理论模型和经验方法。这其中最主要的方法是基于线性生产技术假定，对马克思主义经济学中的范畴和数量关系进行建模和实证分析。和通常的认识相反，线性生产并不因为其对投入产出之间的线性关系的设定而丧失一般性。因为，系数变化代表生产技术的变动，一旦给定可行的投入产出集合及其边界的变动规律，这一问题就可以在更加广泛的技术选择与技术创新研究中进行处理。相反，新古典经济学则在投入产出集合上附加了“生产函数”这一数学结构，人为限制了投入产出关系的变动模式，这实际上损害了其理论一般性。更为重要的是，谢克（Shaikh，1974）①从国民收入恒等式直接推导出了柯布-道格拉斯生产函数的“回归式”，并验证了该生产函数的参数估计主要是收入分配的结果，而不是投入产出的技术关系。麦康比等人（Felipe and McCombie，2013）②和谢富胜等人（2019）③将该结论推广至其他的生产函数和更一般的经验研究方法中。

线性生产技术假定避免了不切实际的边际分配法则，物质财富生产和分配的关系成为研究的中心问题，这与古典政治经济学一脉相承。尽管已经有很多基于线性生产技术的文献和教材，但藤森赖明教授的《价值理论的现代分析》一书仍具有不可替代

* 本文是社科基金项目《基于马克思理论的生产力进步测度、产出变动分解与经济增长研究》（项目号：19BJL005）的阶段性研究成果。感谢清华大学李帮喜长聘副教授的帮助。

** 骆桢，四川大学经济学院副教授，硕士生导师。

① Shaikh A.，“Laws of Production and Laws of Algebra：The Humbug Production Function，” *Review of Economics and Statistics*，1974，56（1），pp. 115-120.

② Felipe，J. and McCombie J.，The Aggregate Production Function and the Measurement of Technical Change：Not Even Wrong. Edward Elgar，2013.

③ 谢富胜、张天啸、张俊夫：《总量生产函数的恒等式性质——兼论全要素生产率的实际含义》，《中国人民大学学报》，2019年第6期。

的价值和反复研读的必要。[①]

首先，基于线性生产的经济学研究大都和新李嘉图学派、斯拉法学派、投入产出经济学等糅合在一起，该书则完全专注于马克思主义经济学的范畴和理论逻辑，处理了劳动价值论所涉及到的所有数理逻辑的争论，将马克思的价值、剩余价值等范畴推广到联合生产和冯·诺依曼经济体系，为马克思的劳动价值论和剩余价值理论在最一般的条件下构建起了坚实的数理基础。其次，该书行文简洁明快，体系清晰，内容安排上遵循了从特殊到一般的逻辑，逐步放松定理的条件，每个命题的理论意图清晰，理论指向明确，特别适合作为博士生学习数理马克思主义经济学的教材。最后，在该书所构建的马克思主义经济学相关范畴的数理形式基础上，结合大数据时代的新条件，我们可以将研究从理论拓展到现实。藤森教授《价值理论的现代分析》一书可以作为大数据时代发展马克思主义经济学数理模型和经验分析的基本框架。

本文将首先介绍《价值理论的现代分析》一书的基本框架和主要内容，展示其主要的特点，并对其中的部分理论进行简单评述。其次，联合生产在现实中广泛存在，理论上这可能会对商品价值量的计算造成障碍。但是，一旦引入市场竞争，联合生产的投入产出矩阵会逐渐向方阵演化。根据该书的相关定理，这解决了联合生产下商品价值量计算的困难。这意味着，马克思的经济理论自始至终都是对市场经济规律的分析，即使技术本身也不是独立于生产关系而存在的。最后，本文将论证，基于联合生产的价值理论和分析方法将在大数据时代成为构建马克思主义经济学数量分析框架的理论基础。

一、《价值理论的现代分析》的结构、内容与特点

单一生产，指的是每一种生产过程只生产一种产品，每种产品也只由一种生产过程生产。联合生产则对此没有限制，一种生产过程可以有多种产出，而某一产品也可能由不同的生产过程生产。假设n个过程生产m种产品，令m行n列投入矩阵为$\boldsymbol{A}$，其中元素a_{ij}为第j生产过程耗费的i产品数量；令m行n列的产出矩阵为$\boldsymbol{B}$，其中元素b_{ij}为第j生产过程所生产的i产品的数量；令n阶行向量$\boldsymbol{L}$为劳动投入向量，其中元素l_j为第j生产过程所投入的劳动。那么，单一生产意味着$\boldsymbol{A}$和$\boldsymbol{B}$是同阶方阵（$n=m$），且产出矩阵$\boldsymbol{B}$为单位阵。

① 藤森赖明：《价值理论的现代分析》，陈旸、李帮喜、赵峰译，社会科学文献出版社2021年版。

令单位商品价值量构成的m阶行向量为$\boldsymbol{w}$，其中w_i为第i种商品的单位商品价值量。按照劳动价值论的定义，单位商品价值量可由以下非齐次线性方程组解出：

$$\boldsymbol{wB}=\boldsymbol{wA}+\boldsymbol{L} \tag{1}$$

在单一生产假定下，技术的“可生产性”保证了该方程存在正的解。在商品价值量的基础上，定义了剩余价值，并证明了剩余劳动和剩余价值等价，剩余价值是均衡价格体系下可盈利性的基础，以及可盈利性和可再生产性的对偶关系。

但是，在联合生产条件下，方程（1）不一定存在解。如果没有办法按照传统方法定义商品价值，那么也就无法计算剩余价值。除了引入一系列对劳动价值论新的定义和计算方法外，藤森教授在不依赖商品价值量的基础上，定义了必要劳动和剩余劳动，构建了剩余劳动率，证明了剩余劳动是利润的基础。此外，在冯·诺依曼经济系统下，基于最小劳动耗费的“最优价值”的定义，可以系统性构建起和原有的理论分析非常类似的体系。同时，因为“最优价值”是线性规划的解，所以在具备可生产性的技术下总是存在的。而且，如果该体系下（蕴含）价值是存在，也一定包含在“最优价值”的解集中，因此，这被该书视为将马克思的剩余价值理论及其相关分析拓展到了更一般的情形。我们将上述关系整理为下图1：

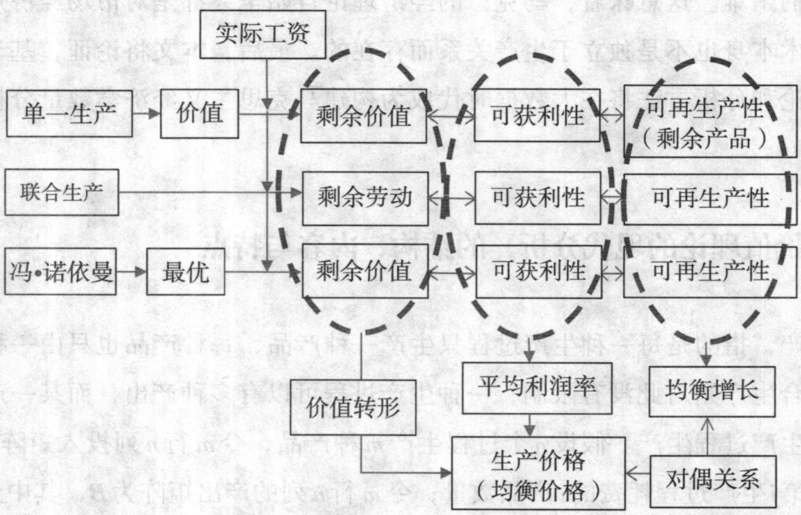

图1　《价值理论的现代分析》一书的理论构建

藤森赖明教授的《价值理论的现代分析》一书不仅构建了联合生产条件下的马克思主义价值理论数理基础，论证了马克思主义经济理论在联合生产条件下依然成立，而且将其应用于固定资本、异质（复杂）劳动还原和级差地租等问题的分析上。全书各章的结构如图2所示。

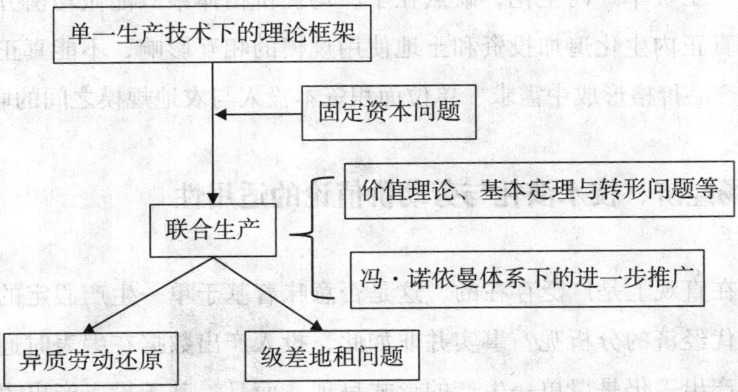

图2 《价值理论的现代分析》一书的逻辑结构

该书首先在第一章简明扼要地介绍了单一生产假定（里昂惕夫经济）下，马克思主义劳动价值论、剩余价值理论的数理表达，以及马克思基本定理与转形问题的解决。在第二章，藤森教授通过固定资本引入了联合生产问题。但是，在单一生产假定下引入的联合生产具有特殊性，体现联合生产的主要是未折旧完成的固定资本作为产出的一部分。因此，根据固定资本折旧的规律，该联合生产的投入产出矩阵具有特定的数学结构和性质。因此，有必要进一步引入一般性的联合生产问题。在第三章，藤森教授给出了联合生产条件下，传统马克思主义数理方法得以成立的条件，并在放松这些条件的情况下，根据马克思主义相关理论给出了必要劳动和剩余劳动的量化方法。在此基础上，藤森教授证明了马克思主义基本定理，说明了剩余劳动和利润的关系，以及可盈利性和可再生产性的对偶关系，并解决了价值转形问题。第四章在冯·诺依曼经济体系下，在定义"最优价值"的基础上，以上理论工作同样得以完成。在解决完基础理论工作之后，藤森教授利用联合生产处理了异质（复杂）劳动还原和级差地租问题。

当然，该书并不能完美解决所有争论，其所构建的理论体系均建立在均衡价格体系上，这本身也存在着一定局限性。比如，处理转形问题时，虽然转形的动态过程是基于马克思的方法，但是，一旦该动态过程收敛，就成为了所谓"A体系"[①]，两个总计相等要在"冯·诺依曼增长路径"上才成立。又比如，均衡模型在处理地租问题的

① 所谓"A体系"指的是在价值转形模型中，外生给定实际工资向量，名义工资由实际工资向量和商品价格向量的内积决定。具体设定参见：荣兆梓、陈旸：《转形问题B体系：模型与计算》，《经济研究》2014年第9期。

时候，优点在于可以同时决定工业品和农产品的均衡价格，进而在给定实际工资向量的基础上，将“工资率”内生化；缺点在于，均衡价格体系只能做均衡分析和比较静态分析，难以真正内生化追加投资和土地使用规模的相互影响，不能真正体现马克思地租理论中农产品价格形成中需求、单位面积资本投入与农地规模之间的联系。

二、市场经济、技术演化与劳动价值论的适用性

联合生产在直观上是广泛存在的，这是否意味着基于单一生产假定的劳动价值论无法适用于现代经济的分析呢？事实并非如此，投入产出数据在编表时通过拆分、合并形成的投入产出表仍是以单一生产的形式呈现。而且，基于投入产出表所做劳动价值论的经验研究效果都非常好。[①]价值型投入产出表对原始投入产出数据进行拆分、合并时必然会用到市场价格。这意味着，基于市场价格的数据处理并不影响后续基于劳动价值论的分析。而谢克（Shaikh，1984）在理论上曾证明，在大规模分工条件下，商品的相对价值与相对生产价格是近似相等的。[②]当然，在无法按照（1）式求解商品价值量的条件下，也有可能在数据处理后的单一生产形式下恰好能计算出效果很好的单位商品价值量。但是，在不同时间和地区都出现这种巧合并不现实。更可能的情况是，即使在联合生产条件下，也可以通过（1）式求解出商品的劳动价值，而且和单一生产条件下的性质类似。事实上，在《价值理论的现代分析》一书中可以找到其理论根据。

首先，令$\boldsymbol{D}$为净产出矩阵（$\boldsymbol{D}=\boldsymbol{B}-\boldsymbol{A}$），（1）式可写作：

$$\boldsymbol{wD}=\boldsymbol{L} \tag{2}$$

这是一个非齐次线性方程组，如果要存在解，首先要满足秩条件：

$$\text{rank}(\boldsymbol{D})=\text{rank}\begin{pmatrix}\boldsymbol{D}\\ \boldsymbol{L}\end{pmatrix} \tag{3}$$

因为，净产出矩阵$\boldsymbol{D}$是m行n列的，（3）式意味着：$m\geqslant n$。也就是，生产过程的数量不比产品的种类多。

藤森教授在书中并未规定矩阵的性质，而是将其作为相应结论的条件。然而，一

① 相关经验研究参见：李海明：《检验劳动价值论：方法与证据》，《经济学动态》2017年第9期。

② 虽然谢克的证明仍是基于单一生产假定，但是并不难推广到联合生产的情况。因为谢克的证明只是涉及商品生产的成本结构（纵向整合的资本-劳动比），如果存在联合生产，同一个活动对应的多个产出可以按照市场价格拆分和合并，得到每种商品的纵向整合的资本-劳动比。只要（相对）生产价格是（相对）市场价格的近似，就能够在拆分、合并之后得到谢克的相对生产价格的表达形式。在该表达式下，可以沿着原有思路证明相对生产价格和相对价值的关系。谢克原文见：Shaikh，A. The transformation from Marx to Sraffa. In E. Mandel and A. Freeman (eds.)，*Ricardo*，*Marx*，*Sraffa*. London，UK：Verso，1984，pp. 43–84.

旦我们考虑市场竞争的动态，投入产出矩阵并不是可以完全自由设定的。如果条件（3）式不满足（$m<n$），这意味着生产过程的数量要比产品的种类多：

$$rank(\boldsymbol{D}) \leqslant m < n \tag{4}$$

这意味着，有的生产过程可以被其他生产过程线性表出，即：

$$\exists j \text{和} \boldsymbol{\alpha} = (\boldsymbol{\alpha}_1,\boldsymbol{\alpha}_2,\cdots\boldsymbol{\alpha}_{j-1},\boldsymbol{\alpha}_{j+1},\cdots,\boldsymbol{\alpha}_n) \geqslant 0 \text{满足} \boldsymbol{D}_j = \sum_{i \neq j} \boldsymbol{\alpha}_i \boldsymbol{D}_i \tag{5}$$ [①]

（5）式说明可以存在不同生产过程之间的竞争和选择。若生产过程j和其他生产过程的“组合”所投入的劳动不同，那么就会存在利润率的差异。虽然，藤森教授在书中证明，只要剩余劳动率大于零，且工资不过高，则各个生产过程是可以形成平均利润率的。一旦形成了平均利润率，那么所有生产过程都无差异，就不存在竞争和取舍了。但是，这是以给定投入产出矩阵（$\boldsymbol{A}$、$\boldsymbol{B}$）为前提的静态均衡存在性的证明。一旦考虑到市场竞争的动态，比如价格的波动（甚至偏离均衡价格）和实际工资变动，那么能够产生同一种净产出的不同生产过程，或者不同生产过程的“组合”之间就会存在不同的利润率。在市场形成均衡的动态过程中，就会淘汰掉“不必要”的生产过程，直到（5）式不再成立，也就是$m \geqslant n$。

也就是说，市场竞争的动态会淘汰生产过程，使其数量不比产品的种类多。于是，条件（3）就得以满足，可以通过求解（1）式得到单位商品价值量。但是，（1）式的解存在并不能保证其唯一性和非负性。藤森教授在书中已经证明了，如果（1）式存在解，那么“可生产性”就保证了解的非负性。[②]但是，只要$m>n$，也就是产品种数大于生产过程，每种产品对应一种商品的单位价值，每个生产过程对应一个方程，方程数量小于未知数的数量就不可能存在唯一解。这意味着，同一个商品有多个不同的单位价值量，这显然是荒谬的。

因此，只有当$m=n$时，（1）式才存在唯一解。这一结论其实已经蕴含在藤森教授的书中。书中提出相对于“可生产性”而言更强的条件“强可生产性”：

$$\forall \boldsymbol{y} \geqslant 0^m, \exists \boldsymbol{x} \geqslant 0^n : \boldsymbol{y} = \boldsymbol{D}\boldsymbol{x} \tag{6}$$

也就是说，任何非负的净产出向量$\boldsymbol{y}$，都存在一个非负的生产活动水平向量$\boldsymbol{x}$来将其生产出来。这里并不涉及产能，只是投入产出关系下，净产出和生产活动之间是否存在对应关系。（6）式意味着，任意非负的$\boldsymbol{y}$向量都能被矩阵$\boldsymbol{D}$的列向量线性表出，且

① 符号说明：（5）式中向量$\boldsymbol{\alpha} \geqslant 0$意味着向量$\boldsymbol{\alpha}$中存在元素严格大于零，如果向量$\boldsymbol{\alpha}$可以等于零，应记作$\boldsymbol{\alpha} \geqq 0$。

② 见《价值理论的现代分析》第52页定义（Pd.C.）。可生产性指的是存在生产活动水平向量$\boldsymbol{x} = (\boldsymbol{x}_1, \boldsymbol{x}_2, \cdots, \boldsymbol{x}_3)^T$使得最终的净产出是正的，即：$\exists \boldsymbol{x} \geqslant 0^n : \boldsymbol{D}\boldsymbol{x} > 0$。

其线性组合的系数就构成了非负$\boldsymbol{x}$向量。我们将其写作：

$$\boldsymbol{y} = \boldsymbol{D}^1 \boldsymbol{x}_1 + \boldsymbol{D}^2 \boldsymbol{x}_2 + \cdots + \boldsymbol{D}^n \boldsymbol{x}_n \tag{7}$$

其中，$\boldsymbol{D}^i$为$\boldsymbol{D}$矩阵的第i列，$\boldsymbol{x}_i$为$\boldsymbol{x}$向量的第i个元素，$i=1$，…，n。因为$\boldsymbol{y}$是m维向量，要被一组向量线性表出的充分条件[①]是，该向量组是m维线性空间的一组基。这也意味着$n \geqslant m$。结合（3）式所蕴含的$m \geqslant n$，可知$m=n$。因此，一旦满足"强可生产性"条件［（6）式］，方程（1）式就存在唯一非负解。[②]虽然，"强可生产性"作为投入产出矩阵的性质被当作外生假定，但是，在市场供求关系中会塑造投入产出矩阵，使其满足"强可生产性"。

首先，一个经济至少应满足"可生产性"：

$$\exists \boldsymbol{x} \geqslant 0^n : \boldsymbol{D}\boldsymbol{x} > 0 \tag{8}$$

因此，只需要放大活动向量x，就至少能满足任何非负的净产出需求$\boldsymbol{y}$：

$$\forall \boldsymbol{y} \geqslant 0^m, \exists \boldsymbol{x} \geqslant 0^n : \boldsymbol{D}\boldsymbol{x} \geqslant \boldsymbol{y} \tag{9}$$

即便没有办法使得（9）式中$\boldsymbol{D}\boldsymbol{x}=\boldsymbol{y}$，但市场竞争会让$\boldsymbol{x}$的净产出逼近$\boldsymbol{y}$。令$\boldsymbol{x}^*$为给定净产出需求$\boldsymbol{y}$后最"经济"的生产活动水平：

$$x^* = \arg\min \left\{ p(\boldsymbol{D}\boldsymbol{x} - \boldsymbol{y}) | \boldsymbol{D}\boldsymbol{x} \geqslant \boldsymbol{y}, \boldsymbol{x} \geqslant 0^n \right\} \tag{10}$$

其中，$\boldsymbol{p}$为m维的价格行向量。因为$\boldsymbol{y}$是需求决定的，所以$\boldsymbol{D}\boldsymbol{x}-\boldsymbol{y}$就是卖不掉的净产出，这部分浪费作为成本当然越小越好。既然卖不出去，那么$\boldsymbol{D}\boldsymbol{x}^*-\boldsymbol{y}$就不能算作"经济产出"。每个生产活动的结果并不都被看作"产出"，比如废热、废气、废水。但是，当社会需要更多热量用于取暖，且其成本下降到社会能接受的范围（这也是影响"社会是否需要"的重要因素），那么原来不被看作产出的废热就可能进入产出矩阵$\boldsymbol{B}$。从这个意义上来看，如果在理想的均衡状态下$Dx^*>y$，则Dx^*-y就应该不被看作产出，并从$\boldsymbol{B}$矩阵中被扣除。于是，在新的净产出矩阵$\boldsymbol{D}'$下，有$\boldsymbol{D}'\boldsymbol{x}^*=\boldsymbol{y}$。从而，"强可生产性"也就得到了满足。

综上，市场竞争和供求关系会内生塑造投入产出矩阵$\boldsymbol{A}$和$\boldsymbol{B}$，使它们逐渐演化为方阵（$m=n$）。在这一条件下，马克思对劳动价值论所做的所有规定及其相关理论分析全

① $\boldsymbol{D}$矩阵的列向量要成为m维线性空间的一组基，这是（7）式成立的充分条件，是因为$\boldsymbol{y}$虽然是任意的，但却是非负的。当然，$\boldsymbol{x}$也要满足非负约束。考虑到不仅$\boldsymbol{y}$是任意的，而且$\boldsymbol{D}$矩阵也是随市场竞争和技术变迁而变化的，因此，从充分条件中提取关于$\boldsymbol{D}$矩阵列向量个数（n）的要求（即$n \geqslant m$）也就并不过分了。

② 虽然$n \geqslant m$是从"强可生产性"条件的充分条件中得出的，但是，这并不影响"唯一性"结论的成立。我们可以从藤森教授书中的定理得到迂回的证明。根据《价值理论的现代分析》第59页定理II，"可生产性"意味着该经济存在唯一且非负的$\boldsymbol{w}^*$，$\boldsymbol{w}_i^* = \min \left\{ \boldsymbol{L}\boldsymbol{x}_i | \boldsymbol{D}\boldsymbol{x}_i \geqslant e^i,\ \boldsymbol{x}_i \geqslant 0^n \right\}$。而根据59—60页命题6，一旦满足"强可生产性"，且（1）式有解$\boldsymbol{w}$，则$\boldsymbol{w}=\boldsymbol{w}^*$。这也就证明了，"强可生产性"满足时，（1）式如果有解，其解具有非负性和唯一性。

部都成立。藤森教授在书中也指出，如果“秩条件”［（3）式］和“强可生产性”［（6）式］同时成立，那么，经济系统的性质和单一生产条件下的“里昂惕夫经济”非常类似。这就可以解释为什么联合生产广泛存在的情况下，按照原有单一生产条件下设定的劳动价值论及其分析仍然能够很好地符合经济现实。而且，这个答案是基于市场竞争和供求关系对投入产出矩阵的塑造。这说明，马克思的经济理论自始至终都是对市场关系和市场规律的分析，而不仅仅是投入产出经济学的一部分。

三、大数据条件下基于劳动价值论的实证研究路径

联合生产作为广泛存在的现象却难以作为实际经济规律分析的直接基础，主要原因在于缺少数据。国民经济核算提供的投入产出表都是经过处理之后，以单一生产的形式展示出来的。随着大数据时代的来临，微观数据的获取会变得越来越容易，如果把每个企业的生产都看作一个生产过程，那么，联合生产是处理这类大数据最合适的方法。藤森教授的《价值理论的现代分析》一书已经基于联合生产的一般情形重现了马克思的劳动价值论及其相关理论。这为大数据时代的马克思主义经济学发展奠定了理论基础。

劳动价值论不仅是马克思主义经济学区别于其他理论的重要特征，也是其承袭于古典政治经济学的剩余分析传统的理论基础。基于劳动价值论，才能将财富的生产、占有和实现区分开来。否则，只能像新古典那样，将财富的占有看作是“贡献”，将分配的结果逆向归因于财富生产中的“贡献”，从而只能得到“一切现实均为合理”的庸俗论调。此外，在劳动价值论基础上，可以更直接地讨论给定产出水平对劳动和消耗，分析生产的效率，以及全社会总劳动的合理分配问题。

虽然，前文论证了市场竞争和供求关系会内生塑造投入产出矩阵，使得它们向方阵演化，但是，现实经济中可能因为竞争不充分等因素难以实现理想条件下的理论结果。因此，基于现实数据的实证研究仍然要基于推广的劳动价值论模型。藤森教授在书中，基于冯·诺依曼经济的一般情形，利用“最优价值”重建了马克思的劳动价值论和剩余价值等理论。最优价值$\boldsymbol{\Lambda}$定义如下①：

$$\boldsymbol{\Lambda} = \arg\max\left\{\boldsymbol{\Lambda y} | \boldsymbol{\Lambda B} \leqslant \boldsymbol{\Lambda A} + \boldsymbol{L}, \boldsymbol{\Lambda} \geqslant m_0\right\} \tag{11}$$

仅需要最起码的条件“可生产性”就能保证（11）式中的优化问题有解。该问题

① 藤森教授在书中主要使用的“最小必要劳动”的对偶问题来定义价值向量Λ^0，本文为了简化采用了以上形式，并不影响问题的实质。

的对偶问题为：

$$\min_{x}\left\{Lx|Bx \geqslant Ax + y, x \geqslant 0^n\right\} \tag{12}$$

根据对偶定理，（11）式和（12）式的解相同。这意味着，（11）式求解的“最优价值”就是当生产净产出y耗费的劳动最少的时候的价值量。藤森教授在书中证明，当（1）式可解的秩条件和“强可再生产”条件满足的时候，由（1）式解得的商品价值w属于“最优价值”。[①]因此，可以将马克思所定义的价值w看作是理想条件下的理论基础，而“最优价值”Λ则是在现实条件下对w的近似。根据谢克（Shaikh，1984）的研究[②]，商品价值量w的相对比例结构是对相对价格的近似。这就将劳动价值论和实际经济运行的分析联系在一起了。

根据（11）式及其对偶问题（12）式，最优价值背后是给定净产出y，劳动耗费最小化的生产过程向量x。从节省劳动的角度看，这实现了全社会劳动的最优配置。我们将其记作：$\Lambda = \Lambda(A,B,L,y)$，可见需求$y$会影响对生产活动的最优选择，从而影响“最优价值”。这可以说是联合生产条件下出现的新情况。

在传统的马克思主义政治经济学中，需求的变化主要涉及价值和剩余价值实现，在现代版本的模型中，这体现为产能利用率。[③]而在联合生产条件下，产能利用率也能影响商品价值量。假定投入矩阵中存在固定资本，而且当期生产所使用的固定资本不能由当期生产，而是要依靠上一期生产和此前积累的固定资本来实现。给定投入矩阵K，则可以得到净产出的上限y^{max}。我们可以用y/y^{max}来表示产能利用率。当$y = y^{max}$时，商品最优价值向量为：$\Lambda^{max} = \Lambda(A,B,L,y^{max})$。商品价值会影响剩余价值率和利润率的计算，而剩余价值率和利润率又影响着投资和消费，投资和消费构成对净产出的需求y，这又影响着商品最优价值……这就形成了一个动态的循环过程。当然，产能利用率通过就业也影响劳资分配，进而影响剩余价值率。我们将这个动态关系表达为下图3：

---

① 这里说“属于”是因为“最优价值”是（11）式描述的优化问题的解，当解不唯一的时候，Λ是一个最优解集。

② Shaikh，A. The transformation from Marx to Sraffa. In E. Mandel and A. Freeman （eds.），*Ricardo*，*Marx*，*Sraffa*. London，UK：Verso，1984，pp. 43-84.

③ 比如：Weisskopf，Thomas E. “Marxian crisis theory and the rate of profit in the postwar US economy.” *Cambridge Journal of Economics* 3.4，1979，pp. 341-378.

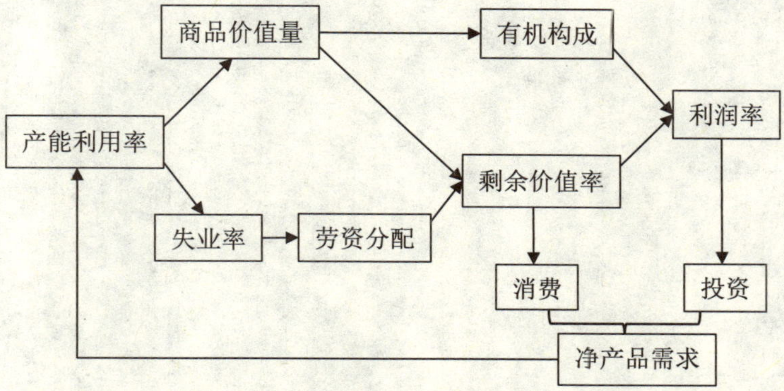

图3　价值决定与资本积累的动态机制

由图可知，该动态过程既包含了资本积累理论的矛盾运动，也包含了在联合生产条件下才存在的需求对价值量的影响。

四、作为纪念的总结

在回顾藤森教授著作，挖掘其中马克思主义理论的内在线索的基础上，本文对于大数据时代下劳动价值论的发展和应用做了一点探索。令人惊讶的是，藤森赖明教授的《价值理论的现代分析》一书的英文原版虽然成书于20世纪80年代，却在大数据时代兴起的当下为马克思主义经济学的发展奠定了数理基础。这既说明了，基于马克思主义科学方法论的理论创新具有穿越时代的伟力，也展现了一位理论家的深邃洞见和对拓展人类认知边界的执着坚持。这本书的中文译本在大数据时代的前夜出版可以说正当其时，理论和数据的融合有助于更好地理解经济运行规律，为经济平稳运行和发展提供更加精准的政策建议。